郑长德 主编

中国区域金融：理论与实证研究

Regional Finance in China: Theory and Empirical Research

中国财经出版传媒集团

经济科学出版社

Economic Science Press

图书在版编目（CIP）数据

中国区域金融：理论与实证研究/郑长德主编.
—北京：经济科学出版社，2019.3
ISBN 978 - 7 - 5218 - 0400 - 3

Ⅰ.①中…　Ⅱ.①郑…　Ⅲ.①区域金融 - 研究 - 中国
Ⅳ.①F832.7

中国版本图书馆 CIP 数据核字（2019）第 051871 号

责任编辑：王　娟　张立莉
责任校对：王肖楠
责任印制：邱　天

中国区域金融：理论与实证研究
郑长德　主编
经济科学出版社出版、发行　新华书店经销
社址：北京市海淀区阜成路甲 28 号　邮编：100142
总编部电话：010 - 88191217　发行部电话：010 - 88191522
网址：www. esp. com. cn
电子邮件：esp@ esp. com. cn
天猫网店：经济科学出版社旗舰店
网址：http://jjkxcbs. tmall. com
北京季蜂印刷有限公司印装
710×1000　16 开　16.5 印张　280000 字
2019 年 5 月第 1 版　2019 年 5 月第 1 次印刷
ISBN 978 - 7 - 5218 - 0400 - 3　定价：79.00 元
（图书出现印装问题，本社负责调换。电话：010 - 88191510）
（版权所有　侵权必究　打击盗版　举报热线：010 - 88191661
QQ：2242791300　营销中心电话：010 - 88191537
电子邮箱：dbts@esp. com. cn）

前　言

金融活动在空间上的分布是不平衡的，突出表现为金融发展的区域异质性和金融活动的空间集聚。近年来，区域金融研究成为学者们关注的一个重要方面，出版和发表了大量的研究成果。西南民族大学金融学团队长期致力于金融发展和区域金融的研究，先后出版了《中国金融问题研究》(2007)、《区域金融学导论》(2012)、《发展金融学》(2013)、《金融与发展：理论与实证研究》(2017) 等著作，取得了良好的效果。

本书收录的是团队近年来关于区域金融问题的部分研究成果。内容涉及金融机会的空间分布（第1章），货币政策区域效应（第2章），区域金融结构、产业结构与经济波动（第3章），地区金融脆弱性（第4章），上市公司跨区域并购（第5章），区域金融一体化与经济增长（第6章）。本书的主要完成人是郑长德教授和他指导的西南民族大学金融学硕士研究生。部分内容是在研究生毕业论文的基础上修改而成的。部分内容曾在中国金融学年会和中国经济学年会上宣读，会议评论人给出了十分中肯的修改意见。感谢这些论文的匿名评论人和答辩专家及中国金融学年会、中国经济学年会的评论人。论文的完成时间有先有后，在此次出版的过程中，限于时间，也为了展示论文的原貌，没有对论文的基本框架和数据进行修改。本书的出版得到了经济科学出版社王娟同志的鼎力支持，在此表示诚挚的感谢！本书的出版得到了四川省高等学校研究生教育教学改革项目经费的支持。限于作者水平，书中错漏在所难免，恳请读者批评指正。需要说明的是限于篇幅，部分章节的数据和计量经济学计算过程未在书中列出，有需要的读者可与作者联系。联系邮箱是：1142385534@qq.com。

目 录

第6章　国际金融一体化与经济增长

第1章 中国金融机会不平等的初步研究

晏小燕 郑长德

1.1 引言

1.1.1 研究背景、目的和意义

自深化改革以来，我国逐步实现贷款利率市场化，金融业取得了显著成果，但金融市场化改革任重道远，金融业依然存在一些历史遗留问题。例如，区际环境差异引致的金融机会分布不均等，金融资源分布的非均衡性等问题。同时，不同区域微观主体拥有并实际获取金融服务的权利存在明显的偏向性，主体间获取金融资源或服务的机会存在显著的不均等。区际金融机会分布不均等必然引致微观金融资源的使用效率，由此，金融机会不平等的程度则可能日益严重。因此，金融发展区际差异的根源不是金融资源分布的非均衡性，而是获取金融资源或金融服务的机会不均等。

2013 年 11 月 15 日，《中共中央关于全面深化改革若干重大问题的决定》提出 "发展普惠金融"[①]。普惠金融本质上是为全体公民机会均等化地提供金融服务，保障每个公民公平地获得金融服务的权利。2014 年 12 月 11 日，中央经济工作会议将 "保护产权、维护公平、改善金融支持等方面" 作为 2015 年经济工作的重要任务[②]。阿斯利·德米尔古克 – 库特和罗斯·莱文（Asli

---

[①] 新华社. 中共中央关于全面深化改革若干重大问题的决定. http://news. xinhuanet. com/2013 – 11/15/c_118164235. , 2013 年 11 月 15 日.

[②] 新华社. 习近平提出明年经济工作总体要求和主要任务. http://news. xinhuanet. com/fortune/ 2014 – 12/11/c_111361. htm. , 2014 年 12 月 11 日.

Demirguc-Kunt and Ross Levine，2008）提出，政府可通过增加国民受教育机会、鼓励创新、放松金融管制等方式扩大劣势群体的经济机会和金融机会。因此，我国政府出台的一系列改革措施不仅为我国金融发展提供了引导作用，而且提高了各经济主体获取资源的金融机会。

自约翰·E·罗默（John E. Roemer，2002）提出机会均等化政策模型以来，机会平等思想逐步被经济学家和政策制定者所接受。现阶段，瑞士、挪威等国家的福利政策和税制的设计均体现了机会平等思想，而美国公共教育和私立教育的资源配置也尽可能地秉承机会平等原则。中国政府正将机会平等思想融入政策中，例如，国务院印发的29号文件《国家基本公共服务体系"十二五"规划》中指出：全体公民都能公平可及地获得大致均等的基本公共服务，其核心是机会均等，而不是简单的平均化和无差异化①。赵永亮等（2011）根据我国制造行业的实际数据考察可知，均等化机会的政策可缩小工资的区际差距。无论是国外文献还是国内数据均表明，机会平等思想融入政策中能提高资源利用率，缩小结果的区际差距。

2015年10月29日，中共中央《关于制定国民经济和社会发展第十三个五年规划的建议》指出，实现"十三五"时期的发展目标，破解发展难题，厚植发展优势，必须牢固树立五大发展理念，其中，共享发展理念旨在坚持一切发展为了人民，人民共享发展成果②。共享发展理念不仅是简单的物质共享，而且更在于每个公民能共享金融机会，共享金融发展成果，从而机会均等化地获得金融服务。机会平等思想逐步融入发展理念和普惠金融的大力发展中，经济主体拥有的金融机会价值将对其获取金融资源或服务的权利具有重要的影响。

本章将阿斯利·德米尔古克-库特（2008）的金融发展理论融入机会平等理论中，构建金融机会不平等的理论框架以初步研究我国金融机会不平等及其影响因素，同时，基于省级数据和调研数据经验来分析金融机会不平等现状，探讨我国金融机会不平等的根源。从不同的方向思考均等化金融机会的对策，营造平等竞争的金融市场环境，从而促使经济主体共享金融发展机会。

---

① 国务院. 推进普惠金融发展规划（2016—2020年）. http：//www. gov. cn/zhengce/content/2016 -01/15/content_1. htm.，2016年1月15日.

② 新华社. 关于制定国民经济和社会发展第十三个五年规划的建议. http：//www. sn. xinhuanet. com/2015 -11/04/c_111703. htm.，2015年11月4日.

1.1.2 基本概念、经济主体的划分和研究方法

1.1.2.1 基本概念的界定

本章将涉及机会、金融机会、机会平等、金融机会不平等四个基本概念。机会是指社会活动中某项权利或服务的可得性，具有抽象性、可描述性和累积性三个常见的特征。根据机会的累积性特征，某一类型主体的机会大小可定义为影响该项可得性的综合因素的集合值，即机会集是影响结果的环境变量和努力变量的集合。因此，一般用该项获得产生的经济结果替代机会集合值，即描述该活动体现的机会大小。金融机会是机会概念在具体领域中的应用，主要用于描述金融活动中的可得性。金融机会是指经济主体在金融发展或金融市场上拥有并实际获取金融资源或服务的可得性，可利用影响金融发展或获取金融服务的综合因素来刻画金融机会集合，同时，利用通过获得的金融服务和资源而取得的成果来衡量金融机会大小。

从汉语的角度解释，机会平等意味着获得均等化机会；从经济学的角度，机会平等即经济主体获得有利信息的机会是均等的。根据 2005 年世界银行发展报告，可从两个方面阐述机会平等：一方面，经济主体取得的结果大部分是由其努力和非凡的才智所决定的，而非其得天独厚的背景；另一方面，性别、民族、家庭来源等先天条件和出生的阶层并不能有助于其在经济、社会和政治上获得成功[1]。换言之，在机会平等的情境中，经济主体或个体取得的结果是由努力等可控因素和环境等不可控因素共同决定且主体或个体的有利环境不能影响或决定其结果。经济主体间不同的努力程度引致的结果差异是合理的、可接受的，而主体间不可控的环境引致的结果差异则认为是不合理的、不可接受的。机会平等本质上是经济主体或个体面临机会集的一种状态描述[2]。

根据机会平等的概念和金融机会的定义，金融机会不平等是指经济主体在金融活动中金融服务或资源的可得性存在不公平。在努力等可控因素保持不变的情况下，环境等不可控因素的区际差异使得主体间金融机会值不同，由环境等不可控因素引致的金融机会值不同可认为主体间存在不合理的金融机会不平

① The World Bank, *World Development Report* 2006: *Equity and Development* [M]. A Co-publication of the World Bank and Oxford University Press, Washington, 2006: 34 – 35.

② John E. Roemer, Review Essay, "The 2006 World Development Report: Equity and Development" [J]. *Journal of Economic Inequality*, 2006 (4): 233 – 244.

等；在环境等不可控因素保持不变的情况下，努力等可控因素引致的金融机会值不同则亦可认定主体间存在可接受的金融机会不平等。反之，主体间面临平等的金融机会。

1.1.2.2　经济主体的划分

经济主体包括政府、企业、家庭和个人四类，而本章便于金融机会不平等的研究将经济主体依据省级数据和调研数据的数据类型划分为宏观经济主体（简称宏观主体）和微观经济主体（简称微观主体）。在经验分析中，将政府和家庭分别作为宏观主体和微观主体的代表以更好地探讨我国金融机会分布不平等现状和主体间面临的金融机会不平等的根源。

在金融机会不平等的理论框架中，两类主体的区别最主要有两点：第一，环境变量集合的同一性，即影响宏观主体金融机会的环境变量基本也会影响微观主体获取金融服务的机会集合。环境等不可控变量既是宏观主体也是微观主体的金融机会不平等的影响因素。第二，努力变量集合的主体性，即由于努力变量的可控性，努力变量的差异性具有显著的个体性特征。不同主体付出的努力程度不同，其金融机会值则会显示出差异性。那么，可控变量对两类主体金融机会不平等的影响具有主体责任制。

1.1.2.3　研究方法

本章最主要的研究方法是文献梳理法、定性分析法和定量分析法。

（1）文献梳理法。文献梳理法顾名思义是指通过阅读文献与书籍来获得金融机会分布和机会平等的相关资料，以便更详细地、系统地理解即将研究的问题和掌握该问题相关的理论知识。为理解金融机会内涵、金融机会不平等和机会平等理论系统指数，将从六个方面查阅和梳理文献。第一，机会平等理论渊源。机会平等理论源于传统的政治哲学、福利经济学。机会平等是学者在探讨如何均等化资源以使福利最大化时提出的新兴观点。在政治家、哲学家和经济学家共同探讨下，逐步形成机会平等理论。从这些文献中更好地理解机会平等理论的来龙去脉，科学地给出机会、金融机会、机会平等和金融机会不平等的定义和内涵，为构建金融机会不平等的理论框架提供基本概念。第二，机会平等的数理模型。经济学家在政治哲学家提出的机会平等理论的基础上逐步引入数学元素定性描述机会平等和不平等以建立系统的数理模型来测量机会不平等。整理机会平等的数理模型，有利于更好地理解和掌握机会平等的内涵。梳理出适合金融机会和金融机会分布不均等的理论依据和测度方法，从而为设定金融机会分布不均等的理论框架提供理论基础和测度方法。第三，机会平等的计量模型。经济学家分别利用发达国家和发展中国家的宏观数据和微观数据建立了参数和非参数计量模型，构建可行的机会不平等指数，分析发达国家和发展中国家的机会不平等现状及影响因素，利用机会不平等指数来比较发达国家间机会不平等程度的差异。由此，从现有文献的实证模型中提炼出中国数据适用的实证模型和分析方法。第四，机会平等与经济金融领域的结合。查阅机会不平等与经济增长模型的结合方法，为机会平等理论引入金融发展模型以提供实践支撑和例证。梳理金融、经济机会与不平等的相关文献，寻找我国金融机会不平等的研究出发点。第五，梳理影响主体获取金融资源或服务的综合因素，为金融机会集合提供元素，探讨金融机会不平等的主因和金融发展不均等的根源。第六，实现机会平等的方法。现有文献主要从教育改革和机会均等化政策两个方向逐步实现机会平等，为本章的对策思考指引方向。

（2）定性分析法。依据文献梳理的机会平等理论，结合影响主体获取金融资源或服务的综合因素，将因素分为环境等不可控因素和努力等可控因素两个方面，由此，定义金融机会分布函数并构建金融机会不平等的理论框架。借鉴机会平等理论的研究方法以构建金融机会不平等指数和讨论金融机会不平等的影响因素。

（3）定量分析法。拟从两个层面测量并分解金融机会不平等，构建组内和组间金融机会不平等指数以探讨金融机会区际分布不均等的根源。宏观层面，基于金融机会不平等的理论模型，利用省级数据来讨论我国各类型金融机会区际分布不平等现状，同时，借鉴机会不平等的测量方法测量并分解金融机会不平等，探讨我国金融机会不平等的根源。微观层面，在理论模型的基础上，分析个体获取金融服务的金融机会分布现状，测量家庭金融机会不平等指数，分解金融机会不平等的组间因素和组内因素，讨论影响家庭金融消费行为的主导因素，初步研究金融机会不平等的根源。

1.2　文献综述

金融市场的不规范将会影响金融资源的可得性，由此，导致主体获得金融资源的机会不均等。机会平等理论是构建金融机会不平等理论框架的重要理论依据，将机会平等思想融入金融领域，探讨主体获取金融服务或资源的可得性和金融机会区际分布不均等。因此，通过梳理机会平等理论的研究方法、测量方法可探寻金融机会不平等的测度和研究方法，从而构建金融机会不平等的理论模型以初步探讨影响金融机会不平等的主导因素。因此，本节将重点综述机会平等理论和金融机会与不平等结合的文献，以寻找本章研究的出发点和金融机会不平等与现有文献的异同。

1.2.1　机会平等理论

1.2.1.1　机会平等理论渊源

机会平等的早期思想源于理查德·阿尼森（Richard Arneson，1989）和杰拉德·科恩（Gerald Cohen，1989）对罗尔斯（Rawls，1971）的均等理论和德沃金（Dworkin，1981）均等化个体福利观点的批评而提出的思想观点。德沃金认为，最大化社会福利应均等化资源，罗尔斯均等理论则强调商品和基本权利的初始分配，但阿尼森和科恩则强调机会平等能多方面地体现福利最大化。学者们认为，什么样的社会是公正的，这是一个见仁见智的问题。科恩（1989）认为，一个公正的社会并不是使所有人拥有相同的结果、同等程度的富裕，更不是同样的教育，而是所有人拥有平等的机会来获取他们所能达到的结果或成就。由此可知，一旦取得成就的机会均等化分配，主体抓住面临的机会则有可能获得成功，而不受其所处的环境影响，那么，这样的社会便能使个体达到福利最优。因此，机会平等是社会达到福利最大化的必经之路。

综上所述，机会平等理论的理论渊源主要归于经济学和哲学。若将理论渊源细分，则可划分为政治哲学和福利经济学。机会平等隐含的哲学思想是经济主体不应为其所处的环境负责，但应该为其明智或愚蠢的行为和努力负责。机会平等不仅是一种收入分配的方法，而且是经济学中标准的分析方法。

1.2.1.2　机会不平等的测度和研究方法

机会平等是经济学家和哲学家追求的理想状态，而实际经济活动中机会不平等是常态，因此，已有文献的测度方法主要针对机会不平等。已有文献中测度机会不平等的方法主要有数量经济学法和分配不平等的测度。分配不平等的方法结合数量经济学方法则是机会不平等测量的常见搭配，运用微观数据和家庭调查数据来构建机会不平等指数，定量分析机会不平等的影响因素，阐释机会不平等对结果不平等的影响力度。

定性与定量相结合的分析方法是测量机会不平等常见的方法。弗朗索瓦·

布吉尼翁等（Francois Bourguignon et al.，2007）基于罗默的机会均等化政策模型构建机会不平等指数，测量机会不平等对收入的直接影响和间接影响。利用巴西的微观数据实证分析得出，机会不平等能解释泰尔指数的 10%～37%，其中，父母教育背景对机会不平等的影响最大。该文献机会不平等指数的分解不仅体现了机会不平等对结果平等的影响力度，而且例证环境是机会不平等的主要影响因素。面对在数据不完善的情况下，弗朗西斯科·H·G·费雷拉（Francisco H. G. Ferreira，2011）利用计量经济学方法测度机会不平等，通过土耳其不完善的数据实证分析机会不平等在财富指数和人均消费不平等中的占比，而测度个体的事前机会不平等。弗朗西斯科·H·G·费雷拉（2011）基于罗默和范德盖尔（Van de Gaer）机会平等内涵分别定义机会不均等绝对水平（IOL）、机会不均等占结果不均等的相对比率（IOR），由此，从相对水平和绝对水平两个方面来探讨影响机会分布不均等的因素。利用拉美的六个国家，分析得出样本国家中 1/4～1/2 的消费不平等源于机会差异，消费和收入分布中由机会差异引致的绝对不平等水平（IOL）基本一致。达妮埃莱·凯基（Daniele Checchi，2010）和罗尔夫等（Aaberge·Rolf et al.，2010）从事前和事后两个视角构建测量机会不均等的理论框架，利用总熵指数法分解机会不均等，实证分析机会不均等对结果不均等的解释力度。

上述可知，现有文献机会不平等的测度方法具有两点共性。一方面，大多数文献基于罗默机会均等化理论框架，利用各国微观数据构建机会不平等指数或由机会不平等引致结果不平等的绝对指标和相对指标，进而直接或间接地测度机会不平等。另一方面，大多数文献的测度方法是收入分配不均等方法的改装版。将影响结果的因素划分为环境变量和努力变量，将结果不平等分解为机会不平等的间接影响和直接影响，根据结果不平等中机会不平等的占比，构建机会不平等指数以测度机会不平等。

机会平等的研究方法不仅包括标准经济学分析法，而且还有数学和统计方法。现有文献对机会平等理论基本采用文献梳理法，深入探讨机会平等的概念和内涵。约翰·罗默（2002）对德沃金等学者对福利最大化的基础文献进行梳理而得出机会平等的理论渊源和隐含的哲学思想，据此构建机会均等化模型。世界银行（2005）在其发布的世界发展报告中，利用文献整理方法提出机会平等原则，而约翰·罗默（2006）同样采用文献梳理方法整合机会平等原则所包含的具体内容，进一步丰富机会和机会平等内涵。相比理论基础，机会不平等测度和机会平等应遵循的公理研究方法是以定性分析为主，数学和统计方法为辅。约翰·罗默（2002）、欧文·乌戈和埃里克·肖克尔特（Erwin Ooghe. Erik Schokkaert，2007）和安东尼奥·阿特马尔科（Antonio Abtemarco，2010）等均利用定性分析法和数学方法来测度机会不平等和机会平等应遵循的基本公理。阿尔诺·勒弗朗克（Arnaud Lefranc，2008）通过随机占优的数学方法探讨机会集、机会平等的测量，而布吉尼翁（2003）则利用参数法实证分析机会不平等对巴西家庭收入分配不平等的影响。

1.2.2　金融机会及其不平等的文献回顾

罗默（2002）构建机会均等化政策模型并运用收入和教育资源的实际案例分析理论模型，利用机会均等化政策模型估量现有政策的实施效果。自此以后，机会平等理论逐渐与经济的其他领域相结合，机会平等思想先后融入经济增长和金融发展，以更好地剖析影响经济金融资源或服务均衡分布的因素。例如，维托－帕拉金与弗拉维亚纳－帕米萨诺（Vito Peragine and Flaviana Palmisano，2013）通过构建机会增长发生曲线（OGIC）来定性分析机会不平等对经济增长的影响，并利用巴西和意大利的数据实证分析得出机会不平等是两国经济危机发生的重要因素。而保罗·费雷拉和费雷拉（Paolo Brunori and Francisco H. G. Ferreira，2013）则通过构建人类发展机会指数（HOI）和经济机会不平等（IEO）来定性分析经济流动性与经济机会不平等、收入不平等之间的关系，得出经济机会不平等指数与人类发展机会指数负相关，而经济机会不平等指数与收入分布呈现倒"U"型关系。

机会平等思想与金融领域的融合最早是由阿斯利·德米尔古克－库特和罗斯·莱文进行尝试研究的。尽管克雷森斯和佩罗蒂（Stijn Claessens and Enrico Perotti，2007）通过文献整理方法探讨金融发展在持续不平等理论中的重要引导作用，定性分析金融市场将成为扩大金融机会和改善不平等现状的重要渠道，但并未深入分析金融机会及其不平等。阿斯利·德米尔古克－库特 和 罗斯·莱文（2008）首次探讨金融发展与经济机会的关系，并指出经济机会量化困难。文章定义了实证研究中经济机会的替代变量，同时，利用美国各州数据实证分析金融管制的放开和金融深化将从教育、企业家精神和人力资本三个方面影响不平等，由此，探讨美国金融市场如何影响经济机会、金融机会。文章发现金融系统通过人力资本和企业家精神增加低收入人群获取相应的金融资源的能力以扩大低收入阶层的机会集，缓解美国日益严重的不平等程度。阿斯利·德米尔古克－库特和 罗斯·莱文（2009）通过文献梳理法总结了金融与不平等的理论和经验。阿斯利·德米尔古克－库特和 罗斯·莱文（2009）指出，金融通过外延式增长和内延式增长扩大机会集，进而缓解社会不平等现象。不同主体间机会集的差距则是其结果持续不平等的根源，同时，经济主体通过机会均等化地获取金融资源来提高人力资本以扩大金融机会集，缓解不平等现状。罗斯·莱文（2011）利用定性分析方法探讨金融、长期增长和经济机会三者之间的关系，分析得出，金融创新驱动经济的长期增长，金融创新与经济机会正相关。约翰·罗默（2013）将机会平等思想引入经济发展模型中，构建机会敏感性的经济发展指数以探讨经济机会的扩大（尤其扩大劣势群体的经济机会）对经济增长的影响。综合罗斯·莱文和约翰·罗默的观点，金融发展逐步融入机会平等理论，金融创新能扩大经济主体的经济机会，而经济机会的扩大能够带动经济的长期增长。金融创新项目势必会扩大经济主体的金融机会，金融机会传导经济机会，进而推动金融的长期增长。由此可得，经济主体间的金融机会差距对金融市场有联动作用，金融机会不平等不仅引致主体间的结果不平等，而且直接影响获取其金融资源或服务的权利。

综上可知，机会平等理论与经济金融领域的结合逐步成为学者们研究的热点，而已有相关文献的回顾为我国金融机会不平等的初步研究提供了实践支撑。金融创新活动不仅能扩大经济机会，更能直接地扩大经济主体的金融机会，增加金融机会利用率可补充金融活动的能量，进而渗入经济活动中，扩大劣势群体的经济机会，带动经济的长期增长。因此，本章拟将在罗斯·莱文和约翰·罗默的文献基础上，构建金融机会不平等的理论框架以初步研究我国金融机会不平等，探讨我国金融机会不平等的根源。

1.2.3　文献评述

已有文献大多以机会均等化理论框架测度并剖析机会不均等现状，实证分析机会分布不均等对结果不均等的影响程度，提出针对性政策以改善机会分布不均等现状。机会平等思想始终贯穿结果的形成机制是已有文献探讨机会分布不平等的主线，以西方国家家庭调查数据为支撑，实证研究西方国家机会不均等对社会的收入分配、结果等不均等的影响。但已有文献的研究存在两个方面的缺失：一方面，以中国为研究主体的文献十分缺乏，同时，尚未利用我国数据进行金融机会不平等的实证分析。中国处于中高速发展阶段，将机会平等思想引入经济、金融领域中，具有显著的现实意义。另一方面，将机会平等思想引入经济发展和金融创新领域中，但仅在文献中提及与经济机会的关系，未形成金融机会的分析模型。同时，尚未深入分析金融机会的区际分布现状和探讨影响金融机会不平等的因素。因此，本章将在罗斯·莱文和约翰·罗默的文献的基础上，构建金融机会不平等的理论框架，测度并分解我国金融机会不平等，探讨影响我国金融机会不平等的主导因素。

本章与已有文献的不同点主要表现在以下三点：第一，理论框架和研究范畴、对象不同。金融机会不平等的理论框架是机会平等思想融入金融活动而形成的框架，是机会平等理论在金融领域中的实际运用。在已有文献中，机会不平等的理论模型的研究对象侧重于收入分配和结果不均等，而本章模型的主要研究对象是我国的金融机会和金融机会区际分布不均等。第二，金融机会不平等的理论模型丰富了原有的理论依据。在已有文献中，机会不平等的理论依据仅在机会平等理论，而金融机会、金融机会不平等的概念和内涵均在机会平等的理论依据上，再加上金融领域的元素。测度金融机会值的变量不同，从事前的方法测度金融机会不平等，进行金融机会不平等的实证分析。第三，宏观和微观两个主体的对比分析。已有文献大多从微观主体出发来研究机会不平等，而从宏观主体分析金融机会不平等的文献较少。本章从微观和宏观两个主体讨论了金融机会不平等，分析不同主体的金融机会不平等指数，探讨不同主体的金融机会值和金融机会不平等的根源。

1.3 金融机会不平等：理论框架

1.3.1 金融机会与金融机会不平等

1.3.1.1 金融机会的内涵

基于金融机会的基本概念，本节拟从宏观主体和微观主体两个层次来构建金融机会集以丰富金融机会的内涵。从宏观层面来说，影响区际获取金融资源的因素可作为金融机会集合的元素，同时，将这些元素概括为区域金融发展环境、地方政策法规和经济发展三个方面因素。较宏观主体而言，微观主体的金融机会更具体。微观金融机会是指个体和家庭在金融市场上拥有并实际获取金融服务的权利，可利用影响家庭和个体获取金融服务的变量来刻画金融机会。影响家庭和个体获取金融服务的因素主要有微观主体的收入水平和收入层次、对金融市场的认识、金融教育程度、获取金融服务的外生环境等因素。同理，微观主体的金融机会集合可囊括环境、自身发展水平、政策法规三个方面的元素。

综上所述，金融机会分布函数可由主体所面临的不可控的金融环境、可控的自身努力因素和相关的金融政策三个方面条件决定。由此，金融机会的分布函数公式可表达如下：

$$F(c,e,\varphi) \qquad\qquad (1-1)$$

其中，c 代表经济主体所面临的不可控的环境变量。例如，在区域短期内难以改变的经济结构、文化氛围；家庭为获取金融服务所付出的各种交易成本，金融机构提供金融服务的便利性、产品的多样性、金融教育背景等环境指标。e 代表经济主体参与金融市场的可控实力变量。例如，区域的经济发展水平，金融机构的密度；家庭的收入、资产、金融消费等可控指标。φ 代表影响金融机会的政策。例如，政府出台一系列扩大劣势经济群体金融机会的优惠政策。F 代表金融机会分布函数值。若令 C 表示环境变量分布值的集合，P 是经济实力分布值的集合，一旦相关政策实施，则可得 $F \rightarrow C \times P$。

1.3.1.2　金融机会不平等的内涵

金融机会平等是政治哲学家和经济学家期望达到的理想状态，而不平等是现阶段金融机会区际分布的显著特征，金融机会不平等与金融机会平等是相对的。因此，正确理解和认识金融机会与金融机会不平等不仅应理解金融机会平等的基本概念，更应该了解金融机会平等的理论渊源。

金融机会平等的理论渊源是政治哲学、福利经济学、金融发展理论、消费金融行为理论。机会平等隐含的哲学思想是经济主体不应为其所面临的环境负责，但他们应该要为自己的努力水平和行为负责，而福利经济学家则认为，机会平等主义者应该追求最大化劣势群体效用和福利水平，扩大劣势群体的金融机会。关注金融欠发达区域，均等化区际主体获取金融资源的机会，最大化主体获取金融服务或资源的金融机会。由此，可从金融结果和微观主体消费金融结果来判断其金融机会是否平等。换言之，不同环境的主体付出相同程度的努力若获得相同的回报，则认为主体间金融机会是平等的，若结果不同，则认为主体间金融机会不平等。实际上，金融机会不平等是目前各经济主体面临的金融机会的分布特征，亦是主体获取金融资源和服务的权利缺失。

机会平等与结果平等本质上既有相通点又有显著差异。两者的相通点在于：一方面，两者均是政治哲学家和经济学家追求的福利最大化的终极目标；另一方面，结果平等和机会平等均是对资源分配和再分配的一种方法。机会平等和结果平等存在两点显著的不同：第一，两者由不同的哲学思想学派所拥护和主张。前者由保守的政治哲学家提出，而后者与传统的左翼政治哲学家密切联系。第二，两者所主张的观点存在显著区别。结果平等主张达到福利最大化的方法是均等化结果，而机会平等主义者则认为，达到福利最大化的方法是均等化机会。均等化结果存在明显的缺陷，均等化结果是一种削峰填谷的分配方法，缺乏激励性。从责任制的角度分析，结果平等不能让主体为其鲁莽的行为负责，这将减少主体取得成就的满足感且缺乏必要的救济。相反，机会平等旨在努力创造出平等竞争的环境，为能取得相同成就的潜在成功者们提供机会平等的竞争条件，从而激发主体的积极性和创新性。由此，机会平等的理论渊源和哲学思想是金融活动中需遵循的基本经济学原理和方法，同时，梳理出金融机会平等的理论渊源。

依据机会平等与结果平等的对比可作出融合机会均等思想和金融消费行为特有描述的金融机会平等的内涵。金融机会平等是各区域经济主体拥有并实际获得金融服务或资源配置所能达到的一种状态。在该状态下，其他条件不变，不同环境下的区域宏观主体和家庭获取金融服务或资源的金融机会均等，拥有相同的金融机会。微观主体获取金融服务的差异由其努力水平差异（或收入等人为因素）引致，而非其面临的获取金融服务环境的结果不平等是可接受的。由机会平等理论可知，金融发展区际差异引致不同地区的家庭获取金融服务环境呈现出显著的差异，由此，环境差异引致经济主体获取金融服务或资源的机会分布不均等。

金融机会平等的内涵与机会平等理论的内涵既有共性又有显著的差异。一方面，金融机会平等思想和机会平等思想渊源相同。金融机会平等是将机会平等理论和机会均等思想融入金融领域中，从机会平等的视角探讨我国金融机会分布不均等的现状。因此，金融机会平等的构建思想与机会平等理论的思想基本一致，而其理论渊源均源于福利经济学和政治哲学。另一方面，金融机会不平等与机会不平等的研究方法相同。两者均基于罗默机会均等化政策模型构建的理论框架，同时，利用总熵指数法、基尼系数等不平等测量方法来测度金融机会不平等，从理论和实证两个方面分析机会不平等的成因，由此，梳理出存在不平等现象的根源，探讨改善不平等现状的切入点。金融机会均等与机会均等的内涵主要存在两点区别：第一，机会平等理论的研究范畴主要是西方国家不同阶层微观主体的经济行为，从微观的角度分析国家机会不平等程度，从宏观提出政策以缩小机会不均等的差距。但金融机会不平等的研究对象不仅包括宏观主体，而且还包括微观主体的金融行为。从地方政府、企业和家庭三类主体参与金融活动的金融机会不同，从而进一步充分体现在主体面临的金融环境的区际差异。从宏观和微观两个层面剖析金融机会不平等的根源，并提出相应的改善机会不平等的政策思路，扩大区际间的金融机会，缩小金融机会不平等的区际差异。第二，经验分析针对性明显，数据范围特定化。实证分析金融机会分布不均等的方法比较单一，实证分析主要针对金融机会不平等指数的分解，剖析金融机会分布不均等的根源。

1.3.1.3　金融机会不平等的测量方法

不同区域的环境变量、自身实力和政策的差异使得主体间的金融机会集存在显著差异，由此，引致不同区域呈现出显著的金融机会不平等。测量并分解金融机会不平等则可深入理解金融机会区际分布不均等的现状，同时，提出具有针对性地改善金融机会不平等的政策思路。

测量机会平等有两种方法：事前方法和事后方法。事前方法是指在所有类型具有相同的平均值的情况下达到机会平等，同时，不同类型结果的不平等程度的减轻则减少机会不平等程度。事后方法是指付出同等水平努力的主体在取得同等的结果时，所有主体间不存在机会不平等，同时，机会不平等程度随同等努力水平主体间的结果不均等的减轻而减轻①。同一类型家庭能对其消费金融行为负责，因此，家庭获取金融服务的机会差异主要是金融服务环境差异的具体表现。基于此，本章拟将利用凯基·达妮埃莱和维托·佩拉吉内（2010）提出的事前方法来构建金融机会不平等指数，同时，利用总熵指数法分解金融机会不平等指数。

1.3.2　金融机会不平等的理论模型

1.3.2.1　金融机会分布函数

基于前述的金融机会集合，将用金融机会分布函数刻画金融机会集合。为

---

① D. Checchi, V. Peragine, Inequality of Opportunity in Italy [J]. *Journal of Economic Inequality*, 2010（8）：429 – 450.

简化金融机会的分布函数，便于金融机会不平等的测度和分解，将对金融机会分布函数和理论框架作如下四点假设：

（1）假设金融机会分布函数中 e 不受 c 的影响。例如，经济主体金融机会集合中可控因素不受其环境因素的影响，仅由经济主体行为负责。

（2）假设给定任意两个变量，剩余的变量是因变量的唯一决定因素。例如，一旦环境和政策固定，则 e 是 F 唯一的决定因素；或者给定努力和政策，c 是影响 F 的唯一因素。假设政策变量对金融机会分布的影响可以忽略不计。

（3）假设同一类型经济主体的结果差异是由影响金融机会的可控因素引致的，即同类型经济主体金融机会不平等仅受可控因素差异的影响。

（4）假设在其他条件不变的情况下，e 与 F 正相关[①]，且严格单调递增。

综述式（1-1）可简化为：

$$f = g(c,e) \qquad (1-2)$$

由于 c 是矢量，且元素是有限的、离散的指标，那么可将家庭依据 c 划分为 n 种类型，所有的类型可用集合表示，即 $\Pi = \{T_1, T_2, \cdots\cdots, T_n\}$。若 $c_i = c_j$，$\forall i,j; i \in T_n, j \in T_n$，则子集可用 n 表示，称为一种类型 T_n，同时，在环境相同的情况下，同类型的主体金融机会只取决于 e_{in}。令 $F_n(f)$ 表示类型 T_n 的金融机会的结果分布，q_n 表示类型 T_n 中主体数占总样本的比例。因此，所有家庭的金融机会结果则为如下公式：

$$F(f) = \sum_{n}^{n} q_n F_n(f) \qquad (1-3)$$

1.3.2.2 金融机会不平等的测度与分解

基于凯基·达妮埃莱和维托·佩拉吉内（2010）提出的机会平等的事前方法和总熵指数法测量并分解金融机会不平等。给定相关变量，详见如下：

（1）$F = (F_1, \cdots, F_i, \cdots, F_n) \in R_+^N$；

（2）$F_B = (\mu_{F_1} 1_{T_1}, \cdots, \mu_{F_i} 1_{T_i}, \cdots, \mu_{F_n} 1_{T_n}) \in R_+^N$；

（3）$F_W = (\tilde{F}_1, \cdots, \tilde{F}_i, \cdots, \tilde{F}_n) \in R_+^N$。

其中，F 代表金融机会值分布，F_i 代表将经济主体金融结果按环境划分为 n

---

① John E. Roemer, Equality of Opportunity: A Progress Report [J]. *Social Choice and Welfare*, 2002 (19): 455-471.

个子集之一，$\forall i \in \{1, \cdots, i, \cdots, n\}$ ；μ_{F_i} 是子集中经济主体的平均金融机会值，1_{T_i} 是长度为 $\dfrac{N}{n}$ 的单位矢量；$\tilde{F}_i$ 是按照公式（1.4）对每个类型中经济主体的金融结果进行调整后获得的新的集合。

$$\forall i \in \{1, \cdots, i, \cdots, n\}, m \in \{N_1, \cdots, N_i\}, f_i^m \to \frac{\mu_F}{} f_i^m \qquad (1-4)$$

（1）是所有经济主体金融机会的集合，（2）则是反事实变量的集合[①]。依据事前方法达到金融机会平等的内涵，利用类型的均值表示各子集的值，构建测量反事实变量 F_B 中的不平等，消除同一类型不同经济主体的实力差异对机会不平等的影响，从而反映不同类型间的机会不平等程度。（3）是通过调整所有类型的机会分布直至所有类型（即各子集）具有相同的均值。F_W 表示消除不同类型间经济主体因环境差异而引致的金融结果差异的机会分布，从而反映同一类型不同主体的金融机会不平等。

综上所述，在事前方法的情况下，对于任何的机会分布 $F \in R_+^N$，$F = (f_1, \cdots, f_N)$，均值 μ_F，则可依据收入分配的方法定义金融机会不平等指数，引入总熵指数法测度并分解金融机会不平等。总熵指数法中的均值偏差指数（MLD）不仅是不平等方法中包含的有效信息，而且可将不同主体金融机会不平等指数分解为组间差异和组内差异之和。因此，可将均值对数偏差指数（MLD）作为类型总的金融机会不平等指数，详见公式（1-5）：

$$I(F) = \frac{1}{N} \sum_{i=1}^{N} \ln \frac{\mu_F}{f_i} \qquad (1-5)$$

由此，可将所有主体分组并分解成组间差距 F_B 和组内差距 F_W 之和，分别表示为 $I(F_B)$ 和 $I(F_W)$。基于前述的金融机会分布函数，将金融机会不平等指数分解为环境差异和经济实力等可控因素差异分别引致的组间差距 F_B 和组内差距 F_W，可用公式（1-6）表示：

$$I(F) = I(F_B) + I(F_W)$$
$$= \sum_{g=1}^{n} \frac{N_g}{N} \Big[\sum_{i \ni F_g} \frac{1}{N_g} \ln \frac{\mu_{F_g}}{f_i} \Big] + \sum_{g=1}^{n} \frac{N_g}{N} \ln \frac{\mu_F}{F_g} \qquad (1-6)$$

---

① 反事实变量是控制努力程度后构建机会平等时各子集值的变量。详见 Francois Bourguignon, Francisco H. G. Ferreira（2007）：Inequality of Opportunity in Brazil。

在公式（1-6）中，F_g 表示在实证分析中 g 组主体金融机会值的平均值代替，N_g 表示 g 组经济的主体数，并且 $N = \sum_{g=1}^{n} N_g$。对于上述给定的 $I(F_B)$ 和 $I(F)$，那么由环境差异引致的机会不平等指数可表示为式（1-7）：

$$OI_B = \frac{I(F_B)}{I(F)} \qquad (1-7)$$

OI_B 代表组间金融机会不平等指数，特指由主体不可控的环境变量引致的金融机会不平等。那么，由主体可控因素引致的金融机会不平等则可由式（1-6）和式（1-7）联合推导得出式（1-8）：

$$OI_W = 1 - \frac{I(F_B)}{I(F)} \qquad (1-8)$$

OI_w 代表组内金融机会不平等指数，解释主体可控因素对金融机会不平等的影响力度。通过式（1-7）和式（1-8）可将金融机会不平等成因分解为金融环境和经济实力两个方面因素，利用金融机会不平等指数的分解可探讨环境和努力程度对不平等的影响力度，由此找到不同经济主体金融机会区际分布不均等的根源。

1.3.3 金融机会不平等的影响因素

根据金融机会分布函数和金融机会平等的内涵可知，金融机会不平等指数是基于金融机会分布函数结果而构建的，因此，金融机会分布函数的三个变量将影响金融机会不平等。本节拟从宏观主体和微观主体两个层次来讨论金融机会不平等的影响因素，归纳总结影响金融机会区际分布不均等的两大类因素。

从以下几个方面讨论影响家庭和个体获取金融服务和资源的金融机会集合，进而影响金融机会不平等。一方面，降低微观主体获取金融服务的机会成本将扩大个体金融机会集合，缓解金融机会不平等日益加剧的态势。例如，贷款由单一的银行等金融机构扩展至现在的 P2P、互联网金融提供的各种金融服务，个体和家庭获取贷款的机会成本将大大降低，获取贷款的渠道更多，增加低收入阶层获取贷款的机会，解决小微企业的融资困境。一方面，营造公平竞争的消费金融环境，个体理性购买金融产品，学习金融知识，从而缩小金融机会不平等的区际差距。例如，地方政府可出台相应的法规约束地方金融的不法活动；提高居民对金融教育和金融知识学习的积极性，组织金融机构为居民普及正确的金融产品知识，树立正确的理财理念等一系列活动以改善不同区域家庭消费金融行为过程中的金融机会不平等状况。另一方面，通过丰富金融市场层次为家庭或个体提供多层次的金融服务，打破长久以来以银行为主的金融机构的垄断局面，促使银行降低各种交易成本。由此，改善微观主体获取金融服务的服务环境，增加家庭获取金融服务的机会集，缩小不同区域家庭获取金融服务机会集的差距，改善金融机会区际分布不均等的现状。

从宏观主体视角看，影响金融机会不平等的因素主要包括短期和长期可塑两类变量。首先，短期内宏观主体可改变的软环境变量，即金融机会分布函数中主体可控的努力因素。区域经济与金融政策、地方法规、每万人金融机构等变量可归纳至主体可控的努力因素中。例如，调整金融机构分布、增加地方金融机构密度必然会活跃金融活动，同时政府出台相应的政策法规进一步规范市场，由此扩大该地方主体面临的金融机会集，缩短区际间金融机会差距，改善金融机会不平等现状。其次，可塑性较差的硬环境变量对金融机会不平等的影响较大，即金融机会分布函数中环境等不可控的因素对金融机会不平等的影响具有长期性。二元经济结构、地理位置、交通与通信情况等环境变量均是地方政府在短期内难以改变且对金融机会分布的影响具有显著的长期性和代际性。例如，二元经济结构和地理位置是地方不可控因素的代表变量，二元经济结构对经济金融活动具有显著的影响，二元经济结构的转化将制约金融资源的利用率，地理位置、交通与通信将影响金融服务或资源的机会集，同时，会降低金融资源的利用率，进而影响金融机会分布函数中努力等可控因素的发挥，由此，不同区域金融机会值存在显著的差异，金融机会分布不均等凸显，金融机会不平等在短期内难以改善。

1.4　金融机会区际分布不平等

金融机会集合的元素复杂多变，金融机会的区际分布呈现出显著的不平等特征。由金融机会不平等的理论模型可知，金融机会不平等指数的构建基础是金融机会分布函数，因此，金融机会分布函数的值域分布趋势充分反映了金融机会不平等的分布现状。同理，主体的金融机会值分布特点从侧面勾勒出我国金融机会不平等的分布特点。因此，本节拟运用现有的数据经验来分析金融机会值的变动趋势和分布特点，从而总体描述金融机会不平等的分布现状，为测量并分解金融机会不平等提供实证依据。

1.4.1 金融机会分布函数变量选取

1.4.1.1 宏观主体的代理变量

依据金融机会分布函数的简化式（1－2），在政策保持不变的情况下，金融机会值主要由努力等可控的和环境等不可控的两个方面因素共同决定。因此，选取金融机会分布函数的代理变量应该包括金融机会值、努力、环境三个方面的变量。第一，金融机会值的代理变量既能体现出金融活动过程产生的最终结果，又能反映出努力和环境两个方面元素的共同作用机制。金融机会分布函数值与戈氏指数本质上是不同的，戈氏指数反映了金融领域的发展水平，而金融机会分布函数值则反映了金融业资源分配的结果。综上所述，将选取金融业增加值作为金融机会值的代理变量。第二，影响金融机会分布的可控因素很多，可供选择的代理变量集合也很多。例如，地区的经济发展水平、每万人金融机构数等指标。尽管如此，但本节将选取每万人金融机构数作为努力集合的代理变量。选取该指标的原因主要有两个方面：一方面，金融机构数的调整对金融机会值即金融业增加值的影响较直接，影响效果明显；另一方面，金融机构数的调整是地方政府易于控制的，金融机构数的调整也关联微观主体参与金融活动的结果，由此可将微观主体的金融机会串联，以更深入地探讨金融机会不平等的根源。第三，根据金融机会的概念，环境变量主要是指短期内经济主体难以改变的大背景的相关指标。尽管环境变量对微观主体的金融机会不平等的影响不如努力因素大，但环境变量正是缓解金融机会不平等现象的突破口，同时，也是宏观主体金融机会区际分布不均等的根源。金融机会分布的环境一般是影响经济主体发展的环境变量，而可供选择的环境指标主要有主体所处的地理位置、经济结构、交通通达情况等。由于经济结构较其他环境指标量化容易，同时，我国目前处于经济结构的调整时期，经济结构的调整逐步改善经济主体面临的环境，充分地显示金融机会不平等的变动趋势，从而改善金融机会不平等的现状，因此，将选取经济结构作为环境集合的代理变量。

考虑到各变量数据的取值范围的一致性和对等性，下面将对各代理变量进行标准化处理。F 的代理变量用百分比表示，金融业价值占 GDP 百分比（the aggregation of finance，AF）。e 则用每万人金融机构数（institution per ten thou-

sand people，IP）表示经济主体的努力程度或区域努力水平。c 将用高帆
（2007）提出的地区的经济结构用综合二元反差指数（dual economic structure
index，ESI）表示，将地区就业人口在两部门的分配结构纳入二元经济结构的
指标①。其式为：

$$ESI = \sqrt{[(R_m/R_t) \times (L_t/L_m)]} \qquad (1-9)$$

其中，传统部门的比较劳动生产率（R_t）即传统生产部门产值比重与劳动
力比重，本章将第一产业作为传统部门；现代部门的比较劳动生产率（R_m）
即现代部门产值占 GDP 比重与劳动力比重之比，将第二产业、第三产业作为
现代部门；式（1-9）表示综合二元反差指数，其中，R_m/R_t 反映了两部门的
劳动生产率差异，二元经济结构强度与其成正比；L_t/L_m 表示两部门的劳动力
结构，二元经济结构强度也与该值成正比；将 R_t 和 R_m 的比例代入式（1-9）
可得公式（1-10）：

$$ESI = \sqrt{[(G_m/G_t) \times (L_t/L_m)^2]} \qquad (1-10)$$

式（1-10）表明了二元经济结构的转化实质上就是产业结构变化的过
程。ESI 值包含了两部门劳动生产率差异和劳动力结构的两个因素，因此，二
元经济结构强度与 ESI 值正相关，ESI 值越大，二元经济结构特征越显著；ESI
值越小，二元经济结构越弱。

1.4.1.2　微观主体的代理变量

依据家庭消费金融行为可选取变量作为家庭获取金融服务的机会集，金融
机会集应包含影响家庭消费行为的两个方面内容。一方面，家庭能对金融消费
行为负责的可控因素。例如，家庭的月收入决定家庭金融资产的购买力，家庭
对金融知识和金融产品的认识将影响家庭购买的金融资产组合，家庭投入金融
教育的金钱成本和世界成本等金融教育亦会影响家庭金融的消费行为。另一方
面，家庭不能控制的影响金融消费行为的因素。例如，家庭所在地区的金融机
构提供金融服务的差异，家庭接触金融知识的途径和家庭需要接受的金融知识
是家庭不能控制的因素，银行等金融机构在交易过程的强势地位是家庭不能影
响的，交易过程中的信息不对称是家庭不能消除的。综上所述，影响家庭金融

---

① 高帆. 中国各省区二元经济结构转化的同步性：一个实证研究［J］. 管理世界，2007（9）：
27-47.

机会集的变量可归纳为家庭可控的努力因素和家庭不可控的环境因素。

根据金融机会不平等的分解方法，实证模型应选取体现金融机会集价值的变量、环境变量和家庭可控变量。鉴于前述的金融机会不平等的理论框架，同时，考虑数据的可得性，选取各代理变量并将其进行规范化和量化处理。各代理变量详细如下：F 代表家庭获取金融服务机会集的总值且能体现家庭消费金融的行为。家庭金融消费行为主要包含金融资产和金融负债，而金融资产是家庭金融消费行为中的主要消费行为。由此，F 的代理变量将选取与金融资产相关的指标，而金融资产中非存款占金融资产的比重更能体现区域间家庭在金融消费行为上的差异。因此，F 的具体代理变量将用非存款占金融资产的比重（the value of finance opportunity，OF）来表示。

e 是影响金融机会集的家庭可控因素。那么，e 的代理变量应满足家庭可控的且可以改善的指标。考虑 F 代理变量用百分比表示，因此，e 选取家庭在金融教育上的投入约占月收入的比重（the ratio of finance education cost，CF）。

c 代表影响金融机会集的不可控的环境因素，家庭获取金融服务的环境差异更能体现不同区际间金融机会不平等的程度，而以环境为标准是事前方法下剖解金融机会不平等的关键因素。因此，环境代理变量的选取需具有典型的区域性。根据现有的环境变量和数据，可将 c 的代理变量选为家庭获取金融服务的地区作为环境变量，进一步将样本数据划分为特定的类型。

为保证样本数据的权威性和准确性，本节数据主要包括两类：第一类是宏观数据，全部宏观数据来源于《中国统计年鉴》《中国金融统计年鉴》《新中国六十年统计资料汇编》《中国区域金融运行报告》和《国民经济和社会发展统计公报》、中国统计局网站、中国人民银行网站。第二类是微观数据，为保持微观数据具有典型性和代表性，微观数据全部来源于清华大学中国金融研究中心（CCFR）组织的 2012 年中国城市居民家庭消费金融调研数据，样本数据覆盖东北、华北、华东、华南、华中、西北、西南地区的三类不同经济发展水平的 24 个城市，有效样本共 3122 份。

1.4.2 金融机会值的分布特点

1.4.2.1 宏观主体金融机会的分布特点

从宏观层面出发，我国金融机会分布呈现出显著的区域特点。依据金融机会的概念可知，地区金融机会价值是环境和可控的因素共同决定的，地方金融机会的显性载体一般集中在地方的金融活动过程中，金融业增加值则是金融活动的最终体现。由图 1 - 1 可得出两个方面的结论。

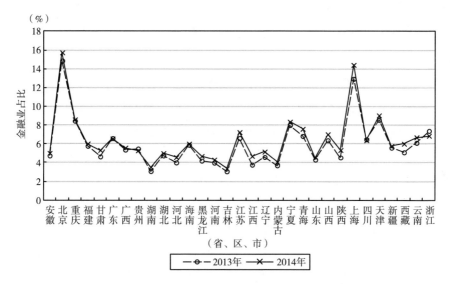

（％）

图 1 - 1　我国部分省（区、市）金融业增加值占 GDP 比重

资料来源：根据 2014 年各省统计年鉴数据计算而得。

一方面，在利率市场化的进程下，金融业取得了显著的成就。2014 年，从整体分析可知，我国大多数省、区、直辖市的金融业增加值占 GDP 比重均在 10％以下，金融业占比变动幅度较小。从金融业增加值占比变动情况上看，我国各省金融业的增加值均同比有所增长，但增长幅度较小。其中，江西省增长最快，增长率 24.96％，陕西和西藏增长率均大于 15％，浙江、四川、贵州、广东金融业增加值占比则有小幅下降。从金融业增加值占比的绝对值分析可得，上海和北京金融业增加值占比一直是全国的领头羊，金融业增加值占比均在 10％以上。另一方面，我国金融业增加值占比呈现出显著的区域性，地理位置的差异影响着金融机会分布的不均等。区域间金融机会分布不均等，以北京、上海等省（市）为首的东部地区金融业增加值占比较高，由此可推断，东部地区金融机会多且金融机会带动的经济发展远超其他区域；中部和西部地区金融业增加值占比相差不大，基本都在 8％以下，金融机会明显少于东部地区。区域内部金融机会分布不均等，尤其是东部内部主体面临的金融机会分布不均等特征显著，东部各省市间金融业增加值占比相差较大，有待改善金融机会不均等现状。例如，北京、上海与其他地区的金融机会分布存在差距。中西部各省区市金融机会存在显著的缺失，例如，贵州等省区市金融业增加值占比同比有所降低，金融机会较其他地区明显缺失。由此，政府亟须出台相应的政策以扩大贵州等地区的金融机会，缩小东部、中部、西部地区的金融机会差距，缓解金融机会不均等现象。

1.4.2.2 微观主体金融机会的分布特点

微观经济主体获得并实际拥有的金融机会区际分布不均等可从两个方面出发。一方面，影响微观主体的金融机会因素较宏观主体而言更复杂，宏观主体金融机会分布不均可通过环境间接影响微观主体的金融机会集，而微观主体的金融机会集的变化则通过金融活动影响宏观主体金融机会集合的价值。另一方面，微观主体的金融机会的影响囊括宏观因素，金融机会不均现象由高层次向低层次传导。因此，微观主体的金融机会分布的区际特征不仅补充了金融机会的分布特点，而且微观数据针对性和典型性强，微观主体金融机会分布特点明显，易于剖析金融机会不平等的根源。

考虑数据的可得性，通过家庭金融消费数据探讨微观主体金融机会的分布现状。以家庭金融消费行为可剖析家庭获取金融服务过程中的制约因素，探讨家庭金融机会分布的影响因素。图 1-2 可说明目前家庭金融消费的两大现状：第一，中国城市家庭的金融资产普遍较低。调查的 24 个城市中的家庭户均金

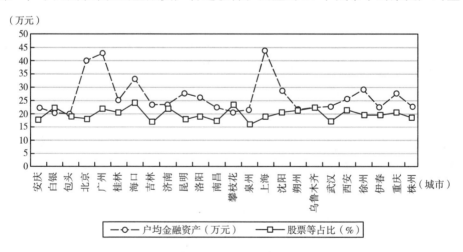

图 1-2 我国部分城市家庭金融资产组合分布情况

资料来源：根据 CCFR 2012 年调研数据计算而得。

融资产大多数在［20，30］区间内，广州、上海、海口、北京 4 个城市家庭
金融资产的户均金融资产超过 30 万元。作为中国金融中心的上海户均金融资
产达到 43.92 万元，充分体现了该城市的金融地位和该城市家庭的理财意识。
第二，中国家庭对债券、股票等金融产品的投入比例相差不大。24 个城市的
家庭持有的股票等金融产品占金融资产的比重在［17，25］区间内，并且各
城市间股票等占比差距幅度不大，基本均在 5% 上下波动。由此可见，各城市
家庭对金融产品的偏好相差不大，家庭金融机会集合元素基本一致。

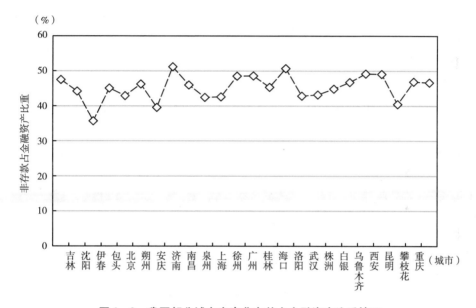

图 1-3　我国部分城市家庭非存款占金融资产比重情况

资料来源：根据 CCFR 2012 年调研数据计算而得。

由图 1-2 和图 1-3 可知，调研城市家庭金融机会分布呈现出东高、中
平、西低的特点。总体来说，我国家庭拥有的金融机会存在一定的局限，家庭
金融资产大部分集中于存款，非存款资产占比亦较低，家庭参与金融活动过程
中的 90% 处于弱势感觉。因此，城市家庭获取金融服务的金融机会集合有待
进一步扩大。从城市所在的区域来看，东部地区的城市家庭金融机会值较其他
地区有一定的优势，中部地区各城市金融机会集合的价值相差不大，而西部地
区城市家庭金融机会值较低且相差较大，例如，昆明和攀枝花家庭金融机会值
相差大约 7%。因此，调研城市家庭金融机会呈现出显著的金融机会不均等的
特点。

综上所述，我国微观主体的金融机会值呈现出显著的分布不均等和区域性。我国东部地区的家庭面临的金融机会远远大于其他地理区，但我国家庭面临的金融机会严重缺乏。宏观层面金融机会不平等引致微观主体间金融环境差距较大，由此，家庭面临的金融机会集存在一定局限且区际间家庭面临的金融机会分布不平等。

1.5 金融机会不平等的实证分析

金融机会不平等是我国金融机会区际分布的显著特点，而引致金融机会不平等的因素错综复杂。本节在金融机会不平等的理论框架和金融机会区际分布不平等经验分析的基础上，利用现有数据测量并分解金融机会不平等以实证分析我国各经济主体金融机会不平等及其主要影响因素。现有文献大多仅利用微观数据实证分析金融机会不平等，但本节拟分别利用宏观数据和微观数据对我国金融机会不平等进行了实证分析，同时，分别讨论影响两类主体金融机会不平等的根源。

1.5.1 我国金融机会不平等的现状

无论是宏观层面还是微观层面，目前，我国金融机会区际分布存在显著的地域性、不均等特点。从宏观的角度出发，金融机会区际分布差距较大，区际内部金融机会差距明显。一方面，东部经济金融发展水平高于西部、中部地区，东部金融机会值高于西部地区，金融机会多于中部、西部地区。由此，东部与中部、西部地区金融机会分布差距日益扩大，金融机会分布不均等现象日益严重。另一方面，区际内部金融机会分布不均等，尤其是东部地区内部金融机会分布不均等现象较严重。例如，上海和北京金融机会值不仅是全国金融机会值的领头羊，而且远远高于东部的其他地区。中西部沿江、沿海城市的金融机会值高于内陆地区，且金融机会分布不均等有扩大的趋势，影响沿海城市间金融机会元素中的地理位置较其他内陆城市有显著的优势，因此，地域性差异是引致区际内部金融机会不均等的重要因素。

微观主体机会均等化地获取金融服务是金融资源均衡分配的理想状态。机会平等理论学者认为，经济主体福利最大化不是结果的均等分配，而是机会均等化地获取资源，而微观主体机会均等化地获取金融服务是学者关注的热点。

图 1 - 2 和图 1 - 3 综合分析可得出，目前我国微观主体金融机会的分布特点及存在的问题。首先，我国微观主体获取金融服务的机会集受到宏观环境和宏观经济主体的影响，金融机会分布不但呈现出显著的地域性，且金融机会分布不均等。不同地区的微观主体所面临的经济环境不同，其面临可供选择的金融机会集亦不同，由此地区间微观主体金融机会分布呈现出严重的不均等，微观主体获取金融服务的权利不公正。其次，不同微观主体参与金融活动的形式不同，其金融机会集合元素亦有差异，但微观主体面临的金融机会集合均存在信息不对称、元素单一的问题。家庭参与金融活动主要通过存款等风险较小的金融产品，借款渠道过于依赖银行业的金融机构，由此构成的金融机会集合难免单一。企业融资渠道单一，融资量往往难以满足资金缺口，同时，获取资金门槛较高，而新网贷平台和融资机构尚不完善。

因此，依据金融机会分布函数来构建金融机会不平等指数并将金融机会不平等分解为组内和组间金融机会不平等指数，讨论不可控的环境变量和可控的努力因素对主体的金融机会不平等的影响，探讨我国经济主体金融机会不平等的根源。

1.5.2　样本类型划分与描述性统计

1.5.2.1　数据说明

本节数据来源与 1.5.1 节相同，但样本类型划分涉及的数据与 1.5.1 节稍微不同。湖北、黑龙江、河北、吉林、辽宁和云南 6 个省份缺失 2013 年三次产业的就业数据，西藏缺失 2004 年的金融机构数，为保持数据的精准，宏观数据将删去湖北等 7 个省份。清华大学中国金融研究中心（CCFR）已分别组织了 2008 年和 2012 年两次中国城市居民家庭消费金融调研，但两次调研的城市不同且 2012 年数据的有效性强于 2008 年，因此，本节仅利用 2012 年的调研数据分析微观主体的金融机会不平等。

依据机会平等的事前方法，将样本划分为若干种类型，类型的划分依据是金融机会集合的环境变量。根据类型间金融机会值的差距来探讨金融机会不平等的组间因素，依同一类型不同努力程度的机会值的差距来探讨金融机会不平等的组内因素。本节拟从两类主体测度并分解金融机会不平等以初步了解我国金融机会不平等并探讨其根源。

1.5.2.2　宏观主体统计分析

根据 2013 年各地区的经济环境指标综合二元反差指数排名，将 24 个省市自治区划分为四个类型。第一种类型是 ESI 取值在（0，1）间的经济环境良好的区域，主要地区有北京、上海、浙江、天津，二元经济结构特征较弱，经济主体所面临的金融环境良好；第二种类型是 ESI 取值在（1，2）间的经济环境好的区域，二元经济结构特征不明显，经济主体所面临的金融环境稳定；第三种类型是 ESI 值在（2，3）间的区域，该区间省（市、区）金融环境较差；第四种类型是 ESI 值大于 3 的二元经济结构特征十分显著的省（市、区），经济主体面临的金融环境基本处于发展的初级阶段，金融机会值集合中的元素比较单一。例如，宁夏、陕西、贵州三个省（市、区）经济发展水平比较落后，经济主体参与的金融活动较其他地区单一，金融机会集合元素单一，金融机会值较低。每种类型具体所包含的省（市、区），同时，各省（市、区）的二元经济结构指数详见表 1 – 1。

表 1 – 1　　　　2013 年全国 24 个省（自治区、市）综合二元反差指数

省份	北京	上海	浙江	天津	江苏	福建	江西	广东	海南	安徽
ESI 值	0.540	0.560	0.716	0.774	1.013	1.076	1.319	1.333	1.387	1.433
名次	1	2	3	4	5	6	7	8	9	10
省份	山东	甘肃	河南	四川	青海	重庆	湖南	新疆	山西	内蒙古
ESI 值	1.546	1.743	1.786	1.787	1.806	1.806	1.871	1.896	2.187	2.191
名次	11	12	13	14	15	16	17	18	19	20
省份	广西	宁夏	陕西	贵州						
ESI 值	2.611	3.040	3.103	4.593						
名次	21	22	23	24						

资料来源：由各省 2014 年统计年鉴整理而得。

在测量金融机会不平等前，拟将样本数据进行统计分析，且检验面板数据的平稳性，从而保证样本数据的可行性和精准性。环境指标综合二元反差指数用于样本类型的划分，因此，统计分析中不包含该指标，样本数据的每万人金融机构数的均值在 [0.5646，1.959] 之间取值，而金融业增加值占 GDP 比重在 [13.1971，23.595] 之间取值。样本的 24 个省份数据单位根结果见表 1 – 2（表 1 – 2 数据利用 EVIEWS 6.0 操作而得）。由表 1 – 2 可知，LLC 拒绝存在相同根的原假设，而 ADF 拒绝存在不同根的原假设，因此，该样本数据序列是平稳序列。

表1-2 样本数据的单位根检验结果

变量	统计值	P 值	是否显著	是否平稳
LLC	-11.753	0.0000**	是	平稳
ADF	183.562	0.0000**	是	平稳
PP	172.369	0.0000**	是	平稳

注：** 为1%显著。

资料来源：由各省2014年统计年鉴整理而得。

依据金融机会分布函数，可将金融机会不平等的影响因素划分为组间因素和组内因素。由图1-4可知，一方面，类型二中金融机会不平等的影响因素是组内努力程度，而金融业增加值和每万人金融机构数呈现出一定的单调性，因此，金融机会不平等的测量与分解均应考虑组内差距。另一方面，类型二中各地区间的金融业增加值占比呈现出显著的差距，而地区间的每万人金融机构数相差不大，由此，可推断环境变量对金融机会集合的影响较大，金融业增加值的组内差距较大，则体现出金融机会组内分布不均等，因此，金融机会不平等指数的分解十分必要。图1-5则说明两个方面内容：一方面，类型一与其他几种类型金融机会值相差较大，而类型二、类型三、类型四金融机会值差距不大。从绝对值来看，类型四由于所囊括的省（市、区）较少，因此，其金融机会的平均值较类型二、类型三大，而远不及类型一；而类型二、类型三的

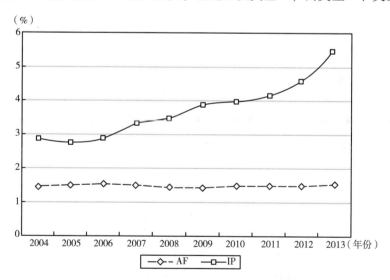

图1-4 类型二金融机会值的组内差距趋势

资料来源：根据各省统计年鉴计算而得。

金融机会值差距较小。从相对值来看，类型二、类型三的金融机会值差距是最小的，而类型一与其他三个类型的差距均较大。另一方面，各类型间金融机会不均等是近十年间金融业的发展常态。各类型间金融业增加值的差距有逐年扩大的趋势，由此说明，类型间的金融机会分布不但不均等，而且在某种程度上有扩大的趋势，金融机会值的组间差距体现出环境变量对金融机会的影响。

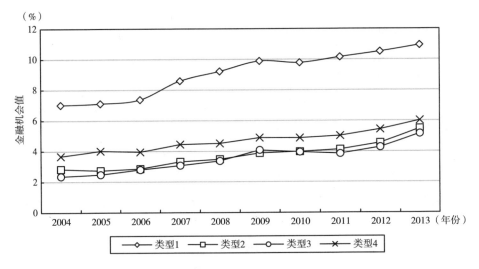

图1-5　各类型金融机会值的组间差距

资料来源：根据各省统计年鉴计算而得。

1.5.2.3　微观主体统计分析

本节拟用家庭所在地区作为金融机会的环境变量划分调研样本类型，来分析金融机会不平等的成因，揭示金融机会不平等的根源。按照中国七大地理区可将24个城市划分为东北、华北、华东、华南、华中、西北、西南七个地区。七种类型包含的城市详见表1-3。

表1-3　　　　　　　　　　　样本数据地理区域划分

地理区	东北	华北	华东	华南	华中	西北	西南
城市	沈阳、吉林、伊春	北京、朔州、包头	上海、徐州、安庆、泉州、南昌、济南	广州、海口、桂林	武汉、株洲、洛阳	西安、乌鲁木齐、白银	重庆、攀枝花、昆明

资料来源：依据中国行政区划整理而得。

在实证分析之前，将对样本数据进行描述性统计以确保样本数据的精准性和一致性。样本中，非存款金融资产占金融资产百分比（OF）和家庭在金融教育上的投入占月收入的比重（CF）的均值分别为 45.385% 和 2.194%，其他指标详见表 1-4。

表 1-4　　　　　　　　样本数据的描述性统计

变量	均值	中位数	最大值	最小值	标准差
OF	45.385	44.44	100	0.10	27.758
CF	2.194	2.00	5	1.00	0.488

资料来源：由 2012 年调研数据计算而得。

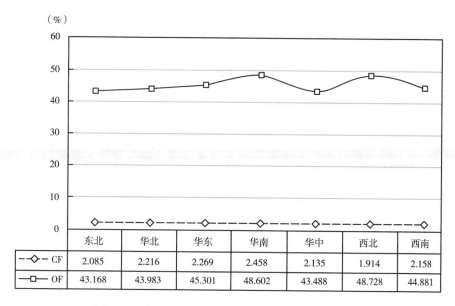

	东北	华北	华东	华南	华中	西北	西南
CF	2.085	2.216	2.269	2.458	2.135	1.914	2.158
OF	43.168	43.983	45.301	48.602	43.488	48.728	44.881

图 1-6　各类型金融机会集价值和金融教育投入趋势

资料来源：根据调研数据计算而得。

根据金融机会不平等的测量方法和金融机会分布函数式（1-2），则可将七大地理区的金融机会值和家庭金融教育投入集合的价值计算得出。由图 1-6 可知，七大地理区被调查家庭的金融教育投入相差不大，金融教育投入占家庭比重基本在 2.18%。依据理论框架和机会平等原则，地理的差异不应影响金融机会，七大地理区应具备相同的金融机会值，至少区际的趋势图应与家庭金融教育投入趋势图相同。但由图 1-6 可知，七大地理区的金融机会值区际呈现上下波动的差异。例如，西南地区和华北地区，调研家庭的金融教育投入占月收入比均在 2.2% 左右，但华北和华南金融机会值呈现出显著的差异。

综上所述，区际家庭金融机会呈现出显著的不平等，区际家庭金融教育投入占月收入的比重的差异对金融机会值的影响则需控制环境变量后深入剖析。但机会平等的哲学思想，由家庭本身可控且可改善的因素引致的不平等是可接受的。因此，家庭教育投入占月收入的比重差异引致的金融机会不平等应该由家庭承担机会成本，因此，统计分析中不单独分析家庭金融教育投入对金融机会不平等的影响。

依据清华大学中国金融研究中心（CCFR）调研过程中选取的七大地理区三类经济发展水平城市进行问卷填写。因此，可对同一地理区的三类经济发展水平进行统计分析以深入考察环境对金融机会值的影响。在调研过程中，华东地区选取了 6 个城市，西南和华中地区各选取 3 个经济发展水平代表性强和典型性强的城市，由此选取了上述 12 个城市进行统计分析。图 1-7 传达了两个方面的信息：一方面，同一地理区，不同经济发展水平的城市，家庭金融机会值不同。西南地区 3 个城市的金融机会值与家庭金融教育投入占月收入比呈显著的正向关系，华中地区的金融机会值则与家庭金融教育投入呈显著的负相关，而华东地区金融教育投入与金融机会值的关系则呈现一定的波动。另一方面，12 个城市金融机会值在地区环境差异和家庭金融教育投入差异的双重影响下，城市间家庭金融机会值差异较大。

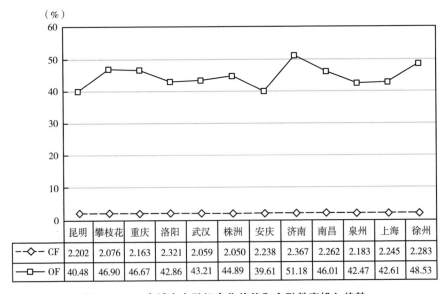

（%）

	昆明	攀枝花	重庆	洛阳	武汉	株洲	安庆	济南	南昌	泉州	上海	徐州
CF	2.202	2.076	2.163	2.321	2.059	2.050	2.238	2.367	2.262	2.183	2.245	2.283
OF	40.48	46.90	46.67	42.86	43.21	44.89	39.61	51.18	46.01	42.47	42.61	48.53

图 1-7　12 个城市金融机会集价值和金融教育投入趋势

资料来源：根据调研数据计算而得。

1.5.3　金融机会不平等的分解

利用宏观数据和微观调查数据进行统计分析，分析结果表明，金融机会不平等是金融活动过程中常见的状态，金融机会不平等可细分为组间不平等和组内不平等。因此，本节将利用总熵指数法测量并分解金融机会不平等，探讨我国金融机会不平等的根源，同时，针对性地提出相应的政策建议。

1.5.3.1　宏观主体的金融机会不平等

宏观主体的金融机会不平等的测量和分解主要体现出二元经济结构和每万人金融机构数对金融机会不平等的影响。依据机会平等的事前方法原则，利用总熵指数法测量并分解宏观层面的金融机会不平等。依据二元综合反差指数可将样本数据划分的类型，利用三种测量方法测度金融机会不平等，以对比分析金融机会不平等的结果。

由表1-5可知，不同测量方法测度的四种类型的金融机会不平等。从横向看，各种类型间的金融机会不平等表现不一。类型三和类型四的金融机会不平等指数由于样本量小于类型二，因此，其金融机会不平等程度较轻，而按照标准差系数和均值对数偏差指数法，类型一的金融机会不平等程度较类型二有显著的差异。从纵向分析可得两个方面的结果：一方面，同一种测度方法测量的金融机会不平等并未体现出随时间的迁移而不平等程度有所改善，反而各类型均有恶化的趋势。另一方面，均值对数指数偏差法下的金融机会不平等基本小于其他两种方法。均值对数指数偏差法可将金融机会不平等分解为组间不平等和组内不平等，同时，结合金融机会不平等的理论框架，由此可将该 MLD 作为金融机会不平等指数。近三年来，类型一、类型三的金融机会不平等指数有下降的趋势，类型二和类型四的金融机会不平等指数则有上升的趋势。因此，亟须缩小类型间的金融机会不平等的差距。

表1-5　　　　　　　　四种类型的金融机会不平等测量结果

年份	类型一			类型二			类型三			类型四		
	RAD	CV	MLD	RAD	CV	MLD	RAD	CV	MLD	RAD	CV	MLD
2004	0.383	0.391	(0.051)	0.316	0.507	0.175	0.206	0.206	0.049	0.278	0.362	0.002
2005	0.360	0.361	(0.055)	0.246	0.500	0.191	0.192	0.192	0.044	0.207	0.271	(0.011)

年份	类型一			类型二			类型三			类型四		
	RAD	CV	MLD	RAD	CV	MLD	RAD	CV	MLD	RAD	CV	MLD
2006	0.351	0.352	(0.056)	0.251	0.474	0.188	0.163	0.163	0.034	0.192	0.254	(0.004)
2007	0.333	0.331	(0.060)	0.253	0.420	0.182	0.166	0.166	0.041	0.164	0.214	(0.002)
2008	0.286	0.306	(0.066)	0.236	0.380	0.183	0.156	0.156	0.036	0.127	0.169	0.002
2009	0.273	0.301	(0.063)	0.234	0.331	0.177	0.179	0.178	0.025	0.106	0.151	0.005
2010	0.254	0.301	(0.061)	0.239	0.317	0.164	0.166	0.166	0.029	0.147	0.206	0.006
2011	0.255	0.296	(0.063)	0.226	0.311	0.158	0.134	0.134	0.036	0.208	0.294	0.009
2012	0.252	0.310	(0.055)	0.235	0.302	0.148	0.174	0.174	0.033	0.211	0.308	0.008
2013	0.271	0.268	(0.037)	0.218	0.324	0.112	0.189	0.189	0.026	0.220	0.296	0.012

资料来源：根据各省统计年鉴计算而得。

注：RAD：相对平均偏差；CV：标准差系数；MLD：均值对数偏差指数；"（ ）"代表负值。

利用总熵指数法将金融机会不平等指数进行组内分解和组间分解，由此可得，组内和组间金融机会不平等指数详见表 1 - 5。由表 1 - 5 可知，从横向对比分析可得，四种类型金融机会不平等主要是组间不平等引致的，除类型四中 2004 年和 2008 两个年份外，四种类型组间金融机会不平等指数均大于组内金融机会不平等指数，由此可得，区际间二元经济结构特征即金融环境差距是金融机会不平等的主要影响因素。从纵向分析可得，四种类型金融机会不平等指数变动情况各异，组间金融机会不平等指数变动情况亦有所差异。自 2008 年以后，类型一和类型三组间金融机会不平等指数有逐年扩大的趋势，金融机会不平等指数的程度稍有加重。总体上看，类型一、类型二、类型四的组内金融机会不平等指数呈现出逐年缩小的差距。综上所述，宏观层面的金融机会不平等成因接近机会平等原则，环境等不可控因素对金融机会不平等的影响力度较大。从宏观层面分析，环境等不可控因素是区际间金融机会不平等的根源，更是政策制定者需考量的重要因素，同时，也是分配资源中应审慎考量的因素。

表 1 - 6　　　　　　　　**各类型的金融机会不平等分解表**

年份	类型一		类型二		类型三		类型四	
	OI_B	OI_w	OI_B	OI_w	OI_B	OI_w	OI_B	OI_w
2004	2.222	-1.222	0.776	0.224	1.052	-0.052	-1.848	2.848

续表

年份	类型一		类型二		类型三		类型四	
	OI_B	OI_w	OI_B	OI_w	OI_B	OI_w	OI_B	OI_w
2005	2.082	-1.082	0.832	0.168	1.058	-0.058	1.261	-0.261
2006	2.035	-1.035	0.832	0.168	1.068	-0.068	1.568	-0.568
2007	1.934	-0.934	0.839	0.161	1.030	-0.030	1.733	-0.733
2008	1.782	-0.782	0.859	0.141	1.040	-0.040	0.429	0.571
2009	1.793	-0.793	0.860	0.140	1.048	-0.0480	0.787	0.213
2010	1.799	-0.799	0.854	0.146	1.063	-0.063	0.710	0.290
2011	1.780	-0.780	0.860	0.140	1.062	-0.062	0.544	0.456
2012	1.891	-0.891	0.834	0.166	1.051	-0.051	0.511	0.489
2013	2.417	-1.417	0.819	0.182	1.0510	-0.051	0.697	0.303

资料来源：根据各省统计年鉴计算而得。

综上所述，我国宏观主体的金融机会不平等的主要影响因素是组间差距，即发展过程中二元经济结构特征、地理位置等主体可塑性难的环境变量，而可塑性强、短期内能改变的努力等可控因素对宏观主体的金融机会影响不大。从宏观层面改善金融机会不平等现状的突破口是完善影响金融机会的环境变量集合，尤其是环境变量中经济结构的调整。金融环境恶劣的劣势群体应是机会均等化的主要受益者，改变其金融机会不足的现状，逐步缩小四种类型间和各类型所含地区间的金融机会差距，从而改变金融机会不平等现状。

1.5.3.2 微观主体金融机会不平等分解

依据家庭所在的地理区和家庭金融教育投入占月收入的比重，可将样本数据划分为7种类型和5个金融教育投入占比层次，每个子集和样本容量详见表1-7。在金融机会不平等的理论框架下，家庭付出相同的金融教育投入后应有相同的金融机会，但从表1-7可知，不同地区家庭金融机会值差异较大。除西北、西南和东北地区以外，华北、华东、华南和华中地区金融机会值与家庭在金融教育投入占月收入的比重均呈现出显著的正向关系。七大地理区中的西北、西南和东北地区由于样本城市的选择和样本容量的差异，理论框架的影响有些差异，但样本整体基本符合模型的假设。

表1-7   类型的金融机会值的分布

金融教育投入层次	东北	华北	华东	华南	华中	西北	西南
1	33.26	38.90	37.24	33.27	38.59	39.89	40.75
	76	93	145	44	64	103	85
2	44.86	42.51	44.21	48.27	39.70	50.60	44.30
	182	215	334	163	189	183	196
3	46.01	46.49	49.06	50.14	52.15	56.55	48.04
	83	147	277	142	94	59	125
4	69.32	63.06	59.47	58.95	64.86	80.00	45.78
	7	17	16	22	6	1	10
5	43.17	63.14	62.05	74.23	70.56	48.73	75.07
	3	5	16	11	2	4	2

资料来源：依据2012年调研数据计算整理而得。

注：表格中第一行是金融机会均值，第二行是样本容量。

根据金融机会不平等的测度方法，首先将样本按地理区域进行划分，并用相对平均偏差、标准差系数测度指数和均值对数偏差指数三种方法分别测量样本总体和七大地理区的金融机会不平等，详见表1-8。依据前述的理论框架，实证中将均值对数偏差指数作为金融机会不平等指数，同时，分解金融机会不平等以探讨金融机会不平等的主要影响因素。

表1-8   样本金融机会不平等的测量

不平等测量	总不平等	东北	华北	华东	华南	华中	西北	西南
相对平均偏差	0.518	0.551	0.529	0.513	0.468	0.509	0.522	0.515
标准差系数测度指数	0.612	0.645	0.635	0.615	0.560	0.610	0.604	0.604
均值对数偏差指数	0.357	0.420	0.387	0.356	0.279	0.378	0.357	0.318

资料来源：依据2012年调研数据计算整理而得。

在事前方法下，依据均值对数偏差指数可将七大地理区和样本中的家庭金融机会不平等分解为家庭金融教育投入占比等可控因素影响的组内金融机会不平等和家庭所处的地理差异等不可控的环境因素引致的组间金融机会不平等。由表1-9可知，东北地区的3个不同城市家庭金融机会不平等分解中，环境引致的家庭金融机会不平等能解释东北地区金融机会不平等的1.308%，而华中地区三个不同城市家庭获取金融服务的机会受环境因素的影响较小，由地区差异引致的金融机会不平等仅能解释金融机会不平等的0.055%。在样本调查中，华中地区选取的武汉、株洲和洛阳三个城市的经济金融发展水平相差不大，且三个地方家庭的收入居中。因此，华中地区城市金融发展差异对家庭金融机会不平等的影响较小。在总样本中，不同地理区对家庭金融机会不平等的影响十分显著。分解总样本中家庭金融机会不平等可得，七种类型间的地理位置差异能解释金融机会不平等的3.526%。因此，家庭所处的地理区对其获取金融服务的机会集影响深远，即样本中不同家庭所面临的金融服务环境显著地影响家庭获取金融服务，引致不同地理区的家庭获取金融服务的金融机会不平等。

表1-9 金融机会不平等分解（事前方法）

七大地理区	组间不平等	组内不平等	总不平等	OI_B	OI_w
东北	0.006	0.414	0.420	1.308	98.700
华北	0.001	0.387	0.387	0.104	99.891
华东	0.004	0.353	0.356	0.974	99.012
华南	0.001	0.278	0.279	0.256	99.741
华中	0.0002	0.378	0.378	0.055	99.958
西北	0.0002	0.357	0.357	0.058	99.958
西南	0.002	0.316	0.318	0.658	99.350
样本平均	0.013	0.344	0.357	3.526	96.474

资料来源：依据2012年调研数据计算整理而得。

综上分析可知，家庭可控因素对金融机会不平等的影响显著大于家庭不可控因素，但不同地区由于经济发展、金融发展水平等因素对家庭获取金融服务在一定程度上起着重要作用。同一地理区不同城市的家庭地区发展差异对获取金融服务的金融机会影响不如七大地理区的家庭由于地理位置差异而体现的金融机会不均等显著。同一地理区城市间的金融发展和经济发展较小，因此，家庭获取金融服务的金融机会基本取决于家庭获取金融服务的可控因素，而不同地理区的家庭拥有不同的金融机会，因此，组间不平等对金融机会不平等的解释力度较大。

1.6 结论与对策思考

本章基于阿斯利·德米尔古克-库特（2008）的思想观点和约翰·罗默的机会均等化政策模型，将机会平等理论融入金融活动、金融资源配置过程中以构建金融机会不平等理论模型，初步探讨我国金融机会不平等现状。同时，采用凯基·达妮埃莱和维托·佩拉吉内（2010）提出的机会平等事前方法和总熵指数法来测量并分解金融机会不平等，探讨影响我国金融机会不平等的主要原因。通过对金融机会不平等的定性和定量分析，可得出如下结论。

第一，全国各种类型的金融机会分布函数均由两个主要变量构成。从理论上讲，微观和宏观两个层面的金融机会分布函数均由经济主体自身可控的努力因素集合和不可控的环境变量集合构成，而函数值则是经济主体的金融机会值。金融机会是经济主体在参与金融活动过程中获取金融服务或资源的权利，而我国区际间金融机会呈现出显著的不平等分布特点。金融机会分布不均等本质上是金融机会分布函数值域的区际差异和金融机会不平等的具体体现。金融机会不平等是我国现阶段各经济主体面临的共同问题，也是金融发展过程中存在的隐形问题。缓解金融机会不平等现状还需政策制定者和经济主体的共同努力，制定均等化机会政策以扩大劣势群体的金融机会，而改善金融环境是缩小金融机会区际差距和缓解金融机会不平等现状的突破口。

第二，不同区域的经济主体面临的金融机会不平等的程度不同。从宏观经济主体来讲，四种类型的经济主体面临的二元经济结构特征不同，其拥有的金融机会值不同。类型一中经济主体所拥有的金融机会比其他三种类型主体充足，而类型四中经济主体的金融机会则严重不足且金融机会不平等值有逐年扩大的趋势。类型二和类型三的金融机会值差距较小，但与类型一金融机会值存在较大的差距，因此，四种类型中主体金融机会不平等严重程度从高到低的排序依次是类型四、类型三、类型二、类型一。从微观主体来讲，华东、西南和华南三个地区家庭金融机会不平等指数较小，说明三个地区家庭所面临的金融机会比较充足，而东北地区家庭金融机会不平等指数较大，该地区家庭的金融机会不足。根据金融机会不平等指数可知，家庭金融机会不平等严重程度从高到低依次是华南、西南、华东、西北、华中、华北、东北地区的家庭。

第三，根据金融机会不平等指数的分解可知，影响各经济主体金融机会不平等的主要因素不同。宏观主体金融机会不平等的根源是组间差距，即类型间二元经济结构特征不同，由此，各类型金融机会不平等指数不同。微观主体组内不平等能解释家庭金融机会不平等的 90% 左右，因此，家庭自身的努力因素是家庭金融机会不平等的主要因素。结合机会平等的哲学思想可知，宏观主体的金融机会不平等是不能被接受的，政府应制定机会均等化政策以缓解区际间的金融机会不平等现象。微观主体的金融机会不平等则是可以被接受的，微观主体间金融机会不平等是由其自身的努力程度引致，因此，微观主体应为其金融消费行为负责。从发展的视角分析，无论是微观主体还是宏观主体都面临金融机会不均等，政府均应分别制定机会均等化政策以扩大劣势群体的金融机会、培育新金融增长点，坚持共享金融机会。

不同类型的经济主体的金融机会不平等的影响因素不同，因此，政策制定者应分别制定政策以改善金融机会不平等的现状。本章分别从宏观主体和微观主体两个方面进行了对策思考。

宏观主体金融机会不平等的根源是环境变量，因此，本章从调整经济结构、地理位置等方面出发思考对策。第一，我国处于经济结构的调整时期，二元经济结构特征较明显的地区应抓住时机弱化其二元经济结构特征，从而带动金融业产值的增加，扩大欠发达地区的金融机会，由此缩小各类型间金融机会差距。第二，加大金融业基础设施的投资力度，增加偏远地区金融机构的网点，以银行社区便利店的形式布局农村金融，扩大农村群体的金融机会。第三，利用"互联网 +"、云计算等逐步降低地理位置差异对金融机会不平等的影响力度。金融业构建移动支付体系，扩大电子支付的市场范围，降低金融活动中的营业成本，扩大金融活动的范围，由此，逐步消除地理位置对金融机会不平等的影响。

微观主体的金融机会不平等根源在于缺少完整的金融教育，由此，可从两个方面提高主体的金融教育水平以缓解金融机会不平等现状。一方面，金融机构和政府应提高我国家庭的金融教育机会，通过金融知识宣传、消费金融行为的规范、理财产品的甄选、理性投资等金融教育形式传播正确的金融消费理念，从而增加家庭参与金融活动的积极性。另一方面，金融机构、家庭应共同努力扩大金融机会，改善金融机会不平等现象。金融机构逐步完善电子支付体系以降低家庭参与金融活动的机会成本，从而间接地增加家庭金融机会。家庭则应主动学习金融知识、树立正确的金融消费观，减少家庭与金融机构的摩擦成本，提高金融机会的利用率。

本章参考文献

［1］崔光庆，王景武．中国区域金融差异与政府行为：理论与经验解释［J］．金融研究，2006（6）：79－89．

［2］陈斌开，曹文举．从机会均等到结果平等：中国收入分配现状与出路［J］．经济社会体制比较，2013（6）：44－59．

［3］杜家廷．中国区域金融发展差异分析［J］．财经科学，2010（9）：33－41．

［4］邓向荣，杨彩丽．极化理论视角下我国金融发展的区域比较［J］．金融研究，2011（3）：86－96．

［5］高帆．中国各省区二元经济结构转化的同步性：一个实证研究［J］．管理世界，2007（9）：27－47．

［6］国务院．推进普惠金融发展规划（2016－2020年）．http：//www．gov．cn/zhengce/content/2016－01/15/content_10602．htm，2016年1月15日．

［7］国务院．国家基本公共服务体系"十二五"规划．http：//www．gov．cn/zhengce/content/2012－07/19/content_7224．htm，2012年7月19日．

［8］李敬，冉光和等．中国区域金融发展差异的解释［J］．经济研究，2007（5）：42－54．

［9］李敬，冉光和等．中国区域金融发展差异的度量与变动趋势分析［J］．当代财经，2008（3）：34－40．

［10］任郁芳．金融发展与二元经济结构关系研究［D］．广州：暨南大学硕士论文，2010．

［11］伍艳．地方政府行为与区域金融发展：理论与实证研究［J］．西南民族大学学报，2009（12）：101－105．

［12］王婷．区域发展的非均衡性与金融资源配置差异研究［J］．经济研究，2010（10）：22－28．

［13］新华社．中共中央关于全面深化改革若干重大问题的决定．http：//news．xinhuanet．com/2013－11/15/c_118164235．htm，2013年11月15日．

［14］新华社．习近平提出明年经济工作总体要求和主要任务．http：//news．xinhuanet．com/fortune/2014－12/11/c_1113612074．htm，2014年12月11日．

[15] 新华社. 关于制定国民经济和社会发展第十三个五年规划的建议. http：//www. sn. xinhuanet. com/2015 - 11/04/c_1117031798. htm, 2015 年 11 月 4 日.

[16]［美］约瑟夫·斯蒂格利茨, 张子源译. 不平等的代价［M］. 北京：机械工业出版社, 2013.

[17] 郑长德. 区域金融学刍议［J］. 西南民族大学学报, 2005 (11)：151 - 160.

[18] 赵永亮, 刘德学等. 市场一体化、机会均等化政策与中国工资率差异［J］. 南开经济研究, 2011 (3)：125 - 142.

[19] Asli Demirguc-Kunt, Finance and Economic Opportunity［R］. The World Bank Policy Research Working Paper, No. 4468, 2008.

[20] Asli Demirguc-Kunt, Finance and Inequality：Theory and Evidence［R］. NBER Working Paper, 15275, 2009.

[21] Aaberge, Rolf et al. , Measuring Long-term Inequality of Opportunity［R］. IZA Discussion Papers No. 4714, 2010.

[22] Antonio Abtemarco, Measuring Inequality of Opportunity through between-group Inequality Components［J］. *Journal of Economic Inequality*, 2010 (8)：475 - 490.

[23] Arnaud Lefranc & Nicolas Pistolesi, Inequality of Opportunities VS Inequality of Outcomes：Are Western Societies all Like［J］. *Review of Income and Wealth*, 2008 (4)：513 - 546.

[24] Daniele Checchi &Vito Peragine, Inequality of Opportunity inItaly［J］. *Journal of Economic Inequality*, 2011 (8)：429 - 450.

[25] Dworkin, R. , What Is Equality? Part1：Equality of Welfare［J］. *Phil & Pub. Affairs*, 1981a (10)：185 - 246.

[26] Dworkin, R. , What Is Equality? Part1：Equality of Resources［J］. *Phil & Pub. Affairs*, 1981b (10)：183 - 345.

[27] Erwin Ooghe & Erik Schokkaert et al. , Equality of Opportunity Versus Equality of Opportunity Sets［J］. *Social Choice and Welfare*, 2007 (28)：209 - 230.

[28] Francisco H. G. Ferreira & Jeremie Gignoux, The Measurment of Ine-

quality of Opportunity: Theory and An Application to Latin America [J]. *Review of Income and Wealth*, 2011 (2): 622 – 657.

[29] Francisco H. G. Ferreira & Jeremie Gignoux et al., Measuring Inequality of Opportunity with Imperfect Data: the Case of Turkey [J]. *Journal of Economic Inequality*, 2011 (9): 651 – 680.

[30] Francois Bourguignon& Francisco H. G. Ferreira et al., Inequality of Outcomes and Inequality of Opportunities in Brazil [R]. William Davidson Institute Working Paper, No. 630, 2003.

[31] Francois Bourguignon & Francisco H. G. Ferreira, Inequality of Oppourtunity in Brazil [J]. *Review of Income and Wealth*, 2007 (12): 585 – 618.

[32] Gerald Cohen & Gerry A., On the Currency of Egalitarian Justice [J]. *Ethics*, 1989 (99): 906 – 944.

[33] John E. Roemer, Equality of Opportunity: A Progress Report [J]. *Social Choice and Welfare*, 2002 (19): 455 – 471.

[34] John E. Roemer., Review Essay, "The 2006 World Development Report: Equity and Development" [J]. *Journal of Economic Inequality*, 2006 (4): 233 – 244.

[35] John E. Roemer., Equality of Opportunity [R]. Cowles Foundation Discussion Paper, No. 1921, 2013.

[36] John E. Roemer., Economic Development as Opportunity Equalization [R]. The World Bank Policy Research Working Paper, No. 6530, 2013.

[37] Julian R. Betts & John E. Roemer., Equalizing Opportunity for Racial and Socioeconomic Groups in the US through Educational Financial Reform. https://escholarship.org/uc/item/ogq4z4m9, 2005, 12.

[38] Laurence Kranich, Equitable Opportunities in Economic Environments [J]. *Social Choice and Welfare*, 1997 (14): 57 – 64.

[39] Laurence Kranich, Equitable Opportunities: An Axiomatic Approach [J]. *Journal of Economic Theory*, 1996 (71): 131 – 147.

[40] Richard J. Arneson, Equality and Equal Opportunity for Welfare [J]. *Philosophical Studies*, 1989 (56): 77 – 93.

[41] Rawls, J., *Theory of Justice* [M]. Harvard University Press, 1971.

［42］ Ross Levine, Finance, Long-run Growth and Economic Opportunity ［R］. Centre for Economic Policy Research, 2011.

［43］ Stijn Claessens & Enrico Perotti, Finance and Inequality: Channels and Evidence ［J］. *Journal of Comparative Economics*, 2007 （35）: 748 – 773.

［44］ The World Bank. *World Development Report* 2006: *Equity and Development* ［M］. A Co-Publication of the World Bank and Oxford University Press, Washington, 2006: 18 – 23.

［45］ Vito Peragine & Flaviana Palmisano et al., Economic Growth and Equality of Opportunity ［R］. The World Bank Policy Research Working Paper, No. 6599, 2013.

第 2 章　基于 VAR 模型的中国货币政策区域效应实证分析

陈　琦　郑长德

2.1　前言

2.1.1　选题背景及意义

1995 年，斯科特（Scott，1995）发表了《货币政策的区域影响》，在此文中，斯科特以图表的方式，分析了美国纽约等地和与之对应的银行自由储备的时间变动关系，实证表明，公开市场操作从美国纽约市场向其他地区传导的过程中存在明显的时滞现象。此篇文献的发表，虽然不是描述和研究货币政策区域效应的专业类文献，但却引起了学者们对货币政策区域效应的关注。

1961 年，蒙代尔（Mundell，1961）发表了《最优货币区域理论》一文，并且首先提出了最优货币区理论，蒙代尔认为其并不是一个地理概念，而是一种满足经济同质性标准的经济概念。20 世纪末欧元的启动，开创了货币一体化的成功先例，在国际上产生了很强的示范效应，因此，最优货币区（OCA）理论也得到了实践证实。

20 世纪 70 年代以后，学者们开始关注货币政策时间和空间的不一致研究，主要包括四类理论：第一类是货币主义学派理论，第二类是传统凯恩斯主义，第三类是新凯恩斯主义，第四类是后凯恩斯主义。但实质上均是把焦点关注于货币政策是怎么传导的，其对传导给真实经济造成何种影响进行了研究。

第一类是货币主义学派理论，货币主义学派首先是建立在完全信息的金融市场假设上，认为货币政策的传导渠道会随着商业周期的变化而变化，因而，其不愿意规定相对具体的货币传导途径和渠道究竟是怎样的。

第二类是传统凯恩斯学派的货币传导机制理论，认为能够使得货币政策顺利传导下去的途径是"货币途径"，因此，其假设有两个，其一是经济中存在具有完全信息的金融市场；其二是金融资产比较特殊，只有债券和货币。其假设的有限，此后的学者们通过放宽其假设等其他方法对货币政策区域效应进行了更加详细的阐述。

第三类是新凯恩斯主义学派理论，主要研究在不对称和不完全信息的背景下，究竟是什么导致了区域资本间移动率的下降，进而引发了两类问题，其一是金融资产的错配问题，其二是区域信贷配给问题。

第四类是后凯恩斯主义理论，其理论主要根据剑桥学派理论发展而来，该理论认为，经济过程是一种不可逆的，也是不能完全预见的，所以经济生活中的实际时间才是经济过程进行的时间，加之不确定性的存在，因此，会产生两种特点，其一是经济结构的不稳定性，其二是货币的非中性。

上述四种理论的形成均加入了时间和空间不一致的特点，因此，这些理论都为解释货币政策区域效应打下了坚实的理论基础，同时，也为本章的实证检验提供了有力的理论基础。

20 世纪末欧元的启动，开创了货币一体化的成功先例，在国际上产生了很强的示范效应。近些年来，国际上其他一些地区也相继模仿欧元，开创了属于他们的区域一体化进程，如海湾国家、南部非洲等地区的区域一体化，如东亚地区国家，将区域货币同盟从开始只是一种假设到现在的实质性进展，以及在经历了亚洲金融危机后，区域货币合作的议题再次提到日程等。这些事例无不在用来显示货币政策区域效用的影响。针对中国而言，在中国正努力调整经济结构的压力下，在中国各区域经济发展不平衡的背景下，在 2008 年金融危机的大环境下，这些都为货币当局实施怎样的货币政策带来了一定的考验。目前而言，中国依然是一个统一的整体，进而中国的货币政策也具有全国一致性，但是，由于各区地理环境的差异，以及其历史、经济等一系列因素，必然会使货币政策产生区域不同的效果，因此，本章将通过实证检验的形式，重点说明此方面的问题。

2.1.2　货币政策效应的基本概念与货币政策区域的范围界定

2.1.2.1　货币政策效应的基本概念

货币政策的非对称效应（asymmetric effect），此效应主要是货币政策在经济过热和经济不景气时的作用效果的不对称，也就是说，在经济过热时使用紧缩性的货币政策（如提高法定存款准备金等）对现有经济的作用要大于经济不景气时使用的扩张性货币政策。

货币政策效应的时间非一致性（time inconsistency），此效应主要是货币政策在实施的过程中，由于货币当局的预期和公众的预期在时间上会有不同，进而会导致货币当局改变其货币政策的结果，从而选择更有利于当前形势的货币政策。

货币政策效应的区域效应（regional effects），此效应主要是指由于各个地区资源禀赋的不同，当货币当局使用同一货币政策时，必然会导致不同区域产生不同的效果。

基于中国地理范围广，各地区经济发展不平稳等因素的考虑，加之以上货币政策效应的基本概念，笔者选取了货币政策效应中的区域效应为研究视角。

2.1.2.2 货币政策区域的范围界定

货币政策区域效应的研究范围主要包括：区际层面和省际层面。在中国，研究范围主要包括：区际层面主要是根据《中国区域金融报告》中的四个区域或《地区协调发展的战略和政策》中的八大综合经济区；省际层面分为代表省级的研究和全部省级的研究。本章所选取的货币政策效应研究范围是中国31 个省（区、市）见表 2 - 1、表 2 - 2。

表 2 - 1　　　　　　　　　　　四大区域的具体划分

东部	北京市、天津市、河北省、上海市、浙江省、江苏省、福建省、山东省、广东省、海南省
中部	山西省、河南省、湖北省、湖南省、安徽省、江西省
西部	内蒙古自治区、广西壮族自治区、重庆市、四川省、贵州省、云南省、西藏自治区、陕西省、甘肃省、青海省、宁夏回族自治区、新疆维吾尔自治区
东北部	黑龙江省、吉林省、辽宁省

资料来源：作者整理。

表 2 - 2　　　　　　　　　　　八大综合经济区的具体划分

黄河中游综合经济区	陕西省、山西省、河南省、内蒙古自治区
东北部经济综合区	辽宁省、吉林省、黑龙江省
北部沿海经济综合区	北京市、天津市、河北省、山东省
东部沿海经济综合区	上海市、江苏省、浙江省

南部沿海经济综合区	福建省、广东省、海南省
长江中游经济综合区	湖北省、湖南省、江西省、安徽省
大西南经济综合区	云南省、贵州省、四川省、重庆市、广西壮族自治区
大西北经济综合区	甘肃省、青海省、宁夏回族自治区、西藏自治区、新疆维吾尔自治区

资料来源：作者整理。

2.1.3　研究思路和方法

2.1.3.1　研究思路

第一部分为引言部分。根据国际、国内的研究背景提出了研究的问题和意义。第二部分将与本章研究主题相关的已有文献进行了梳理与评述，为本章的研究提供了思路。第三部分是货币政策区域效应理论分析，这部分主要对产生该问题的四种理论进行了详细的阐述，以便为下文写作打下夯实的基础。第四部分是中国货币政策区域效应的现实表现与传递机制，这部分主要包括两个方面，第一个方面是从两大类简单阐释了中国货币政策的现实表现，进而分析、总结；第二个方面是从传导机制理论入手，通过对中国货币政策区域效应简单的理论分析，定性地说明了该传导渠道主要通过哪一条完成。第五部分以上一部分中国货币政策区域效应的理论分析为基础，首先，对中国货币政策传导渠道进行了简单的探索，定量地说明主要传导渠道；其次，通过选取相关变量，选定中国货币政策的传导顺序，构建省级单位 VAR（向量自回归）模型和全国 VAR 模型，根据实证检验结果，给出本章的基本结论。第六部分主要分析了产生中国货币政策区域效应的原因。第七部分以第六部分——产生中国货币政策区域效应的原因入手，提出了具有实践意义的建议并对本章进行了总结，找出不足。

2.1.3.2　研究方法

本章以理论分析和实践分析相结合的方式研究。首先，对中国货币政策区域效应进行理论分析，主要通过对此方面的现实表现和传导机制理论入手，通过梳理、分析和总结说明了中国货币政策区域效应的主要传导渠道是什么；其次，对中国货币政策区域效应进行了实践分析，即建立全国总体 VAR 模型和 31 个省级单位 VAR 模型，运用多种比较形式，如 31 个省级单位内部绝对数对比和与全国数据偏离度对比，真实反映了中国 31 个省级单位对中国货币政策产生区域效应的情况，在此基础上，得出结论并提出相关建议。

2.2　文献综述

2.2.1　国外文献综述

对货币政策区域效应的研究由来已久，如今，该领域的研究已然从以宏观总量的视角分析了货币政策效应的研究体系，逐步改变为重视各区域间非一致性的特点，进而分析货币政策对经济运行的实际效果。斯科特（1955）在其《货币政策的区域影响》一文中通过以图表的方式，分析了美国纽约和与之对应的银行自由储备之间的时间变动关系，实证表明，公开市场操作从美国纽约市场向其他地区传导的过程中存在明显的时滞现象。虽然斯科特这篇文章并不是完全通过相关理论直接分析货币政策区域效应的问题，但是，他却首次提出了货币政策区域效应的问题，因此，这也被后人认为是最早证明货币政策存在区域效应的专业文献。此后，国外的学者针对货币政策区域效应并从不同角度进行了多方研究。

比尔（Beare，1976）通过将区域商业周期模型（regional business cycles model）引入传统凯恩斯货币传导机制理论中，证实了货币政策具有区域效应。

欧阳和沃尔（Owyang and Wall，2004）认为，在沃克尔时期，货币政策区域效应的反应是受到严重抑制的，区域效应影响深度的不同是由于银行密集度因素引起的，而萧条的总成本是由于工业产业结构因素的混入引起的。

汉森（Hanson，2006）通过对美国35年横向面板数据的实证研究，结果发现，货币政策有很强的历史依赖性，相对增长缓慢的地区受到紧缩性货币政策的冲击要更大，同时，认为货币政策的效果不对称，在美国发展水平较差的地区受到货币政策正效应的程度要小很多。

菲尔丁（Fielding，2011）认为，基于一价定律的汇率，在美国城市中的偏差要小于相对于国际的偏差，产生这种差别的主要原因是由于美国货币当局实施货币政策的不对称效应反应，加之各城市本身的特性所引起的。

马西莫（Massimo，2013）地区的债务和银行的融资引发债务，缺乏灵活性，因此，当实施货币政策时，必然会对不同地区产生不同的效果，尤其是债务不灵活性的升高会增加现金持有现金流的敏感性，对地区的影响会加大。

2.2.2　国内文献综述

自 1978 年以来，中国社会主义市场经济体制改革采取了局部推进的非均衡改革的策略，这种改革的实施最明显的效果是中国经济的快速发展，但也带来各地区的经济发展呈现的非均衡问题，进而导致了各地区间的异质性逐渐凸显。因此，国内学者针对此现象，对该方面进行了更深入的研究。鉴于国内学者们研究出发点不尽相似，方法有所区别，检验手段各具不同等几方面的因素，因此，对于该领域的结论也会有所差异。笔者根据所读文献，将中国的研究现状作如下评述。

对于中国货币政策区域效应的研究，要追溯到 2001 年，柯冬梅发表了《最优货币区理论及其对中国货币政策的借鉴》一文，此文以 OCA 理论为切入点，定性地分析了中国货币政策区域效应的现状。首先，认为虽然最优货币区在国外实施的效果明显，但是对于中国而言，该标准并不适用，因此，以 OCA 理论为前提研究该问题并不合适；其次，她认为中国实施单一的货币政策会有相当大的负面影响，因此，中国应考虑实施区域化的货币政策。虽然本章只是理论地分析了货币政策区域效应有关的 些问题，但这却凸显了地区异质性的特点。此后学者基于此，运用各种计量方法对该方面进行了多方研究，研究主要概括为以下三个方面：第一，理论地分析了中国货币政策具有区域效应；第二，通过实证检验，验证了中国货币政策区域效应的客观存在性；第三，通过运用多种计量模型，说明导致该效应产生的原因及今后如何改进。

2.2.2.1　理论地分析了中国货币政策具有区域效应

焦瑾璞、孙天琦等（2006）首先在国际经验的基础上，尤其是以 OCA 理论为基础，理论地分析了中国货币政策区域效应，他认为，虽然中国货币政策区域效应产生的原因是地区差别，但是这不能作为最终选择实施区域货币政策的理由，要想更好地发挥货币政策的有效性，需从根本上解决。

2.2.2.2　通过实证检验，验证中国货币政策区域效应的客观存在性

于则（2006）通过运用 VAR 模型研究了不同地区对于中国货币政策的脉冲反应，验证了中国货币政策具有区域性的客观存在性，进而综合运用聚类方法，研究结果显示，东部地区对货币政策的反应较为强烈；孔丹凤、比恩韦尼多·科特斯（Bienvenido. Cortes）、秦大忠（2007）采用 VAR 方法系统地分析了中国货币政策的省际效应，并说明了中国货币政策在省际层面效果实施上存

在不同，进而间接地说明了中国货币政策具有明显的区域性特点；郭评生（2009）运用 SVAR 模型和脉冲响应函数，分别对中国发达地区、次发达地区和欠发达地区进行了研究，研究结果表明了中国货币政策确实存在明显的区域效应；卞志村、杨全年（2010）以传导机制为前提，以信息不对称为基础，运用修正贷款决策模型，综合分析了中国货币政策的区域效应问题，实践结果表明，中国货币政策确实存在显著的区域效应。

2.2.2.3 通过运用多种计量模型的构建，指出导致中国货币政策区域效应产生的原因及今后如何改进

蒋益民、陈璋（2009）构建了结构向量自回归模型和脉冲响应函数，以八大综合经济区为基础，考察了三大指标与脉冲响应函数最大值之间的相关程度，说明了货币政策产生区域影响因素的繁杂性，如就八大综合经济区而言，生产力水平的高低是影响货币政策区域效应大小的原因之一；王东明、黄飞鸣（2013）从货币传导机制中的信贷渠道为切入点，以后凯恩斯和新制度经济学为理论基础，分别从地区金融生态环境的差异、银行和企业的异质性为视角，综合运用结构向量自回归模型，认为货币政策的效果不仅是宏观总量的影响，而且是多方主体综合作用的结果；崔泽园、王书华（2013）结合区域差异性和金融结构体系差异化两个方面的特点，利用东部、中部、西部面板数据，构建了动态面板数据模型，实证显示要提高货币政策的有效性，需从金融结构下手；张辉（2013）结合信贷渠道和利率渠道，以 VAR 模型中的脉冲响应函数为实证检验模型，认为造成货币政策区域效应的因素主要有三个方面，分别是企业结构差异、政府行为差异和金融结构差异；叶永刚、周子瑜（2015）运用月度工业指标的省域数据，结合空间溢出效应，构建了全局向量自回归模型，通过实证分析显示，中国确实存在显著的货币区域效应，这种效应的产生与货币政策传导机制中的资产负债表渠道有关；杨荣、郭威（2015）主要以东中部的江西省和浙江省为代表，基于蒙代尔的 OCA 理论，从经济金融发展为切入点，综合运用向量自回归模型和脉冲响应函数，说明了中国地区区域发展间确实存在较大差异，由此，建议央行要兼顾各地区的金融发展水平，而不是运用"一刀切"的货币政策。

2.2.3 文献简评

国外对于货币政策区域效应分析研究得比较早，因此，无论是在理论上还是在实证检验上，国外文献都有丰富的成果，而国内的学者们对此方面的研究更多的是基于国外的货币政策区域效应理论，根据中国的基本情况进行一些探索性的理论和实践。首先，就货币政策区域效应的存在性问题，国内外学者们均存在一致性的结论，即货币政策具有区域效应；其次，由于学者们视角和研究渠道的不同，因此，其所得的结论也不尽相同，同时，国内学者更倾向于用实证验证某一问题或现象，但是，在中国货币政策区域效应的研究上，国内学者们基本在以下三点达成了一致：第一，最优货币区理论并不适用于中国；第二，凯恩斯货币传导机制理论是中国产生货币区域效应的理论基础；第三，相比其他途径而言，信贷渠道更能解释中国货币政策产生区域效应的原因。

2.3　货币政策区域效应理论分析

通过对以上文献的梳理，我们可以看到，中国学者研究中国货币政策区域效应的理论基础主要分为三种理论：第一种是基于最优货币区理论，第二种是货币主义学派的货币政策区域效应理论，第三种是基于凯恩斯货币传导机制的理论。

2.3.1　最优货币区理论

《新帕尔格雷夫经济学大辞典》中对于最优货币区的解释是，它是一种"最优"的地理区域，在此区域内用单一共同货币为支付手段，或者是具有无限可兑换性的几种货币为支付手段。通过对《新帕尔格雷夫经济学大辞典》中对最优货币区的解释我们可以得到，首先，最优货币区是一个区域，其次，具有最优的特性。而对于这个"最优"的解释，经济学家一般是根据维持内部均衡和外部均衡的宏观经济目标能否实现来定义的。

蒙代尔（1961）在其《最优货币区理论》一文中首先提出了所谓的 OCA 并不是一种地理概念，而是一种基于区域经济同质性的经济概念，进而提出了一个问题，即对于一个经济区域的成员国而言，什么情况下放弃主权国家货币、采用单一货币更有利。此后，便触发了经济学者们的大量讨论与实践分析，主要分为三个阶段：第一个阶段是传统的最优货币区理论，它关注的是实现最优货币区的必要条件，也就是 OCA 标准，这些标准主要包括七个标准[①]；

---

① OCA 七个标准分别是生产要素流动性标准、经济开放度标准、产品多样性标准、金融市场一体化标准、通货膨胀相似性标准、财政一体化标准和政治一体化标准以及 OCA 代理标准。

第二个阶段是对欧洲经济货币联盟体系的实践研究；第三个阶段是关于最优货币区理论的一些最新进展，主要包括冲击和信誉两个方面的研究。

2.3.2　货币主义学派的圣路易斯简约式方程

货币主义学派理论是建立在完全信息的金融市场的假设上，因此，货币主义学派认为，商业周期是一个不可忽略的问题，货币政策的传导渠道会随着该因素变化而变化，因此，此学派并没有规定绝对的传导途径和渠道究竟是怎样的，进而传导过程可以表示为：

$$M_s \uparrow \Rightarrow A \uparrow \Rightarrow C \uparrow \Rightarrow I \uparrow \Rightarrow P \uparrow \cdots\cdots y \uparrow \qquad (2-1)$$

其中，A 为金融资产，C 为消费，P 为价格，…… 代表可能存在但还未被揭示的过程。

基于以上货币的传导机制，货币主义学派认为，能够清晰准确地表明货币冲击对收入的影响。在此基础上，货币学派运用最多的模型便是圣路易斯方程的简约式模型。圣路易斯货币主义方程式由短期宏观经济 IS-LM 模型的简化形式推广而来，具体圣路易斯货币主义学派（Anderson and Jordan，1968）简化式可以表示为：

$$Y = \sum_i a_i M_{t-i} \sum_j c_j G_{t-j} + \sum_i b_i Z_{t-i} + \sum_i \gamma_i Y_{t-i} + \mu_t \qquad (2-2)$$

其中，Y 代表名义收入，M 代表货币变量，G 代表财政政策变量，虽然圣路易斯货币主义方程式是决定货币和财政变量对名义收入影响的一种流行性的方法，但其却有一定的局限性。首先，此模型只是展现了货币和财政变量对名义收入的影响，但其难以反映货币和产出之间的关系；其次，此模型具有一定程度的随机性，难以真实地反映现实情况；最后，在此模型中，只能证明货币和财政变量对名义收入的单项影响关系，不能证明货币和财政变量对名义收入的动态双向反馈关系。

2.3.3　货币政策产生区域效应的传导机制

2.3.3.1　货币传导机制

（1）利率传导机制。该机制主要的思想是"货币途径"，"货币途径"是货币政策最重要的传导途径，因此，其假设有两个，其一是经济中存在具有完全信息的金融市场；其二是金融资产只有两种形式，一种是货币，另一种是债券。而业主运用最多的银行贷款，其只是债券构成中的一种，它与债券之间可以相互转化和替代，因此，货币政策可以通过利率传导机制的作用，进而影响其投资水平和产出水平。传统凯恩斯的货币政策利率传导机制可以表示为：

$$M_s \uparrow \Rightarrow i \downarrow \Rightarrow I \uparrow \Rightarrow y \uparrow \Rightarrow P \uparrow \qquad (2-3)$$

式（2-3）中，M_s 表示货币供给量，i 表示利率，I 表示投资，P 表示物价，y 表示收入。凯恩斯假定只有货币和债券两种金融资产，当货币供给增加，人们就会将超过意愿持有的货币用于购买债券，从而引起其需求上升，进而会增加其价值，购买的人越来越多，会导致其收益率下降，利率下降引起投资需求增加，国民收入增加，最终引起价格上升。

（2）资产价格传导机制。此传导机制主要包括两类，一类是托宾"q"理论，另一类是莫迪利亚尼的财富效应论。

托宾在研究中，从最初的货币政策实施到影响货币政策目标实现的过程中，存在着一变化和一问题（一变化是由股票市场带来的，一问题是重置固定资本价值）。当货币当局采取扩张型货币政策时，相应的市场利率会下降，与之相对是债券市价会上升，那么会引起企业市场价值的上升，进而会增加托宾"q"值，企业家会顺势为增加投资而增加产出。因此，其传导过程可以表示为：

$$M_s \uparrow \Rightarrow i \downarrow \Rightarrow P_s \uparrow \Rightarrow q \uparrow \Rightarrow I \uparrow \Rightarrow Y \uparrow \qquad (2-4)$$

其中，M_s 表示货币供给量，i 表示利率，P_s 代表企业股票价格市价或者企业财产市价，q 代表企业真实资本的市场价值与资本的重置成本之比，I 表示投资，Y 表示产出。

莫迪利亚尼引入"生命周期理论"，他认为，影响人们消费的，不是一时的收入，而是他一生的财富，因此，其货币传导机制可以表示为：

$$M_s \uparrow \Rightarrow i \downarrow \Rightarrow P_s \uparrow \Rightarrow FW \uparrow \Rightarrow LR \uparrow \Rightarrow C \uparrow \Rightarrow Y \uparrow \qquad (2-5)$$

其中，M_s 表示货币供给量，i 表示利率，P_s 代表企业股票价格市价或者企业财产市价，FW 代表消费者的金融资产，LR 代表消费者一生的财富量，C 代表支出，Y 代表国民收入，当货币当局实施宽松的货币政策时，随着利率的下降，与利率相关的股票和企业财产价值会随之上升，如果一个或一个企业在其金融资产构成中，此部分占比较大的情况下，也就相应地会使其总财富量扩大，进而会引起消费者增加消费，最终会增加国民收入。

（3）汇率传导机制。在开放经济中，人们更多地关注货币政策的实施对汇率变动的影响，而汇率则通过影响净出口和资产负债表来发挥传导作用。

$$\begin{cases} E\downarrow \Rightarrow NX\uparrow \Rightarrow Y\uparrow \\ E\downarrow \Rightarrow NW\downarrow \Rightarrow L\uparrow \Rightarrow I\downarrow \Rightarrow Y\downarrow \end{cases} \qquad (2-6)$$

其中，E 代表汇率，NX 代表净出口，Y 代表总消费或产出水平，NW 代表净资产价值，L 代表贷款，I 代表投资。当一国采取扩张性货币政策使得国内利率水平下降时，那么无可非议的是汇率将会下降，这会对总消费和金融部门的总需求产生影响，其中，一种是通过净出口的传导影响总消费，即汇率下降，造成本币贬值（即国内商品的价格相对于国外商品的价格便宜），净出口增加，进而总消费增加；另一种是通过净资产价值的变动对金融和非金融部门的总需求产生影响，即汇率下降，本币贬值，使得大量的以外币表示的债务价值上升，以本币表示的净资产价值下降，净资产价值的下降会使逆向选择和道德风险增加，结果使得贷款下降，投资减少以及整体产出水平的下降。

2.3.3.2 信用传导机制

当流动性陷阱和投资的利率弹性出现非常低的现象时，传统的凯恩斯货币政策的传导机制将会中断，也就不具备解释力度，因此，以后的学者另辟蹊径，重新给凯恩斯理论传导机制新的诠释，主要是信贷配给理论。

该理论产生的前提有两点，第一是信息不对称，第二是不完备的金融市场，加之商业银行中的信贷资源又很难被其他有效资源所取代，因此，会造成金融机构的信贷配给问题。而在信贷市场上，配给机制和利率机制会同时产生。因此，信贷配给理论的表达式可以表示为：

$$M\downarrow \Rightarrow D\downarrow \Rightarrow L\downarrow \Rightarrow I\downarrow \Rightarrow Y\downarrow \qquad (2-7)$$

其中，M 代表银行体系的准备金，D 代表银行的活期存款，L 代表银行的贷款，I 代表借款者的投资支出，Y 代表产出。当货币当局采取提高存款准备金率的操作时，相应地带来商业银行的准备金减少，而商业银行在短时间内没有办法改变其资产结构，由此，商业银行可以带来资金减少，这样，依靠商业银行贷款生存的企业不得不减少投资，进而影响其正常的生产，最终会使那些信赖银行贷款的借款者不得不增加投资支出，最终产出会下降。

2.4　中国货币政策区域效应现实表现与传递机制

根据学者们的分析，中国学者研究此方面的理论基础主要分为三种理论：第一种是基于最优货币区理论，虽然说欧元的启动开创了区域货币一体化的成功先例；海湾国家、南部非洲等国家，也实质性地为区域货币同盟的建立进行了有效推进，但是最优货币区理论并不适用于中国，其主要原因是，在最优货币区理论中，无论是形成最优货币区理论的标准，还是从中国实行单一的货币政策的作用看，中国离最优货币区理论还相差很大的距离（柯冬梅，2001）。第二种是货币主义的货币政策区域效应理论，货币主义的货币区域效应建立在完全信息的基础上，而且其模型的最大缺点是该模型具备一定的随机性，同时，该模型的设立均是名义量之间的变化，很难反映出真实关系，通过对文献的梳理，我们也可以看出，国内研究货币区域效应几乎没有用到此理论，这也就间接地说明了此理论并不适用于中国。由于前两种理论对于中国的适用性较差，因此，中国的学者们更愿意运用凯恩斯主义的货币政策区域效应理论来阐释货币区域效应，并通过此理论，运用相应模型来验证。

2.4.1　中国货币政策区域效应现实表现

2.4.1.1　货币政策执行效果在区域间的差异

货币政策执行效果在地区生产总值之间的差异主要通过简单的纵向和横向来说明。

纵向比较。1995~2014 年，东部地区区域生产总值由 29845.96 亿元增加到 350052.52 亿元，年均增长率为 13.84%；西部地区区域生产总值由 10587.81 亿元增加到 138073.50 亿元，年均增长率为 14.11%；中部地区区域生产总值由 11286.30 亿元增加到 138671.66 亿元，年均增长率为 14.47%；东北部地区区域生产总值由 5922.00 亿元增加到 57469.77 亿元，年均增长增长率为 12.71%；而全国 GDP 在 20 年间的平均增长率为 13.12%，由此可见，从纵向来看，东部、西部、中部均大于全国，而东北部小于全国。具体见图 2-1。

横向比较。通过表 2-3 可以看出，地区生产总值平均数占全国生产总值平均数的比重分别为东部 55.71%，西部 19.78%，中部 20.70%，东北部

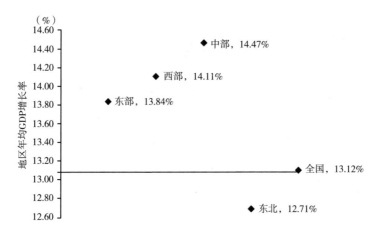

图 2 - 1 1994～2014 年中部、东部、西部、东北部 GDP 年均增长率

资料来源：《中国统计年鉴》。

9.24%。四大板块生产总值的平均数占全国生产总值平均数的比重由高到低可以看出，中部和西部比例仅相差一个百分点，而占比最大的东部地区是西部地区或中部地区的两倍多，是东北部地区的六倍多，由此可见，地区发展是不平衡的。具体见表 2 - 3。

表 2 - 3 1994～2014 四大板块地区生产总值占全国地区生产总值和的比重（%）

年份	东部	中部	西部	东北
1995	51.22	20.37	18.12	10.29
1996	50.93	20.86	18.07	10.14
1997	51.01	21.05	17.83	10.11
1998	51.32	20.86	17.78	10.04
1999	51.84	20.68	17.52	9.96
2000	52.46	20.35	17.13	10.06
2001	52.80	20.16	17.09	9.95
2002	53.21	19.91	17.07	9.81
2003	54.07	19.44	16.93	9.56
2004	54.72	19.42	16.70	9.16
2005	55.48	18.78	17.11	8.62
2006	55.49	18.68	17.33	8.50
2007	55.06	18.94	17.58	8.42

续表

年份	东部	中部	西部	东北
2008	54.13	19.21	18.14	8.52
2009	53.84	19.32	18.33	8.51
2010	53.09	19.70	18.63	8.58
2011	52.04	20.04	19.22	8.70
2012	51.32	20.17	19.76	8.76
2013	51.20	20.16	20.01	8.63
2014	51.16	20.26	20.18	8.40

资料来源：国家统计局网站。

2.4.1.2　货币政策工具自身的区域性

中国人民银行行使的货币政策工具除以往比较常见的外，近年来，央行还推出了 SLF（2013）、MLF（2014）和 PSL（2014）。无论是常见货币政策工具还是新推出的货币政策工具，对于有些货币政策工具在行使的过程中，本身就具备一定的区域性的特点。因此，针对此方面，以下主要从三个方面来分析，首先是货币政策工具，如常备借贷便利、再贷款；其次是对某些地区的倾斜，如对自贸区的倾斜、对主体功能区的倾斜；最后是对其他方面的倾斜，如地震灾区、泥石流灾区等。

（1）货币政策工具。常备借贷便利。2013 年初，中国人民银行创设了常备借贷便利（standing lending facility，SLF），该货币政策工具是央行正常的流动性供给渠道，其主要有三个方面的特点：第一，对于金融机构而言，其可申请较长期限、大额贷款，以满足其流动性需求；第二，对于中央银行和金融机构双方而言，其具有较强的针对性，并无其他中介机构；第三，对于该货币政策工具而言，其覆盖的金融机构比较广，能够满足较多金融机构的需求，见表 2-4。

表 2-4　　　2013~2015 年第一季度常备借贷便利余额和累计发放额　　单位：亿元

时间	常备借贷便利余额	当年/季度累计发放常备借贷便利额
2013 年第一季度	1000	23650
2014 年第一季度	2900	3400
2015 年第一季度	1700	3347

资料来源：2013~2015 年第一季度中国货币政策执行报告。

2004 年 1 月，中国人民银行曾开展过常备借贷便利的操作，但是，这并不是全国性的，而只是在 10 个省市中开展，除深圳外，东部有 6 个省，中部有 2 个省，东北部有 1 个省，西部没有。

再贷款。中央银行再贷款指中央银行对金融机构的贷款①，其是央行调控基础货币的渠道之一。该工具主要的作用是通过对货币信贷总量的调整，以使货币资金和信贷流向更加合理的地方。因此，新增再贷款主要流向两个地方，第一是用于促进信贷结构调整的地方，第二是引导扩大县域和"三农"信贷投放的地方。因此，中央银行的再贷款有支农、紧急、扶持发展性、头寸、中小金融机构等多种再贷款种类。通过对中国再贷款的作用和种类名称中，我们不难看出，再贷款这个货币政策工具本身具有区域性。

（2）对自贸区和主体功能区的差别对待。对自贸区货币政策的倾斜。2013 年 9 月 29 日，上海自由贸易试验区正式挂牌，这是中国政府制度的一种新型尝试，同时，为了便于该自贸区更好、更快的发展，2014 年 3 月 1 日，中国人民银行放开了上海自由贸易试验区小额外币存款利率上限②。

2014 年 12 月 28 日，国务院决定推广上海自贸试验区经验，设立广东、天津、福建三个自贸试验区，并扩展了上海自贸试验区的范围，通过对自贸区的设立我们可以看到，自贸区的主战场目前主要在东部发达地区，同时，为了自贸区本身的发展，中央银行会通过一些区别于其他地区的措施，使其逐渐壮大，这也会造成自贸区与其他地区发展的极不平衡。

主体功能区。为了区域更好、更快的发展，同时也为了区域间良性互动发展，主体功能区的概念于 2011 年提出。主体功能区将区域经济发展因素考虑到货币政策中，以便将各地区的优势发挥得好，特地实施差别化经济政策，从而才能够积极促进区域的协调发展。

（3）对其他方面的倾斜。中国货币政策区域效应在其他方面倾斜的表现主要集中在三方面：第一方面是对于自然灾害地区实施的优惠信贷和利率政策，如对汶川地震灾区，2008 年 5 月，取消灾区法人金融机构信贷规划约束等措施；第二方面是对产业中农业政策的倾斜，如为了降低融资成本，中国人

---

① 再贷款概念源于中国中央银行网站。
② 政策来源于中国中央银行网站。

民银行会对部分分支行增加支农贷款额度；第三方面是对少数民族地区优惠的信贷和利率政策等。

由此可见，有些货币政策工具本身具有一定的区域特点，当中央银行为了调控宏观经济而使用时，必定会带来一定的货币区域效应。

2.4.2 中国货币政策区域效应传导机制分析

米什金（Mishkin，1995）从货币政策传导机制理论入手，认为货币传导渠道主要包括：利率渠道、金融资产价格渠道、信贷渠道和汇率渠道，但是，对于中国而言，四条渠道是否都符合中国现状，如若符合，究竟哪一条或哪几条途径是中国货币政策产生区域效应的主要途径？这将是本章部分重点说明的事情。

2.4.2.1 利率渠道

传统凯恩斯学派认为，货币政策主要通过以下两种途径实现，一种途径是流动性偏好，另一种途径是投资利率弹性。通过引申可以得出，同一个国家的不同产业对货币政策的冲击影响是不同的（石华军，2008）。这也是在传统凯恩斯学派货币传导机制的作用下，在一个区域内，对利率越敏感的产业所受的货币政策的冲击越大，而当此类产业相比其他产业聚集的越多，对这区域内所造成的冲击就越大。如在国内生产总值的核算中，第一产业和第三产业中聚集地对利率敏感性的行业相比第二产业来说要少，因此，可以引申为省级单位中第二产业聚集的越多，该省级单位所受货币政策冲击就越大。通过表 2 - 5 可以看出，1999 ~ 2014 年，东部沿海综合经济区第二产业占国内生产总值的平均值约为 10.4%，北部沿海为 9.4%，大西南为 1.4%，黄河中游为 6.1%，大西北为 4.9%，东北部为 4.6%，南部沿海为 7.3%，长江中游为 5.7%，也就是说，东部沿海综合经济区要好于长江中游地区，并且约为其 2 倍。这样此排序也比较符合上述理论，同时，也比较符合中国的实际情况，利率渠道是导致中国货币政策区域效应的因素之一。我们也可以看到，一些有关利率渠道政策措施的出台，虽然这些政策的出台无不表示中国在加快利率市场化的进程，但是，依然可以看到中国利率市场化尚未完成，如果单用利率渠道来解释中国货币政策区域效用的话，缺乏一定的解释力度和一定的可行性。

表2-5　　　　　　　八大综合经济区第二产业占国内生产总值比例　　　　　单位：%

地区	2014年	2011年	2008年	2005年	2002年	1999年
黄河中游综合经济区	6.726	7.650	7.179	6.238	4.682	4.389
东北部综合经济区	4.276	4.901	4.602	4.530	4.460	4.671
北部沿海综合经济区	8.811	9.672	10.295	10.711	8.608	8.315
东部沿海综合经济区	9.144	10.263	10.938	11.873	10.180	9.846
南部沿海综合经济区	7.041	7.484	7.654	7.947	6.884	6.530
长江中游综合经济区	7.017	6.998	5.640	5.179	4.555	4.580
大西南综合经济区	5.806	5.830	4.970	4.513	4.096	4.316
大西北综合经济区	1.538	1.620	1.523	1.405	1.186	1.167

资料来源：国家统计局网站。

2.4.2.2　金融资产价格渠道

金融资产价格渠道的传导可以表示为图2-2，当进入资产价格渠道能够顺利传导时，需要一些必备的条件。首先，国民资产组合中的金融资产（股票、外汇资产等）占比应该占有一定量的比例；其次，一国应该具有相对发达的货币市场，同时，金融市场的运行效率应该也比较高；再次，现代企业的投资决策应由市场化所决定，对货币政策的变动应更加敏感。但针对中国而言，从居民方面，他们还是以储蓄为主的意识比较强；从金融市场而言，股票市场并没有像发达国家一样真实地反映股票价格，也就是金融市场和货币市场并不发达，从而不能使金融资产价格与收入之间的关系真实地反映出来。因此，本章认为，用金融资产价格渠道解释中国货币政策区域效应依然缺乏可行性。因此，本章依然没有选用金融资产价格作为解释中国货币政策区域效应的主要渠道。

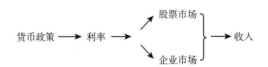

图2-2　金融资产价格的传导过程

资料来源：作者绘制。

2.4.2.3　汇率渠道

现如今，经济的全球化趋势越演越烈，加之浮动汇率制度的运用，使汇率变化逐渐被国家所关注。因此，各国可以通过使用特定的货币政策达到本国进出口和总产量变化的目标，或者是提高一国的国际竞争力的目标。因此，会产生货币政策区域效应的因素之一便是汇率渠道。表 2 - 6 主要反映了中国八大综合经济区 2010 ~ 2014 年区域进出口总额占全国进出口总额的比例，通过表 2 - 6 可以看到，东部沿海进出口总额占全国进出口总额约为 34%，南部沿海约为 30%，北部沿海约为 11%，东北部约为 4.24%，大西南约为 4.18，长江中游约为 3.33%，黄河中游约为 2.32%，大西北约为 1%，形成的这种情况与地理位置是密不可分的，就如沿海综合经济区要好于大西北、大西南等内陆地区，如东部沿海地区要比大西北地区高进 30 倍。虽然我们可以找到汇率渠道的解释变量，但是，我们依然可以清晰地看到，中国实行的是有浮动管理的汇率制度，因此，用汇率渠道来解释中国货币政策区域效应会有一些牵强。因此，本章没有选用汇率渠道作为解释中国货币政策区域效应的主要渠道。

表 2 - 6 八大综合经济区 2010 ~ 2014 年区域进出口总额占全国进出口总额的比例 单位:%

地区	2014 年	2013 年	2012 年	2011 年	2010 年
黄河中游综合经济区	2.86	2.59	2.40	2.03	1.72
东北部综合经济区	4.17	4.31	4.30	4.30	4.14
北部沿海综合经济区	10.94	10.82	10.65	10.79	10.54
东部沿海综合经济区	32.20	31.93	33.54	35.33	36.59
南部沿海综合经济区	29.52	30.68	29.85	29.37	30.34
长江中游综合经济区	3.85	3.46	3.27	3.17	2.91
大西南综合经济区	5.73	4.80	4.38	3.33	2.67
大西北综合经济区	1.06	1.10	1.06	0.99	0.95

资料来源：国家统计局网站。

2.4.2.4 信贷渠道

在银行贷款市场不完善以及实行利率管制的前提下，当货币当局调整利率时，往往在其传导的过程中存在时滞效应，当时滞效应出现时，对借款人而言，贷款成本将不是其考虑的首要因素，而是贷款的可获得性，因此，斯蒂格利茨和韦斯（1981）在其发表的《不完全信息市场的信贷配给》一文中，以发展均衡配给理论为前提，结合信贷途径，将两者相结合，这篇文献也为信贷渠道作为货币政策传导机制的其中之一做了铺垫，此后，伯南克等人以信贷渠道为基础，逐渐发展了两种具体的机制来解释通过信贷渠道，货币政策是如何发挥作用的，这两种具体机制包括资产负债表机制和银行信贷机制。

信贷渠道的形成，不仅是利率的变动对其贷款或者其他信用可获得的直接影响，而且在货币当局存在贷款管理时，贷款者并不是因为理论标准来选择借款者，而是根据利率因素以外的因素决定的，这些因素包括对借款人的财务状况、担保状况等。

因此，以信贷渠道为基础，货币当局实施货币政策时，会产生直接和间接的影响（见图2-3）。如当一国货币当局采取在公开市场出售政府债券时，直接影响是货币供给的减少，银行体系的超额准备金减少，从而减少了可贷资源，也就降低了资金的可流动性；间接影响是货币当局出售政府债券，使得政府债券的利率上升，价格下降，当银行持有政府债券时，也就使得银行此项资产的价值下降，货币当局实行的是贷款管制利率，银行为了弥补这项资产价值的下降，不得不削减贷款放款，进而影响企业获得贷款的能力，企业将会减少支出，最终影响产出水平。

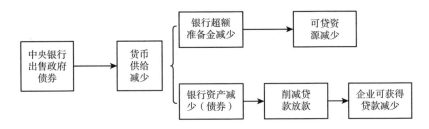

图2-3 中国货币政策信贷渠道传导路径

资料来源：作者绘制。

同样，在中国，于则（2006）、孔丹凤和秦大忠（2007）、郭评生（2009）、卞志村和杨全年（2010）等学者均通过对信贷渠道的探索，以相关模型为基础，研究表明中国的货币政策是具有显著的区域效应的。同时，笔者也认同了上述观点。

2.5 中国货币政策区域效应的实证检验

向量自回归模型是由计量经济学家西姆斯（Christopher Sims）发表的一篇文献提出的，时至今日，关于向量自回归的研究已经从最初的简单二维拓展到多维度的多元模型中，已然成为国内外学者对货币政策区域效应实证研究中使用的最普遍的方法。向量自回归模型的实质是考察多个变量之间的动态互动关系，但是，由于我们要考虑整个向量自回归模型中的互动关系，当我们仅仅构建 VAR 模型时，会发现，其并不能捕捉到全面复杂的互动过程，但是，与 VAR 模型相关的脉冲响应函数却能全面地反映此过程，因此，通过 VAR 模型的建立，我们可以看到，虽然这种方法比较简单地将模型中的变量关系显现出来，但是，其却能有效地揭示每组变量响应模型的动态行为。因此，用该方法来分析货币政策区域效应得到了学者们的广泛使用。

2.5.1　中国货币政策区域效应的渠道检验

西姆斯（1980）在其向量自回归模型的基础上，首次提出了方差分解方法，这种方法主要是观测到对应模型中内生变量对标准差贡献的程度。虽然说西姆斯（1980）只是较为粗略地计量了模型中各变量的影响关系，但是，这种定量分析在研究中国货币政策产生区域效应的渠道检验中具有实践作用。

2.5.1.1　数据选取

货币政策指标选取广义货币量（M2），信贷渠道指标选取实际贷款余额（DK）指标，利率渠道选取上海同业拆借利率（SHIBOR）指标，汇率渠道选取汇率（EX）指标，实体经济选取实际 GDP 指标，所选数据均为 2008 年第一季度~2015 年第三季度，指标数据来源于国家统计局网站、中国人民银行网站和中国货币网网站。所有指标数据均做对数化处理并且运用 X－12 方法对所有数据进行了季节性调整。

2.5.1.2　对数据进行处理

广义货币量、实际贷款余额、实际 GDP 为平稳序列，汇率、上海同业拆借利率均为一阶差分平稳，在兼顾格兰杰因果检验、单位根稳定性检验的基础上，构建了向量自回归模型，同时检验表明，上述数据均为内生变量且均符合稳定性检验，在此基础上运用方差分解。

第一，货币政策传导途径分析。在 VAR 模型中，选取变量顺序为：广义货币量—银行信贷渠道—市场利率—汇率—实际 GDP（石华军，2008），对数据变量进行思路分析可得，在实际贷款余额、利率、汇率对广义货币量的方差分解中，给定一个货币政策冲击，对实际贷款余额的影响要大于利率和汇率的影响，见表 2－7。

表 2 - 7　　　　实际贷款余额、利率、汇率对广义货币量的方差分解　　　　单位:%

VAR 中实际贷款余额对广义货币量的方差分解	(1, 29.28)	(6, 23.28)	(10, 41.22)
VAR 中利率对广义货币量的方差分解	(1, 28.81)	(6, 28.66)	(10, 28.78)
VAR 中汇率对广义货币量的方差分解	(1, 0.24)	(6, 25.73)	(10, 36.08)

资料来源：作者计算。

第二，分析利率渠道、汇率渠道、信贷渠道对实体经济的影响。在实际贷款余额、汇率、利率对实际 GDP 解释程度方面，虽然实际贷款余额在第一期不如利率和汇率的解释力度，但在随后的期间内，实际贷款余额的解释力度较利率和汇率要强得多，尤其是在方差分解结果稳定后，实际贷款余额对实际 GDP 的解释力度会更强，见表 2 - 8。

表 2 - 8　　　　实际 GDP 对实际贷款余额、利率、汇率的方差分解　　　　单位:%

VAR 中实际贷款余额对广义货币量的方差分解	(1, 0.17)	(6, 13.11)	(10, 13.32)
VAR 中利率对广义货币量的方差分解	(1, 6.92)	(6, 5.42)	(10, 5.06)
VAR 中汇率对广义货币量的方差分解	(1, 13.32)	(6, 5.06)	(10, 1.56)

资料来源：作者计算。

通过运用此方法，对中国货币政策渠道进行简单的实证检验，结果显示，在以上三种途径中，虽然利率渠道和汇率渠道在一定程度上有解释力度，但是，有一些片面，综合传导路径，本章主要有以下两个方面的假设：第一，本章以信贷途径为视角，对中国货币政策区域效应进行了实证检验和分析；第二，本章所选择的信贷渠道传导途径是"中央银行—金融体系—微观主体"，因此，选取的数据变量顺序为广义货币供给量—实际贷款余额—实际 GDP—价格指数（GDP 平减指数）。

2.5.2　基于信贷渠道的 VAR 模型实证分析

2.5.2.1　模型变量顺序选取和指标选择

（1）模型变量顺序选取。为了数据分析的度量效应，向量自回归模型变量选取的顺序很重要，基于经济学理论以及结合中国实际国情，本章选取变量的顺序为：广义货币供给量—实际贷款余额—实际 GDP—价格指数（GDP 平减指数）。

（2）模型指标选择。对于货币政策的分析，首先要选取货币政策的代理变量，通过大量的阅读文献可知，在中国货币政策分析时，常用的衡量指标为数量型指标。结合中国具体的国情来看，由于中国利率市场化改革并未完全实现，选取价格型指标不能够真实地反映中国情况，而且在利率市场化改革的过程中，曾经变更过货币政策中介指标，这就是 1998 年 1 月中国货币当局曾采取取消国有商业银行贷款规模的限额控制的手段，因此，中国货币政策中介变量由信贷规模转移至货币供应量，所以，本章结合文献和中国国情，同样地也选取了实际广义货币供应量 M2 为模型代理变量。

对实体经济的影响选取各省的实际 GDP（GDP）为货币政策反应变量，价格水平的影响选取各省 GDP 平减指数（pj）为货币政策反应变量，信贷渠道指标选取各省实际贷款余额（DK）为货币政策反应变量，代理变量和反应变量均做对数化处理。

本章的广义货币供应量、名义 GDP 率原始数据选取的区段为 2008 年第一季度 ~2015 年第三季度，选取的序列包括中国 31 个省级单位，选来的各数据分别来自国家统计局网站、中国外汇交易中心网站、各省区市年鉴和 Wind 数据库。实际 GDP、实际贷款余额均为其名义值除以 CPI 而来，GDP 平减指数由名义 GDP 除以实际 GDP 计算而来。为了消除季节性因素和不规则因素，采用 X－12 方法进行季节调整，所有数据备查。为了方便实证，分别对中国 31 个省、自治区、直辖市进行了序列编号见表 2－9。

表 2－9   中国 31 个省（区、市）实证检验序号排列

省（区、市）	序号	省（区、市）	序号
北京	01	湖北	17
天津	02	湖南	18
河北	03	广东	19
山西	04	广西	20
内蒙古	05	海南	21
辽宁	06	重庆	22
吉林	07	四川	23
黑龙江	08	贵州	24
上海	09	云南	25
江苏	10	西藏	26
浙江	11	陕西	27

省（区、市）	序号	省（区、市）	序号
安徽	12	甘肃	28
福建	13	青海	29
江西	14	宁夏	30
山东	15	新疆	31
河南	16		

资料来源：作者整理。

2.5.2.2 数据稳定性检验

本章选取 ADF（augmented dickey-fuller）检验。结果表明，LnM2、LnDK、LnGDP 为平稳序列，Lnpj、LnGDP01～LnGDP31 均为不平稳序列，但是经过一阶差分后，所有序列为平稳序列；在 Lnpj01～Lnpj31 中，共有 14 个省、自治区、直辖市为平稳序列，其余 17 个省级单位序列均不平稳，但经过一阶差分之后，剩余序列均平稳；在 Lndk01～Lndk31 中，除西藏自治区为不平稳序列，需经一阶差分后才为平稳序列，剩余其他省份均为平稳序列。表 2－10 为全国广义货币量、实际贷款余额、实际 GDP 和价格指数（GDP 平减指数增长率）的平稳性检验。有关 31 个省级单位各变量的 ADF 检验参见表 2－10。

表 2－10　　　　　　我国 31 个省（区、市）数据平稳性检验①

变量	检验形式 （C，T，P）	ADF 值	信息准则	Prob	平稳性
LnM2	（C，0，4）	－3.486	SIC	0.016 **	平稳
LnDK	（C，0，4）	－4.418	SIC	0.008 ***	平稳
LnGDP	（C，0，4）	－3.092	SIC	0.038 **	平稳
Lnpj	（C，0，4）	－2.434	SIC	0.142	不平稳
Lnpj	（C，0，4）	－3.969	SIC	0.005 ***	平稳

注：** 为 5% 显著，*** 为 10% 显著。
资料来源：作者计算。

---

① 注：（1）检验形式（C，T，P）中的 C、T、P 分别表示模型中的常数项、时间趋势项和滞后阶。

（2）*、**、*** 分别表示在 10%、5%、1% 的显著水平下拒绝原假设，即变量在相应显著水平下是稳定的。

（3）各省数据的平稳性结果见附表。

2.5.2.3　滞后阶数选取和各变量拟合优度

（1）滞后阶数的选取。基于 AIC、SIC 和 LR 检验来判定选取向量自回归模型中的最优滞后期数，同时，兼顾 AR 根中特征根均小于 1 时模型稳定的特点，因此，选取云南省、西藏自治区、甘肃省的最优滞后阶数为 1 期，湖南省、重庆市、四川省的最优滞后阶数为 3 期，其余 25 个地区的最优滞后阶数为 2 期，见表 2 – 11。

表 2 – 11　　　　我国 31 个省（区、市）最优滞后阶数

省（区、市）	最优滞后阶数	省（区、市）	最优滞后阶数
北京	2	湖北	2
天津	2	湖南	3
河北	2	广东	2
山西	2	广西	2
内蒙古	2	海南	2
辽宁	2	重庆	2
吉林	2	四川	3
黑龙江	2	贵州	2
上海	2	云南	1
江苏	2	西藏	1
浙江	2	陕西	2
安徽	2	甘肃	1
福建	2	青海	2
江西	2	宁夏	2
山东	2	新疆	2
河南	2	全国	2

资料来源：作者计算。

（2）各变量拟合优度。使用 EViews8.0 检验表明，通过建立 VAR、VAR01 ~ VAR31 以及 LnM2、LnDK、LnGDP、LnPJ 的向量自回归模型的方程拟合优度显示，广义货币供给量的向量自回归拟合优度均在 99% 以上；实际贷款余额（增长率）的向量自回归拟合优度除辽宁省拟合度为 58% 和西藏自治区拟合度为 20% 以外，其余地区均在 89% 以上；实际 GDP 增长率除宁夏回族

自治区拟合度为14%、甘肃省拟合度为22%以外，其余各地区均在40%以上；GDP 平减指数（增长率）除陕西省和宁夏回族自治区拟合度为18%、贵州省拟合度为31%以外，其余各地区均在60%以上。综上所述，广义货币供给量、实际贷款余额（增长率）、实际 GDP 增长率、GDP 平减指数（增长率）拟合度均符合标准。

2.5.2.4 格兰杰因果检验

通过各区域中各序列之间的格兰杰因果检验，运用 EViews8.0 软件对各个内生变量依次给出单个检验与联合检验，当 P 值大于临界水平 0.05 时，结果显示此变量不是另一个变量的格兰杰因果；当此变量的联合检验 P 值大于 0.05 时，则说明该变量不是内生变量。表 2-12 为全国数据各变量的格兰杰因果联合检验结果，可以看出，全国广义货币量、实际贷款余额、实际 GDP 和 GDP 平减指数增长率的格兰杰因果检验 P 值均小于 0.05，因此，认为这四个变量均为内生变量，见表 2-12。

表 2-12　我国 31 个省（区、市）各变量的格兰杰因果联合检验结果

		P 值
全国	Lndk 的联合格兰杰因果检验	0.000
	LnGDP 的联合格兰杰因果检验	0.001
	ΔLnpj 的联合格兰杰因果检验	0.010
	LnM2 的联合格兰杰因果检验	0.004

资料来源：作者计算。

2.5.2.5 脉冲响应函数

（1）我国 31 个省（区、市）数据脉冲响应函数。通过表 2-13 可以看到，实际贷款余额、实际 GDP、GDP 平减指数增长率对货币政策单位 Cholesky 正向冲击时，反应大不相同。实际贷款余额初始为正效应，在整个期间，响应最大值出现在第六期，且最大值为 0.008，随后实际贷款余额的响应值逐渐下降，第三期降低至最低点，然后上升，第七期下降，但下降的程度小于第三期，随后上下地波动，长期稳定于零点线；实际 GDP 初始为负效应，随后第二期上升，到第三期时，出现响应的最大值，接下来的出现期依然是下上波动，长期稳定于零点线，在整个期间，响应最大值出现在第三期，且最大值为 0.006；GDP 平减指数增长率初始同样也为正效应，第二期迅速下降到最低点，

随后在出现期内，缓慢波动，并长期趋于零点线，在整个期间，响应最大值出现在初始期，且最大值为 0.010。

表 2 - 13　　　　实际贷款余额、实际 GDP、价格指数对 M2 的脉冲
响应最大值和出现期

LnDK 对 LnM2 冲击的响应		ΔLnGDP 增长率对 LnM2 冲击的响应		ΔLnPJ 对 LnM2 冲击的响应	
最大值	出现期（月）	最大值	出现期（月）	最大值	出现期（月）
0.008	6	0.006	3	0.010	1

资料来源：作者计算。

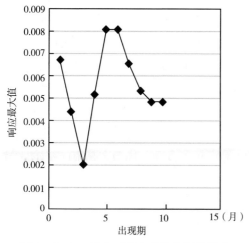

图 2 - 4　M2 冲击对实际贷款余额的影响

资料来源：作者绘制。

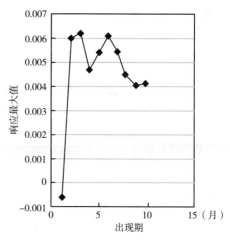

图 2 - 5　M2 冲击对实际 GDP 的影响

资料来源：作者绘制。

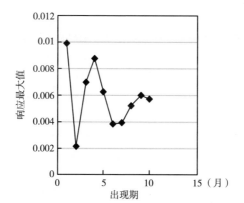

图 2 - 6　GDP 平减指数增长率的影响

资料来源：作者绘制。

（2）各省脉冲影响函数。给定广义货币量一个标准差的冲击，通过对各个省级层面的脉冲函数分析如下。

初始具备正负冲击情况。为了方便进行省级单位数据与我国31个省（区、市）数据进行比较，数据作以下两方面的调整：第一，在 Lnpj01 ~ Lnpj31 中，对价格指数数据平稳的14个省级单位进行一阶差分，并保证其他条件均不变，因此，14个省级单位一阶差分平稳后，代表价格指数增长率；第二，由于我国31个省（区、市）的实际 GDP，一阶差分后才为平稳序列，而全国的不用差分便是平稳序列，为了方便比较，因此，将实际 GDP 全国数据进行一阶差分，各省级单位的实际 GDP 一阶差分保持不变，并保证其他条件均不变。

得到脉冲响应图的结果见图2-7、图2-8、图2-9，可以看出，如果给定一个正标准差的广义货币量冲击，我国31个省（区、市）数据的实际贷款余额、实际 GDP 增长率和价格指数增长率初始期的正负效应分别为：正、负、正。对广义货币量响应的最大值和响应的出现期分别为：LnDK 对 LnM2 的响应最大值为 0.0170，出现期为第六期；ΔLnGDP 对 LnM2 的响应最大值为 0.0045，出现期为第二期；ΔLnPJ 对 LnM2 的响应最大值为 0.0142，出现期为第四期。

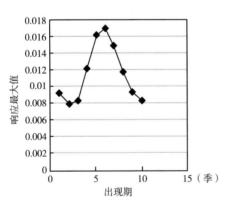

图 2 - 7 M2 冲击对实际贷款余额的影响
资料来源：作者绘制。

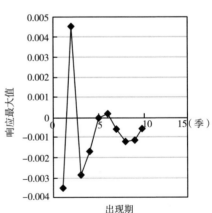

图 2 - 8 M2 对实际 GDP 增长率的影响
资料来源：作者绘制。

当给定一个标准差的广义货币量时，各省、直辖市、自治区在初始期时，实际贷款余额对货币政策单位 Cholesky 正向冲击，实际 GDP 增长率对货币政策单位 Cholesky 正向冲击和价格指数增长率对货币政策单位 Cholesky 正向冲击

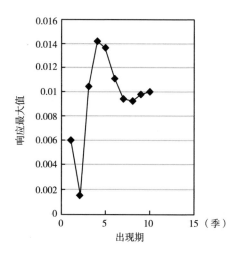

图 2 - 9　M2 对价格指数增长率的影响

资料来源：作者绘制。

程度是不一样的，初始期的各变量正负响应具体情况见表 2 - 14。

表 2 - 14　　我国 31 个省（区、市）各变量对货币冲击的初期正负响应

省（市、区）	实际贷款余额对货币冲击的响应	实际 GDP 增长率对货币冲击的响应	价格指数增长率对货币冲击的响应
北京市	正	负	正
天津市	正	负	正
河北省	正	正	负
山西省	正	负	负
内蒙古自治区	正	负	负
辽宁省	负	正	负
吉林省	正	负	正
黑龙江省	负	负	负
上海市	正	负	负
江苏省	正	负	负
浙江省	正	负	负
安徽省	正	负	负
福建省	正	负	负
江西省	正	负	负
山东省	正	负	负

省（市、区）	实际贷款余额对货币冲击的响应	实际 GDP 增长率对货币冲击的响应	价格指数增长率对货币冲击的响应
河南省	正	负	负
湖北省	正	负	负
湖南省	正	负	负
广东省	正	负	负
广西壮族自治区	正	正	负
海南省	正	负	负
重庆市	负	负	正
四川省	正	负	负
贵州省	正	负	正
云南省	正	负	正
西藏自治区	正	负	正
陕西省	正	正	负
甘肃省	正	正	负
青海省	正	负	负
宁夏回族自治区	正	负	正
新疆维吾尔自治区	正	正	负

资料来源：作者计算。

通过表 2-14 可以看出，各省、直辖市、自治区第一期实际贷款余额（或增长率）对货币的正负冲击影响中，除重庆市第一期实际贷款余额对货币政策是负效应外，其余 30 个省份的实际贷款余额（或增长率）对货币政策的均为正冲击，而重庆市在建立向量自回归模型中，选择的阶数为三阶，而重庆市第二期实际贷款余额对货币政策是负效应，因此，可以得出，全国各个省市在初始期实际贷款余额对货币均为正效应，这与全国的实际贷款余额初始期的影响相同，由此可见，省级单位实际贷款余额与全国实际贷款余额初始期对货币政策一致度接近 100%；在初始期实际 GDP 增长率对货币政策冲击的正负效应影响中，河北省、辽宁省、广西壮族自治区、山西省、甘肃省、新疆维吾尔自治区 6 个初始期为正效应，这与全国实际 GDP 的影响效应不同，其余 25 个初始期均为负冲击效应，这与全国实际 GDP 的初始期影响效应相同，由此可见，省级单位实际 GDP 与全国实际 GDP 初始期对货币政策的一致度为 80.6%；在初始期价格指数增长率对货币冲击的正负效应影响中，北京市、天津市、吉林省、重庆市、贵州省、云南省、西藏自治区、宁夏回族自治区 8 个第一期为正效应，这与全国价格指数增长率的初始期影响效应一样，其余 23 个初始期均为负效应，与全国价格指数增长率的初始期影响效应不一样，由此可见，省级单位价格指数增长率与全国价格指数增长率初始期一致度为 25.8%。与全国初始期变量反应方向完全一致的省份有：北京市、天津市、吉林省、贵州省、云南省、西藏自治区、宁夏回族自治区，从《中国区域金融报告》中把全国划分为四个区域可看出，在这 7 个省份中，我们可以看出，东部有 2 个市，西部有 4 个省份，东北部有 1 个省，而中部并没有一个省市与全国初始期变量反应方向一致；从省级单位所占比例来看，与全国初始期变量反应方向均一致的省市占全国的 23%。由此可以看出，从实际贷款余额传导到实际 GDP（也就是实体经）时，接近 80% 的省级单位能顺利进行传导，并与全国的初始期方向表现一致，但从实体经济传导到价格指数这一过程中，仅两成的省级单位与全国初始期方向表现一致，因此，推断出这一过程近八成的省级单位在不同程度上存在一定的时滞，这可能也是各省级单位在执行货币政策后，效果不同的一个原因所在。

通过省级单位各数据对货币冲击响应的最大值和出现期比较，通过表 2-15 可以看出，31 个省级单位的实际贷款余额、实际 GDP 增长率、价格指数增长率对广义货币量的响应最大值和出现期分别为：在实际贷款余额对货币政策冲击的响应中，出现最大值期数最快的为初始期（第一期），有东部的江苏省和福建省，中部的安徽省、江西省和河南省，西部的广西壮族自治区、云南省和陕西省；出现期数最慢的为第八期，有山西省，其余各省出现最大值期数分别在第二期、第三期、第四期与第七期，最大值绝对值分布在 0.068～0.68，由此可以看出，实际贷款余额最大值省级单位间最大相差十倍，出现响应最大值出现期的最快和最慢之间相差六期。在实际 GDP 增长率对货币冲击的响应中，出现最大值期数最快的为初始期（第一期），有江苏省、湖南省、湖北省、甘肃省、宁夏回族自治区；出现期数最慢的为第六期，有青海省，其余各省出现最大值期数分别在第二期、第三期、第四期、第五期，最大值绝对值分布在 0.27～0.41，由此可以看出，实际 GDP 增长率最大值省级单位最大相差一倍半，出现响应最大值的最快和最慢之间相差五期。在 GDP 平减指数增长率对货币冲击的响应中，出现响应最大值期数最快的为初始期（第一期），有东部的福建省和山东省两个省级单位，西部的广西壮族自治区、四川省和云南省三个省级单位；出现期数最慢的为第八期，有甘肃省，其余各省出现最大值期数分别在第二期～第七期，并且最大值绝对值分布在0.2～2.1，由此可以看出，价格指数增长率各省级单位最大相差十倍，出现响应最大值最快和最慢之间相差七期。

表2-15 我国31个省（区、市）各变量对货币冲击响应的最大值和出现期

省（区、市）	LnDK 对 LnM2 冲击的响应		LnGDP 增长率对 LnM2 冲击的响应		LnPJ 对 LnM2 冲击的响应	
	最大值	出现期	最大值	出现期	最大值	出现期
北京市	0.004	3	0.024	2	-0.015	2
天津市	0.003	2	0.005	2	0.004	3
河北省	0.007	2	0.004	5	-0.012	3
山西省	0.002	8	0.026	2	0.009	4
内蒙古自治区	0.004	7	0.003	5	0.004	6
辽宁省	-0.007	2	0.004	3	0.006	3
吉林省	0.002	7	0.002	5	0.002	7
黑龙江省	-0.002	4	0.016	2	-0.002	3
上海市	-0.004	4	0.014	2	-0.004	2
江苏省	0.007	1	0.003	4	-0.016	2
浙江省	0.004	3	0.010	2	-0.013	2
安徽省	0.005	1	0.005	2	0.005	3
福建省	0.004	1	0.012	2	-0.006	1
江西省	0.003	1	0.011	2	-0.014	2
山东省	0.002	2	0.007	2	-0.010	1
河南省	0.004	1	0.009	2	-0.006	2
湖北省	0.005	2	0.007	1	-0.007	2
湖南省	0.003	4	-0.003	1	0.004	7
广东省	0.004	2	0.008	2	-0.011	2
广西壮族自治区	0.006	1	0.005	2	-0.011	1
海南省	0.007	2	0.015	2	-0.011	2
重庆市	-0.006	3	0.011	2	-0.011	4
四川省	0.006	4	0.009	2	-0.014	1
贵州省	0.006	3	0.026	4	0.021	2

省（区、市）	LnDK 对 LnM2 冲击的响应		LnGDP 增长率对 LnM2 冲击的响应		LnPJ 对 LnM2 冲击的响应	
	最大值	出现期	最大值	出现期	最大值	出现期
云南省	0.003	1	−0.032	1	0.041	1
西藏自治区	0.001	2	−0.023	2	0.002	3
陕西省	0.003	1	0.064	2	−0.055	2
甘肃省	−0.003	3	0.035	1	0.003	8
青海省	0.005	4	0.0051	6	0.002	3
宁夏回族自治区	0.006	2	−0.041	1	−0.018	3
新疆维吾尔自治区	0.003	4	0.003	2	−0.003	3

资料来源：作者计算。

通过对上述三种类型绝对数之间的比较可以得出以下几点，首先，在实际贷款余额最大值出现期较晚的省份单位，其实际 GDP 增长率和价格指数增长率出现最大值也相对其他省份单位较晚，如内蒙古自治区，其实际贷款余额对货币冲击的响应最大值出现期为所有省份单位最晚（第七期），实际 GDP 增长率对货币冲击响应的出现期也为第五期，价格指数增长率对货币冲击响应的出现期为第六期，但是反之，这种观点并不能完全成立；其次，在 31 个省级单位绝对数比较中，我们发现，东部地区这三类数据的脉冲响应最大值虽然并不一定是某一类中数据值最大的，但是东部地区整体的传导速度和平稳度是最好的；最后，2008 年金融危机以后，中国对西部地区实施一些改革措施，货币政策也相应地对西部地区有所倾斜，使得西部一些地区在受到货币政策冲击时，具备良好的反应，如云南省、广西壮族自治区和宁夏回族自治区等。

2.5.2.6 对比分析

通过以上分析可以看出，实际贷款余额、实际 GDP 增长率、价格指数增长率各个省级单位的结果是不尽相同的，为了更好地阐释其中的原因，因此，本章将以两种方式，第一种是用绝对数来度量，即以各省级单位最大值和出现的绝对数来比较。第二种方式是用最大值的偏离度来度量各自结果的变化规律，也就是各数据对广义货币量的脉冲响应函数传导的深度和广度。偏离度运用（各个省级单位 VAR 的数据—全国 VAR 数据），表示各个省份单位相对全国数据的相对偏离程度，通过分析各省级单位数据对广义货币量的响应最大值和出现期，本章将所得数据分为四种情况，第一种情况，省级单位数据对广义货币量的响应最大值大于全国数据，并且其对广义货币量的响应最大值出现期小于全国数据，本章称之为此省级单位具备高敏感性；第二种情况，省级单位数据对广义货币量的响应最大值与出现期均大于全国数据对广义货币量的响应最大值与出现期，本章称之为此省级单位具备中高敏感性；第三种情况，省级单位数据对广义货币量的响应最大值小于全国数据，并且其对广义货币量的响应最大值出现期小于全国数据，本章称之为此省级单位具备中低敏感性；第四种情况，省级单位数据对广义货币量的响应最大值小于全国数据，并且出现期大于全国数据对广义货币量的响应最大值与出现期，本章称之为此省级单位具备低敏感性。见图 2 - 1。

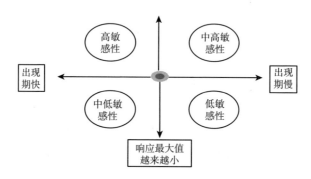

图 2 - 10 相对数偏离程度分类

资料来源：作者绘制。

（1）绝对数度量。对数据进行调整，由于本章所选取的数据均是季度数据，因此，为了更直观地观察各省级单位的数据变化，在表 2 - 15 出现期的基础上依次乘以 3，以反映脉冲响应最大值出现的月份。通过图 2 - 11、2 - 12 和 2 - 13 可以看出，首先，从脉冲响应最大值出现期比较，实际贷款余额省级单位绝对数分布比较集中，基本分布在 6 ~ 12 月，相较于全国数据脉冲响应最大值出现期短得多；实际 GDP 增长率基本集中在几个月份的数值较多，即实际 GDP 增长率省级单位绝对数主要集中分布在 3 月和 6 月，而全国数据脉冲响应最大值出现期为 6 月；价格指数增长率省级单位绝对数分布也比较集中，基本处于 6 ~ 12 月，也相对于全国数据脉冲响应最大值出现期较短。其次，从脉冲响应最大值比较，实际贷款余额无一省级单位数据大于全国；实际 GDP 增长率大于全国数据的省级单位有：东部 7 省，东北部 1 省，中部 4 省，西部 6 省，在这 18 个省级单位中，东部地区实际 GDP 增长率大于全国数据的省级比例为 70%，西部地区为 55%，东北部为 33%，中部为 67%。价格指数增长率大于全国数据的省级单位有：贵州省和云南省，这两个省份均属于西部地区。

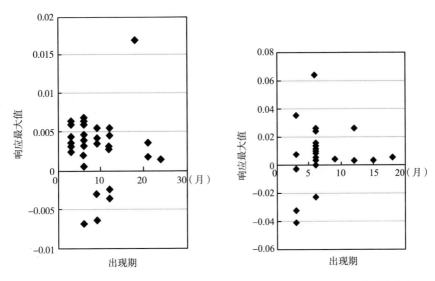

图 2 – 11　实际贷款余额省级
单位绝对数分布

资料来源：作者绘制。

图 2 – 12　实际 GDP 增长率省级
单位绝对数分布

资料来源：作者绘制。

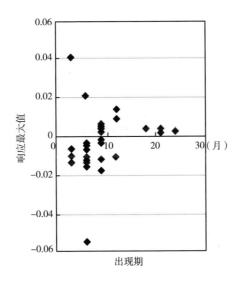

图 2 – 13　价格指数增长率省级单位绝对数分布

资料来源：作者绘制。

（2）相对偏离程度。实际贷款余额相对数偏离程度比较。以全国实际贷款余额（0.0170，6）为基准线，相对全国脉冲响应最大值数据而言，31 个省级单位对广义货币量的响应最大值均小于全国数据。相对全国实际贷款余额最大值的出现期，大于全国数据出现期的省级单位有：山西省、内蒙古自治区、吉林省，其余 28 个省级单位对广义货币量的响应最大值出现期均小于全国数据。因此，山西省、内蒙古自治区、吉林省的实际贷款余额对广义货币量的响应具备低敏感性，其余 28 个省级单位对广义货币量的响应均具备中低敏感性。

对广义货币量的数据分析可以看出，虽然 28 个省级单位对广义货币量的响应均具备中低敏感性，但是，在中低敏感区域中还是有差别的，如东部地区，其最大值平均值相比中部、西部、东北部要高，同时，出现期也比中部、西部、东北部要快，其中，反应最迅速的是海南省。

实际 GDP 增长率相对数偏离程度比较。相对全国实际 GDP 增长率（0.0045，2）为基准线，脉冲响应最大值大于全国实际 GDP 增长率的省级单位如下：东部 7 个省级单位，占全部东部省级单位的 70%；东北部 1 个省级单位，占全部东北部省级单位的 33%；中部 4 个省级单位；占全国中部省级单位的 67%，西部 6 个省级单位，占全部西部地区省级单位的 50%，其中，脉冲响应最大值最大的省份为陕西省，其余 13 个省级的单位数据均小于全国实际 GDP 增长率对广义货币量的响应最大值。相对全国实际 GDP 增长率响应最大值的出现期而言，小于第二期的省级单位有 24 个省级单位，也就是说 77% 以上的省级单位通过实际贷款余额传导至实际 GDP 增长率的速度要快于全国平均水平，剩余 7 个省级单位响应最大值出现期均大于全国数据，而在这 7 个省级单位中，传导速度最慢的是甘肃省。

因此，相对全国数据，具备高、中高、中低、低敏感性的省级单位见表 2 - 16、图 2 - 14。

表 2 - 16　　　　　　　　实际 GDP 增长率省级单位相对数偏离情况

敏感性	省级单位
高敏感性	天津市、黑龙江省、上海市、浙江省、安徽省、福建省、江西省、山东省、河南省、湖北省、广东省、广西壮族自治区、海南省、重庆市、四川省、陕西省
中高敏感性	青海省

敏感性	省级单位
中低敏感性	北京市、山西省、湖南省、云南省、西藏自治区、甘肃省、青海省、新疆维吾尔自治区
低敏感性	河北省、内蒙古自治区、辽宁省、吉林省、江苏省、贵州省

资料来源：作者计算。

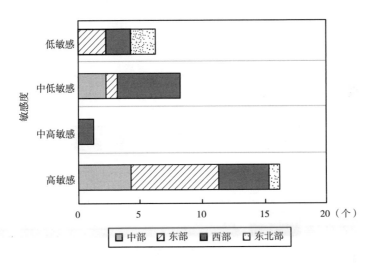

图 2 - 14　实际 GDP 增长率相对数偏离程度

价格指数增长率相对数偏离程度比较。相对全国价格指数增长率（0.0142，4）为基准线，省级单位脉冲响应最大值大于全国数据的有：贵州省和云南省，其余 29 个省级单位脉冲响应最大值小于全国数据；各省级单位出现最大值的期数大于全国数据的有：内蒙古自治区、吉林省、湖南省、甘肃省，其余 27 个省级单位出现最大值的期数均小于全国数据。

因此，具备高敏感性的省级单位西部有 2 个，占西部全部省级单位的 16.7%；具备中低敏感性的省级单位有东部 8 个省级单位，占东部地区全部省级单位的 80%；东北部有 2 个省级单位，占东北部地区全部省级单位的 67%；中部有 5 个省级单位，占中部地区全部省级单位的 83%；西部有 8 个省级单位，占西部地区全部省级单位的 67%。具备低敏感性的有：西部的内蒙古自治区和甘肃省，占西部地区全部省级单位的 16.7%；东北部的吉林省，占东北部地区全部省级单位的 33%；中部的湖南省，占中部地区全部省级单位的 16.7% 见表 2 - 17、图 2 - 15。

表 2 - 17   价格指数增长率相对敏感程度

敏感性	省级单位
高敏感性	贵州省、云南省
中低敏感性	天津市、黑龙江省、上海市、浙江省、安徽省、福建省、江西省、山东省、河南省、湖北省、广东省、广西壮族自治区、海南省、重庆市、四川省、陕西省、北京市、山西省、西藏自治区、青海省、新疆维吾尔自治区、河北省、辽宁省、江苏省、青海省
低敏感性	内蒙古自治区、吉林省、湖南省、甘肃省

资料来源：作者计算。

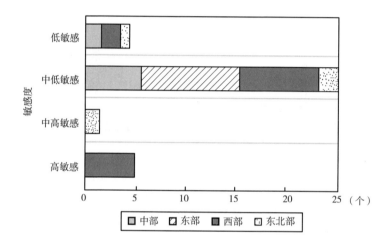

图 2 - 15 价格指数增长率相对数偏离程度

通过偏离性即敏感性分析，我们可以看出，实际贷款余额、实际 GDP 增长率、价格指数增长率都没有一个省级单位与全国数据完全吻合，或多或少在一定程度上与全国数据有偏差。在实际贷款余额中，绝大部分省级单位处在中低敏感区间内；在实际 GDP 增长率中，各省级单位主要集中在感敏性和中低敏感区间内；在价格指数增长率中，各省级单位主要集中在中低敏感性区间内。同时，我们也可以看出，虽然各省级单位实际贷款余额对广义货币的冲击没有那么强的反应，但是，通过实际贷款余额传导到实体经济时，有 50% 以上的省级单位体现出了很强的敏感性，说明选取信贷渠道在一定程度上是正确的，同时也表明了产生中国货币政策区域效应的因素并不是唯一的信贷渠道，并不是所有的省级单位在路径传导中完全遵循着统一的变化规律。通过分析还可以看出，东部发达地区，无论是在传导的深度还是广度上，都要优于其他三个地区。

2.5.3　实证研究结论

货币政策区域效应理论以前注重的是从货币政策总量的视角来讨论，我们发现，虽然从货币政策总量的视角来探讨问题，会使问题简化，但是在实践中，货币政策的效应是由多方主体共同参与产生的，当主体和传导环境不同时，会产生不一样的货币政策效果。本章选择了"实际贷款余额—实际 GDP 增长率—GDP 平减指数增长"为信贷渠道传导过程中的代理变量，通过实践检验证实了中国货币政策区域效应的客观存在性。

通过对 31 个省级单位的考察与各省级单位脉冲响应函数最大值和出现期的比较分析，首先，证明了中国货币政策确实存在货币区域效应，同时也表明了货币政策区域效应产生的原因具备多重复杂性；其次，本章将实际贷款余额作为信贷渠道传导的代表指标，实际 GDP 作为实体经济的代表指标，GDP 平减指数作为价格指数指标，虽然这些数据内所含的信息量是有限的，但是，在国内研究的情况下，此研究已然具备可行性，因此，用实证研究中国货币政策区域效应已具备一定的说服力。

2.6　中国货币政策传导差异原因分析

2.6.1　货币政策是多主体参与综合作用的结果

通过上述实证分析可以看出，在选择向量自回归后，我们选取了广义货币量—实际贷款余额—实际 GDP—GDP 平减指数的变量顺序，这也间接地说明了本章选取了"中央银行—金融体系—微观主体"的货币传导机制。在此机制中我们可以看出，首先，并不是单独某一个因素的特殊作用使得货币政策产生效果，而是多主体共同参与的结果（王东明，2013）；其次，由于货币政策都是主体参与综合作用的结果，因此，在实施货币政策时，应多方综合考虑。

2.6.2　银行业金融机构的差异是中国货币政策产生区域效应的原因

从本章所选取的货币传导机制过程中可以看出，连接中央银行和微观个体的枢纽是金融体系，也就是说，金融体系内外部的好坏均影响着整个货币体系的有效性传导，因此，出现区域发展不平衡的现象在所难免。表 2 – 18 为截至

2014 年各省级单位银行业金融机构分布表，此表显示，无论是在营业网点个数上还是在营业网点资产总额上，各个省级单位的差别还是很大的，结合中国的历史背景和经济体制，使中国现行的金融体系中的商业银行的作用是很重要的，加之在信贷传导渠道中，信贷的可获得性又是尤为重要的，通过这两点能够明显地看出，中国货币政策产生区域效应是必然的，同时我们能够看出，在各省银行业金融机构分布表中，营业网点机构个数最多的前 5 个省份分别是广东省、山东省、四川省、江苏省和浙江省，营业网点资产总额最多的前 5 个省份分别是广东省、北京市、江苏省、上海市和浙江省，由此可以看出，东部地区银行业金融机构无论从数量上还是从资产总额上均优于其他地区，并在表 2 - 18 中可以看出，虽然有些省份的营业网点个数较多，但是其资产总额却很少，如四川省，这会直接影响信贷的可得性，进而影响货币政策传导的有效性。

表 2 - 18　　　　　　31 个省银行业金融机构数量和资产总额

省（区、市）	营业网点机构个数（个）	营业网点资产总额（亿元）
北京市	4363	163314.00
天津市	2966	44136.60
河北省	10895	52816.10
山西省	5793	33068.60
内蒙古自治区	4683	24019.00
辽宁省	9256	58047.00
吉林省	4887	22671.80
黑龙江省	6570	27953.00
上海市	4087	112657.00
江苏省	12759	122100.60
浙江省	12299	105656.00
安徽省	7948	40143.00
福建省	6039	59748.90
江西省	6743	27857.06
山东省	14365	86681.00
河南省	12168	51581.00

省（区、市）	营业网点机构个数（个）	营业网点资产总额（亿元）
湖北省	7414	45073.00
湖南省	9404	38277.00
广东省	16467	175296.00
广西壮族自治区	5984	26967.51
海南省	1412	9430.60
重庆市	5439	35158.70
四川省	13751	69117.95
贵州省	4852	20186.20
云南省	5481	29727.70
西藏自治区	677	3311.20
陕西省	6749	36570.90
甘肃省	4670	19140.00
青海省	1111	6487.00
宁夏回族自治区	1233	6718.00
新疆维吾尔自治区	3604	21982.00

资料来源：作者根据《中国金融年鉴》（2015）整理。

2.6.3　微观主体的异质性也是中国货币政策产生区域效应的原因

当我们选取了广义货币量—实际贷款余额—实际 GDP—GDP 平减指数的变量顺序时，信贷的可获得性确实会影响货币政策的发挥，但是我们也不能忽略货币传导的最后环节，即货币政策对实体经济和价格指数的影响。在此环节中，最重要的便是微观主体，微观主体行为的不同，会影响实体经济和价格指数的最终形成，比如，在上述实证检验中，同为西部地区省级单位的甘肃省和贵州省，甘肃省和贵州省的实际贷款余额脉冲响应最大值的出现期均为第三期，但是，其后传导却大相径庭，甘肃省实际 GDP 增长率的脉冲响应最大值的出现期要比贵州省提前三期，并且最大值数值也大于贵州省。但是甘肃省 GDP 平减指数的脉冲影响最大值的出现期要比贵州省晚六期，而且最大值数值是接近的。由此可以看到，微观主体的不一致会产生不一样的政策效果。

2.7 政策建议

综合中国各省级单位金融体系的结构性差异和微观主体的差异性，本章提出以下对策来充分发挥货币政策在各个地区的有效性。

2.7.1 金融市场发展方面

通过上述实证分析可知，由于各地区的信贷市场从规模和总量上都是不尽一致的，因此，在货币政策传导的过程中，必然会产生相应的效应，如东部地区无论是在金融机构总数还是资产总额上均大于西部地区，而且结合现实情况，虽然西部地区有些省份金融机构营业网点很多，但是其资产总额却不高，如四川省，如若平均分配给每个网点，那么平均分配的总额会更少，因此，在这种情况下，必然阻止此渠道的传导。那么对于西部地区而言，我们应该积极发展西部地区的资本市场和信贷市场，使得西部地区的资金获取的渠道更多，尤其是对于银行以外的资金的可获得性；而对于东部地区而言，其资本市场和信贷市场均具备一定的优势，但也不能故步自封，应该寻求其他路径，这样不仅使东部地区金融体系更加完善，同时，可以为其他地区产生示范效应。尤其是应该抓住中国正在加快利率市场化和汇率制度的改革契机，大力发展跨境资本市场，形成多个灵活便利的资金集散地。

2.7.2 货币政策工具上应注重差别化

货币政策衡量指标。究竟货币政策衡量指标应该选哪种，一直是学术界值得探讨的问题，虽然在大量文献中，学者们比较倾向于用货币供给量为其代理变量，但是，笔者却觉得要针对地区间的不同差异，各地区应选择与之相适应的衡量指标或者是代理变量。某个地区是否应该坚持货币供给量的规模控制，要看这个地区的经济发展情况，如相对全国而言，比较发达的东部地区，由于其经济发展状况和环境都比较有优势，因此，应该摆脱货币供给规模控制，更多地发挥其他货币政策工具的效应；而对于相对不发达的西部地区而言，应该弱化货币供给量规模控制，本身而言，西部地区的信贷规模相对较小，除银行以外的融资途径较少的特点，这些特点都不利于货币规模控制的效果实现，甚至会出现负效应。尤其是在金融危机后，由于西部地区在内在和外在因素的共同作用下，更不应强化货币供给量的规模控制。

应实行差别化的存款准备金率。为什么要建议应实行差别化的存款准备金率？基础货币是具有派生机制的，也就是说，基础货币具有派生能力，当中国实施货币政策时，虽然分派给各地区的初始总量是一致的，但是，加入各地区的基础货币派生能力因素后，其最终对本地区的影响就会大有不同，就算两个省级单位各种条件均一样，但是通过实证分析后，也会发现其无论是对实际 GDP 的影响还是对 GDP 平减系数的影响都是不一样的。针对中国而言，货币当局最常用的货币政策工具是存款准备金率，因此，可以实行差别化的存款准备金率，但是，差别不应该很大，这样才能使得货币政策效果更好地显现。

本章参考文献

［1］杰格迪什·汉达. 货币经济学［M］. 北京：中国人民大学出版社，2005：207.

［2］卞志村，杨全年. 货币政策区域效应的研究现状及评述［J］. 财经问题研究，2010（1）：10－18.

［3］巴曙松，陈湘永，邢毓静. 论世界货币区域化发展趋势［J］. 国际金融研究，1995，7（5）：51－54.

［4］卞志村，杨全年. 中国货币政策效应的区域性配给均衡分析［J］. 金融研究，2010（9）：31－46.

［5］崔泽园，王书华. 中国货币政策区域效应的影响分析——基于动态面板的经验与证据［J］. 经济问题，2013（3）：012.

［6］曹龙骐. 金融学［M］. 北京：高等教育出版社，2003：479－483.

［7］陈雨露，汪昌云. 金融学文献通论—宏观金融卷［M］. 北京：中国人民大学出版社，2006：252－275.

［8］陈雨露，汪昌云. 金融学文献通论—原创文学卷［M］. 北京：中国人民大学出版社，2006：204－215.

［9］陈琦. 货币政策区域效应在中国的现实表现［J］. 现代信息经济，2015（22）：4.

［10］葛兆强，郝继伦. 区域经济与货币政策区域化［J］. 金融科学：中

国金融学院学报，1995（3）：12 – 18.

[11] 郭评生，吴伟军．基于 SVAR 模型的货币政策区域效应存在性的实证研究 [J]．当代财经，2009.

[12] 贾恩卡洛，甘道尔夫著，靳玉英译．国际金融与开放经济的宏观经济学 [M]．上海：上海财经大学出版社，2006：434 – 436.

[13] 焦瑾璞，孙天琦，刘向耘．货币政策执行效果的地区差别分析 [J]．金融研究，2006（3）：1 – 15.

[14] 蒋益民，陈璋．SVAR 模型框架下货币政策区域效应的实证研究：1978 ~ 2006 [J]．金融研究，2009（4）：180 – 195.

[15] 孔丹凤，秦大忠．中国货币政策省际效果的实证分析 [J]．金融研究，2007.

[16] 柯冬梅．最优货币区理论及其对中国货币政策的借鉴 [J]．中央财经大学学报，2001（1）：28 – 32.

[17] 李宝仁，邬琼，杨倩．中国货币政策区域效应的实证分析——基于面板数据模型的研究 [J]．北京工商大学学报：社会科学版，2011（5）：92 – 98.

[18] 罗玉冰．货币政策效应的区域差异——基于西北地区的比较分析 [J]．中国金融，2013（1）：80 – 82.

[19] 石华军，凌智勇，郑贵华等．中国货币政策区域效应的实证分析——基于东中西部地区数据的 VAR 模型 [J]．预测，2008，27（3）：17 – 22.

[20] 宋旺，钟正生．中国货币政策区域效应的存在性及原因 [J]．经济研究，2006（3）：46 – 58.

[21] 王东明．中国货币政策的区域效应分析——基于信贷渠道视角 [J]．金融论坛，2011.

[22] 杨荣，郭威．中国货币政策区域不对称效应的实证研究—以赣浙两省为例 [J]．金融与经济，2015（4）：34 – 39.

[23] 于则．中国货币政策的区域效应分析 [J]．管理世界，2006（2）：18 – 22.

[24] 叶永刚，周子瑜．基于 GVAR 模型的中国货币政策区域效应研究 [J]．统计与决策．2015（17）：146 – 150.

［25］张晶. 国外货币政策区域效应研究的新进展［J］. 上海金融，2007
（12）：32 - 35.

［26］张辉，王征. 中国货币政策传导变量的区域效应：2005 - 2010［J］.
经济学动态，2013（4）：58 - 63.

［27］郑长德，杨海燕. 现代西方金融理论［M］. 北京：中国经济出版
社，2011：292 - 317.

［28］国家统计局网站：http：//www. stats. gov. cn/.

［29］中国人民银行网站：http：//www. pbc. gov. cn/.

［30］中国外汇交易中心：http：//www. chinamoney. com. cn/index. html.

［31］《中国区域运行报告》：2008 - 2015，http：//www. pbc. gov. cn.

［32］Joseph E. Stiglitz，Credit Rationing in Markets with Imperfect Information
［J］. *Andrew Weiss the American Economic Review*，1981，71（3）：393 - 410.

［33］David Fielding，Kalvinder Shields，Regional Asymmetries in the Impact
of Monetary Policy Shocks on Prices：Evidence from US Cities［J］. *Oxford Bulletin
of Economics and Statistics*，2011，73（1）：79 - 103.

［34］F. S. Mishkin，Symposium on the Monetary Transmission Mechanism
［J］. *Journal of Economic Perspectives*，1995，9（4）：3 - 10.

［35］John B. Beare，A Monetarist Model of Regional Business Cycles［J］.
Journal of Regional Science，1976（16）：57 - 63.

［36］Mundell，Robert A. ，"A Theory of Optimum Currency Areas"［J］.
American Economic Review，September 1961，51（4）：657 - 665.

［37］Michael T. Owyang，Howard J. Wall，Regional VARS and the Chan-
nels of Monetary Policy［R］. FRB of StXouis Working Paper，2006 - 002.

［38］Michael S. Hanson，Erik Hurst，KiYoung Park，Does Monetary Policy
Help Least Those Who Need It Most？［R］. Wesleyan Economics Working Papers，
2006 - 006.

［39］Massimo M，zhang lei，Monetary Policy and Regional Availabitlity of
Debt Financing［J］. *Journal of Monetary Economics*，2013，60（4）：439 - 458.

［40］Scott Jr I. O. ，The Regional Impact of Monetary Policy［J］. *The Quar-
terly Journal of Economics*，1955：269 - 284.

本章附录

附录1　　　　M2、汇率、同业拆借利率、实际贷款

余额、实际 GDP 对数后结果

时间	lnM2	lnexchange	lnshior	lndk	lnGDP
2008 年第一季度	12.955	1.969	0.880	8.281	11.054
2008 年第二季度	13.002	1.940	1.040	8.338	11.813
2008 年第三季度	13.023	1.923	1.027	8.397	12.256
2008 年第四季度	13.071	1.922	0.732	8.448	12.591
2009 年第一季度	13.182	1.922	0.143	8.593	11.199
2009 年第二季度	13.252	1.921	0.135	8.682	11.969
2009 年第三季度	13.280	1.922	0.236	8.709	12.421
2009 年第四季度	13.322	1.921	0.236	8.713	12.754
2010 年第一季度	13.385	1.9209	0.308	8.762	11.317
2010 年第二季度	13.421	1.920	0.573	8.808	12.071
2010 年第三季度	13.454	1.913	0.548	8.843	12.516
2010 年第四季度	13.495	1.896	0.751	8.854	12.854
2011 年第一季度	13.538	1.885	1.025	8.897	11.467
2011 年第二季度	13.558	1.872	1.168	8.935	12.227
2011 年第三季度	13.577	1.859	1.342	8.939	12.673
2011 年第四季度	13.655	1.847	1.259	8.975	13.012
2012 年第一季度	13.699	1.842	1.236	9.032	11.624
2012 年第二季度	13.731	1.842	1.001	9.086	12.384
2012 年第三季度	13.750	1.846	1.047	9.115	12.831
2012 年第四季度	13.789	1.841	0.987	9.131	13.164
2013 年第一季度	13.851	1.837	0.918	9.193	11.738
2013 年第二季度	13.869	1.825	1.386	9.222	12.490
2013 年第三季度	13.890	1.819	1.248	9.240	12.932
2013 年第四季度	13.917	1.813	1.395	9.250	13.263
2014 年第一季度	13.965	1.811	1.138	9.303	11.831
2014 年第二季度	14.006	1.818	0.997	9.348	12.581
2014 年第三季度	14.000	1.818	1.158	9.343	13.023
2014 年第四季度	14.021	1.814	1.099	9.356	13.355

续表

时间	lnM2	lnexchange	lnshior	lndk	lnGDP
2015 年第一季度	14.059	1.814	1.254	9.454	11.908
2015 年第二季度	14.103	1.812	0.579	9.504	12.659
2015 年第三季度	14.123	1.835	0.579	9.515	13.100

注：实际贷款余额和实际 GDP 均是由名义值除以实际 CPI 而来。

资料来源：中国人民银行货币政策分析小组，《中国区域金融运行报告》（各年），http://www.pbc.gov.cn/zhengcehuobisi/125207/125227/125960/126049/3564964/3564228/index.html

附录 2　　　我国 31 省（区、市）实际 GDP 平减指数

省（区、市）	2008Q1	2008Q2	2008Q3	2008Q4	2009Q1	2009Q2	2009Q3	2009Q4
北京	1.025	1.102	1.083	1.068	1.102	0.990	0.982	1.028
天津	1.072	1.098	1.103	1.087	0.993	0.920	0.929	1.013
河北	1.084	1.093	1.084	1.061	0.940	0.937	0.943	0.956
山西	1.104	1.151	1.151	1.125	1.043	0.998	0.939	1.006
内蒙古	1.109	1.118	1.131	1.100	1.000	0.985	0.977	1.072
辽宁	1.088	1.105	1.102	1.080	0.969	0.952	0.954	0.990
吉林	1.069	1.088	1.101	1.060	0.995	0.966	0.968	0.990
黑龙江	1.033	1.043	1.049	1.050	0.885	0.869	0.843	0.898
上海	1.037	1.065	1.050	1.040	1.005	0.959	0.961	1.005
江苏	1.064	1.067	1.072	1.056	0.987	0.981	0.980	1.000
浙江	1.056	1.064	1.066	1.047	0.973	0.955	0.960	0.976
安徽	1.071	1.075	1.067	1.072	0.979	0.966	1.013	1.003
福建	1.050	1.061	1.055	1.046	0.981	0.965	0.966	0.986
江西	1.094	1.093	1.091	1.052	0.959	0.946	0.948	1.035
山东	1.058	1.073	1.072	1.071	0.977	0.969	0.963	0.972
河南	1.121	1.109	1.104	1.091	1.043	0.964	0.958	0.950
湖北	1.094	1.104	1.105	1.092	1.019	0.972	0.972	0.950
湖南	1.098	1.118	1.104	1.082	0.981	0.966	0.963	1.020
广东	1.063	1.068	1.066	1.057	1.010	0.964	0.962	1.000
广西	1.095	1.119	1.118	1.080	0.972	0.942	0.949	0.943
海南	1.097	1.113	1.077	1.081	0.993	0.975	0.968	1.010
重庆	1.080	1.089	1.075	1.084	0.983	0.980	0.978	1.115
四川	1.098	1.120	1.108	1.087	0.994	0.983	0.978	0.988
贵州	1.112	1.130	1.124	1.116	0.999	0.980	0.972	1.050

省（区、市）	2008Q1	2008Q2	2008Q3	2008Q4	2009Q1	2009Q2	2009Q3	2009Q4
云南	1.105	1.098	1.093	1.088	1.076	0.951	0.951	0.965
西藏	1.074	1.071	1.031	1.051	0.975	0.996	0.991	0.992
陕西	1.087	1.107	1.115	1.104	1.032	0.983	0.981	1.052
甘肃	1.103	1.104	1.119	1.069	0.934	0.937	0.950	0.968
青海	1.078	1.147	1.133	1.121	1.014	0.949	0.945	1.021
宁夏	1.100	1.181	1.179	1.174	1.060	0.989	1.002	1.089
新疆	1.175	1.215	1.154	1.084	0.757	0.781	0.850	0.941

省（区、市）	2010Q1	2010Q2	2010Q3	2010Q4	2011Q1	2011Q2	2011Q3	2011Q4
北京	1.080	1.072	1.086	1.054	1.037	1.078	1.083	1.075
天津	1.101	1.103	1.095	1.034	1.051	1.065	1.066	1.055
河北	1.070	1.060	1.060	1.057	1.079	1.089	1.094	1.078
山西	1.156	1.135	1.123	1.083	1.079	1.094	1.115	1.081
内蒙古	1.146	1.153	1.146	1.043	1.061	1.076	1.075	1.069
辽宁	1.167	1.209	1.205	1.063	1.059	1.073	1.070	1.075
吉林	1.051	1.058	1.059	1.047	1.050	1.072	1.080	1.080
黑龙江	1.129	1.152	1.148	1.097	1.046	1.076	1.081	1.089
上海	1.052	1.071	1.063	1.030	1.047	1.059	1.047	1.051
江苏	1.068	1.087	1.086	1.067	1.082	1.076	1.076	1.071
浙江	1.007	1.048	1.054	1.067	1.066	1.134	1.101	1.078
安徽	1.063	1.063	1.068	1.065	1.085	1.096	1.104	1.086
福建	1.033	1.051	1.050	1.056	1.094	1.088	1.081	1.081
江西	1.197	1.203	1.191	1.091	1.090	1.091	1.097	1.091
山东	1.029	1.046	1.045	1.036	1.063	1.056	1.052	1.039
河南	1.010	1.028	1.036	1.056	1.067	1.066	1.080	1.064
湖北	1.045	1.108	1.115	1.073	1.070	1.089	1.074	1.089
湖南	1.080	1.105	1.100	1.074	1.083	1.135	1.140	1.095
广东	1.056	1.070	1.070	1.037	1.046	1.081	1.064	1.053
广西	1.045	1.046	1.043	1.081	1.086	1.097	1.098	1.098
海南	1.153	1.131	1.130	1.076	1.091	1.087	1.096	1.094
重庆	1.380	1.332	1.268	1.033	1.043	1.051	1.068	1.089
四川	1.042	1.067	1.064	1.037	1.073	1.093	1.094	1.082
贵州	1.080	1.124	1.124	1.046	1.056	1.065	1.067	1.079

续表

省（区、市）	2010Q1	2010Q2	2010Q3	2010Q4	2011Q1	2011Q2	2011Q3	2011Q4
云南	1.063	1.063	1.053	1.042	1.037	1.049	1.059	1.066
西藏	1.001	1.028	1.030	1.024	1.111	1.061	1.090	1.059
陕西	1.156	1.152	1.151	1.069	1.065	1.077	1.074	1.086
甘肃	1.072	1.093	1.103	1.090	1.089	1.094	1.093	1.079
青海	1.169	1.154	1.146	1.083	1.070	1.073	1.071	1.067
宁夏	1.159	1.177	1.200	1.086	1.083	1.110	1.118	1.120
新疆	1.220	1.174	1.147	1.146	1.109	1.140	1.104	1.067
省（区、市）	2012Q1	2012Q2	2012Q3	2012Q4	2013Q1	2013Q2	2013Q3	2013Q4
北京	1.002	1.050	1.034	1.032	1.010	1.014	1.008	1.017
天津	0.998	1.008	1.008	1.012	1.004	0.997	0.988	0.991
河北	1.020	1.015	1.005	1.001	0.990	0.990	0.986	0.984
山西	1.027	1.024	1.002	0.991	0.956	0.954	0.951	0.955
内蒙古	1.017	1.026	1.011	1.005	0.991	0.974	0.963	0.966
辽宁	1.028	1.034	1.028	1.028	1.010	1.008	1.004	1.004
吉林	1.027	1.018	1.009	1.012	0.996	0.994	0.998	1.004
黑龙江	1.035	0.979	0.977	0.993	0.972	0.942	0.962	0.973
上海	0.992	0.972	0.975	0.974	0.997	0.988	1.000	0.998
江苏	1.001	1.008	1.004	1.010	0.995	0.992	0.986	0.999
浙江	0.995	1.003	0.994	1.001	0.997	0.991	0.999	1.003
安徽	1.030	1.009	1.009	1.016	0.999	0.995	0.983	1.002
福建	1.019	1.018	1.015	1.016	1.007	0.997	1.001	0.995
江西	1.024	0.991	1.007	1.007	1.001	0.991	0.996	1.006
山东	1.016	1.005	1.000	1.003	1.001	0.982	0.997	0.998
河南	1.029	0.989	0.989	0.994	1.004	0.992	0.976	0.990
湖北	1.049	1.032	1.019	1.020	1.012	1.010	1.010	1.007
湖南	1.034	1.014	1.012	1.014	1.003	1.002	1.001	1.005
广东	1.018	1.042	1.020	1.001	1.010	1.001	1.007	1.004
广西	1.016	1.014	1.003	0.999	0.988	0.989	0.985	1.001
海南	1.050	1.038	1.028	1.040	1.019	1.003	0.997	1.003
重庆	1.070	1.046	1.024	1.008	0.960	0.979	0.942	0.984
四川	1.027	1.001	1.005	1.007	0.998	0.998	0.992	1.001
贵州	1.099	1.075	1.064	1.050	1.021	1.035	1.032	1.046

省（区、市）	2012Q1	2012Q2	2012Q3	2012Q4	2013Q1	2013Q2	2013Q3	2013Q4
云南	1.034	1.035	1.031	1.043	1.008	0.991	1.005	1.014
西藏	1.032	1.029	1.028	1.027	1.028	1.025	1.031	1.036
陕西	1.041	1.037	1.031	1.033	1.002	0.998	0.995	0.391
甘肃	1.020	0.988	0.976	1.003	0.938	0.981	0.985	1.001
青海	1.003	1.031	1.023	1.027	1.006	1.012	0.997	1.006
宁夏	1.028	1.029	1.003	1.013	0.992	0.994	1.000	1.004
新疆	1.025	1.030	1.004	1.030	1.000	1.006	1.000	1.009

省（区、市）	2014Q1	2014Q2	2014Q3	2014Q4	2015Q1	2015Q2	2015Q3	
北京	1.005	1.000	1.000	1.019	1.013	1.012	1.015	
天津	0.989	0.990	0.987	0.995	1.064	1.003	1.015	
河北	0.980	0.980	0.976	0.976	1.046	0.949	0.920	
山西	0.956	0.955	0.955	0.965	0.955	0.928	0.961	
内蒙古	1.001	0.962	0.959	0.979	0.968	0.946	0.961	
辽宁	0.996	0.999	0.995	0.999	0.991	0.960	0.976	
吉林	0.995	1.001	0.990	0.998	0.980	0.984	0.991	
黑龙江	0.974	0.976	0.976	0.990	0.924	0.912	0.927	
上海	1.006	1.006	1.003	1.019	1.027	1.014	1.007	
江苏	0.997	1.002	1.000	1.012	1.046	1.038	1.034	
浙江	1.000	0.989	0.989	0.993	0.992	0.990	0.988	
安徽	0.992	0.996	0.990	1.003	0.983	0.982	0.977	
福建	0.994	1.002	1.000	1.006	0.994	0.990	0.989	
江西	0.995	1.000	0.999	0.999	1.062	1.022	0.981	
山东	0.996	0.994	0.995	1.000	1.000	0.982	0.989	
河南	0.981	0.996	0.997	0.998	0.968	0.984	0.978	
湖北	1.001	1.006	1.008	1.011	0.985	1.000	0.995	
湖南	0.991	1.003	1.003	1.008	0.986	0.985	1.005	
广东	1.009	1.009	1.006	1.012	1.023	1.038	1.011	
广西	1.004	1.004	1.004	1.005	0.995	0.991	0.985	
海南	1.034	1.023	1.015	1.025	0.984	1.003	0.996	
重庆	0.987	0.994	0.993	1.016	1.001	1.012	1.067	
四川	1.000	1.004	0.996	1.002	0.987	0.970	0.990	
贵州	1.041	1.050	1.091	0.712	0.612	0.784	0.791	

续表

省（区、市）	2014Q1	2014Q2	2014Q3	2014Q4	2015Q1	2015Q2	2015Q3	
云南	1.008	0.996	1.008	14.677	14.148	13.582	12.418	
西藏	1.032	1.012	1.038	0.052	0.054	0.052	0.058	
陕西	0.328	0.335	0.382	0.994	0.962	0.977	0.971	
甘肃	0.955	0.978	0.982	2.987	2.694	2.503	2.782	
青海	0.990	0.987	0.983	0.822	0.895	0.874	0.802	
宁夏	0.996	0.990	0.994	0.305	0.341	0.349	0.314	
新疆	0.990	0.987	0.983	1.007	0.897	1.122	1.005	

资料来源：中国人民银行货币政策分析小组，《中国区域金融运行报告》（各年），http://www.pbc.gov.cn/zhengcehuobisi/125207/125227/125960/126049/3564964/3564228/index.html

附录3　　　　我国31省（区、市）实际贷款余额

省（区、市）	2008Q1	2008Q2	2008Q3	2008Q4	2009Q1	2009Q2	2009Q3	2009Q4
北京	9.992	10.009	10.034	10.041	10.149	10.268	10.291	10.343
天津	8.846	8.880	8.889	8.948	9.131	9.238	9.279	9.319
河北	9.095	9.132	9.163	9.160	9.344	9.428	9.467	9.494
山西	8.653	8.686	8.711	8.706	8.815	8.904	8.956	8.977
内蒙古	8.310	8.357	8.396	8.426	8.570	8.687	8.752	8.762
辽宁	9.342	9.374	9.401	9.421	9.538	9.636	7.350	9.694
吉林	8.451	8.480	8.483	8.495	8.645	8.695	8.731	8.748
黑龙江	8.436	8.457	8.462	8.433	8.599	8.661	8.709	8.724
上海	10.034	10.067	10.093	10.093	10.178	10.245	10.283	10.298
江苏	10.110	10.147	10.179	10.207	10.383	10.452	10.487	10.515
浙江	10.182	10.223	10.260	10.298	10.419	10.491	10.548	10.577
安徽	8.780	8.820	8.858	8.858	9.025	9.105	9.122	9.153
福建	9.112	9.141	9.173	9.199	9.315	9.395	9.440	9.465
江西	8.365	8.405	8.435	8.437	8.590	8.675	8.733	8.767
山东	9.870	9.908	9.937	9.949	10.085	10.165	10.196	10.218
河南	9.199	9.253	9.279	9.253	9.376	9.448	9.479	9.515
湖北	9.025	9.047	9.075	9.077	9.235	9.299	9.374	9.397
湖南	8.788	8.820	8.863	8.870	9.022	9.100	9.126	9.163
广东	10.375	10.400	10.416	10.429	10.572	10.653	10.683	10.703
广西	8.446	8.486	8.524	8.539	8.718	8.827	8.872	8.904

省（区、市）	2008Q1	2008Q2	2008Q3	2008Q4	2009Q1	2009Q2	2009Q3	2009Q4
海南	7.091	7.191	7.245	7.232	7.292	7.412	7.488	7.571
重庆	8.582	8.646	8.677	8.741	8.898	9.020	9.068	9.089
四川	9.204	9.274	9.324	9.341	9.477	9.582	9.642	9.679
贵州	8.104	8.143	8.174	8.184	8.283	8.358	8.420	8.449
云南	8.710	8.753	8.783	8.802	8.914	9.002	9.059	9.089
西藏	5.439	5.481	5.502	5.390	5.435	5.466	5.479	5.515
陕西	8.616	8.675	8.710	8.732	8.872	8.976	9.016	9.043
甘肃	7.854	7.894	7.936	7.926	8.036	8.108	8.151	8.227
青海	6.824	6.887	6.920	6.941	7.034	7.158	7.203	7.264
宁夏	7.134	7.191	7.222	7.254	7.368	7.466	7.508	7.565
新疆	7.963	7.969	8.007	7.979	8.088	8.137	8.226	8.282
省（区、市）	2010Q1	2010Q2	2010Q3	2010Q4	2011Q1	2011Q2	2011Q3	2011Q4
北京	10.396	10.420	10.451	10.505	10.535	10.542	10.558	10.588
天津	9.386	9.450	9.489	9.531	9.575	9.616	9.643	9.676
河北	9.567	9.613	9.649	9.677	9.728	9.766	9.789	9.823
山西	9.049	9.096	9.146	9.183	9.226	9.264	9.295	9.330
内蒙古	8.864	8.910	8.949	8.986	9.056	9.100	9.131	9.191
辽宁	9.748	9.813	9.842	9.884	9.916	9.967	9.998	10.036
吉林	8.814	8.844	8.857	8.893	8.916	8.957	8.977	9.017
黑龙江	8.790	8.839	8.864	8.908	8.960	9.000	9.020	9.078
上海	10.363	10.396	10.418	10.439	10.459	10.490	10.512	10.524
江苏	10.590	10.635	10.670	10.696	10.736	10.772	10.798	10.825
浙江	10.649	10.693	10.728	10.757	10.796	10.833	10.857	10.883
安徽	9.225	9.283	9.334	9.370	9.433	9.475	9.514	9.557
福建	9.536	9.593	9.638	9.675	9.741	9.787	9.814	9.851
江西	8.836	8.896	8.939	8.967	9.024	9.069	9.103	9.138
山东	10.279	10.316	10.364	10.390	10.431	10.469	10.499	10.533
河南	9.555	9.618	9.646	9.681	9.700	9.734	9.760	9.778
湖北	9.463	9.513	9.550	9.592	9.583	9.617	9.650	9.705
湖南	9.233	9.283	9.320	9.352	9.394	9.435	9.468	9.508
广东	10.767	10.800	10.827	10.855	10.891	10.929	10.954	10.979
广西	8.977	9.025	9.059	9.103	9.161	9.207	9.236	9.273

省（区、市）	2010Q1	2010Q2	2010Q3	2010Q4	2011Q1	2011Q2	2011Q3	2011Q4
海南	7.661	7.729	7.785	7.828	7.893	7.965	8.012	8.069
重庆	9.158	9.211	9.251	9.306	9.369	9.432	9.464	9.488
四川	9.748	9.802	9.843	9.877	9.917	9.958	9.988	10.022
贵州	8.516	8.573	8.615	8.661	8.714	8.756	8.797	8.836
云南	9.150	9.200	9.242	9.278	9.328	9.363	9.384	9.421
西藏	5.555	5.595	5.634	5.710	5.748	5.814	5.896	6.014
陕西	9.109	9.177	9.206	9.232	9.280	9.326	9.358	9.401
甘肃	8.297	8.370	8.410	8.429	8.499	8.555	8.598	8.655
青海	7.316	7.385	7.433	7.514	7.558	7.609	7.653	7.714
宁夏	7.653	7.703	7.752	7.791	7.853	7.908	7.936	7.975
新疆	8.364	8.421	8.507	8.559	8.635	8.679	8.744	8.795
省（区、市）	2012Q1	2012Q2	2012Q3	2012Q4	2013Q1	2013Q2	2013Q3	2013Q4
北京	10.623	10.645	10.654	10.673	10.712	10.736	10.759	10.776
天津	9.718	9.756	9.782	9.820	9.855	9.888	9.921	9.945
河北	9.866	9.912	9.944	9.967	10.020	10.057	10.084	10.103
山西	9.399	9.443	9.470	9.489	9.526	9.566	9.597	9.618
内蒙古	9.255	9.297	9.329	9.341	9.398	9.439	9.464	9.477
辽宁	10.071	10.113	10.138	10.178	10.502	10.525	10.549	10.563
吉林	9.066	9.102	9.123	9.135	9.193	9.244	9.262	9.288
黑龙江	9.163	9.210	9.224	9.236	9.305	9.331	9.344	9.374
上海	10.553	10.578	10.601	10.621	10.649	10.667	10.691	10.700
江苏	10.870	10.907	10.942	10.962	11.013	11.041	11.064	11.081
浙江	10.914	10.944	10.971	10.994	11.031	11.055	11.074	11.087
安徽	9.599	9.655	9.693	9.729	9.781	9.829	9.867	9.888
福建	9.907	9.949	9.982	10.018	10.069	10.103	10.139	10.164
江西	9.190	9.238	9.286	9.313	9.376	9.413	9.456	9.481
山东	10.575	10.611	10.646	10.667	10.715	10.735	10.755	10.778
河南	9.815	9.862	9.900	9.918	9.975	10.006	10.038	10.065
湖北	9.744	9.796	9.831	9.854	9.923	9.959	9.989	9.994
湖南	9.551	9.598	9.637	9.658	9.712	9.749	9.784	9.806
广东	11.018	11.058	11.091	11.114	11.162	11.190	11.215	11.234
广西	9.326	9.370	9.402	9.422	9.471	9.504	9.531	9.553

续表

省（区、市）	2012Q1	2012Q2	2012Q3	2012Q4	2013Q1	2013Q2	2013Q3	2013Q4
海南	8.114	8.176	8.206	8.266	8.306	8.347	8.383	8.440
重庆	9.541	9.583	9.631	9.655	9.718	9.758	9.777	9.798
四川	10.066	10.110	10.145	10.172	10.219	10.263	10.296	10.319
贵州	8.893	8.952	9.000	9.030	9.093	9.146	9.200	9.226
云南	9.464	9.505	9.530	9.559	9.608	9.635	9.665	9.688
西藏	6.132	6.422	6.506	6.498	6.611	6.688	6.884	6.982
陕西	9.444	9.496	9.532	9.557	9.613	9.668	9.703	9.713
甘肃	8.717	8.791	8.826	8.881	8.943	8.993	9.053	9.085
青海	7.775	7.830	7.878	7.962	8.008	8.067	8.113	8.165
宁夏	8.027	8.084	8.107	8.123	8.179	8.217	8.251	8.281
新疆	8.855	8.912	9.003	9.034	9.071	9.138	9.222	9.247

省（区、市）	2014Q1	2014Q2	2014Q3	2014Q4	2015Q1	2015Q2	2015Q3	
北京	10.829	10.853	10.871	10.890	10.908	10.931	10.979	
天津	9.986	10.012	10.032	10.053	10.093	10.120	10.139	
河北	10.150	10.184	10.216	10.242	10.287	10.323	10.361	
山西	9.658	9.680	9.699	9.715	9.752	9.775	9.798	
内蒙古	9.539	9.573	9.591	9.620	9.673	9.704	9.733	
辽宁	10.594	10.627	10.613	10.625	10.672	10.731	10.737	
吉林	9.367	9.411	9.422	9.449	9.536	9.569	9.591	
黑龙江	9.448	9.473	9.476	9.532	9.604	9.628	9.643	
上海	10.739	10.756	10.757	10.777	10.823	10.850	10.880	
江苏	11.122	11.153	11.171	11.191	11.230	11.261	11.286	
浙江	11.123	11.142	11.156	11.176	11.207	11.230	11.236	
安徽	9.937	9.985	10.010	10.033	10.076	10.116	10.140	
福建	10.221	10.252	10.281	10.311	10.352	10.378	10.406	
江西	9.546	9.582	9.620	9.661	9.718	9.764	9.790	
山东	10.828	10.857	10.868	10.890	10.926	10.948	10.972	
河南	10.110	10.163	10.196	10.225	10.279	10.321	10.353	
湖北	10.046	10.092	10.107	10.138	10.197	10.221	10.253	
湖南	9.855	9.889	9.914	9.942	9.994	10.040	10.073	
广东	11.280	11.307	11.329	11.349	11.386	11.421	11.450	
广西	9.599	9.639	9.669	9.685	9.737	9.758	9.785	

续表

省（区、市）	2014Q1	2014Q2	2014Q3	2014Q4	2015Q1	2015Q2	2015Q3	
海南	8.493	8.529	8.556	8.593	8.678	8.739	8.771	
重庆	9.847	9.878	9.912	9.935	9.980	10.023	10.045	
四川	10.368	10.409	10.432	10.456	10.494	10.524	10.550	
贵州	9.282	9.348	9.391	9.429	9.495	9.550	9.593	
云南	9.727	9.761	9.784	9.818	9.875	9.911	9.935	
西藏	7.097	7.226	7.305	7.390	7.495	7.556	7.574	
陕西	9.762	9.805	9.830	9.861	9.909	9.953	9.125	
甘肃	9.145	9.206	9.267	9.313	9.379	9.445	9.475	
青海	8.213	8.293	8.325	8.367				
宁夏	8.331	8.382	8.417	8.436	8.475	8.502	8.531	
新疆	9.285	9.335	9.379	9.412	9.453	9.480	9.502	

资料来源：中国人民银行货币政策分析小组，《中国区域金融运行报告》（各年），http：// www.pbc.gov.cn/zhengcehuobisi/125207/125227/125960/126049/3564964/3564228/index.html

附录 4　　　　　　　各变量原始数据平稳性检验

变量	检验形式 （C，T，P）	ADF 值	信息准则	Prob	平稳性
LnM2	（C，0，4）	−3.486	SIC	0.016 **	平稳
LnDK	（C，T，4）	−2.913	SIC	0.056 **	平稳
LnGDP	（C，0，4）	−3.092	SIC	0.038 **	平稳
Lnpj	（C，0，4）	−2.434	SIC	0.142	不平稳
LnGDP01	（C，T，4）	−1.379	SIC	0.847	不平稳
LnGDP02	（C，T，4）	−0.736	SIC	0.961	不平稳
LnGDP03	（C，T，4）	−1.292	SIC	0.868	不平稳
LnGDP04	（C，T，4）	−0.369	SIC	0.984	不平稳
LnGDP05	（C，T，4）	−0.299	SIC	0.987	不平稳
LnGDP06	（C，T，4）	−0.474	SIC	0.979	不平稳
LnGDP07	（C，T，4）	−0.639	SIC	0.969	不平稳
LnGDP08	（C，T，4）	−1.130	SIC	0.907	不平稳
LnGDP09	（C，T，4）	−1.707	SIC	0.723	不平稳
LnGDP10	（C，T，4）	−0.530	SIC	0.976	不平稳
LnGDP11	（C，T，4）	−0.787	SIC	0.956	不平稳

变量	检验形式 (C, T, P)	ADF 值	信息准则	Prob	平稳性
LnGDP12	(C, T, 4)	0.107	SIC	0.996	不平稳
LnGDP13	(C, T, 4)	−0.012	SIC	0.927	不平稳
LnGDP14	(C, T, 4)	−0.883	SIC	0.945	不平稳
LnGDP15	(C, T, 4)	−0.760	SIC	0.959	不平稳
LnGDP16	(C, T, 4)	−2.662	SIC	0.258	不平稳
LnGDP17	(C, T, 4)	−0.586	SIC	0.973	不平稳
LnGDP18	(C, T, 4)	−1.147	SIC	0.903	不平稳
LnGDP19	(C, T, 4)	−1.515	SIC	0.802	不平稳
LnGDP20	(C, T, 4)	−1.132	SIC	0.906	不平稳
LnGDP21	(C, T, 4)	1.297	SIC	1.000	不平稳
LnGDP22	(C, T, 4)	−1.132	SIC	0.906	不平稳
LnGDP23	(C, T, 4)	−0.438	SIC	0.981	不平稳
LnGDP24	(C, T, 4)	−1.583	SIC	0.773	不平稳
LnGDP25	(C, T, 4)	−0.936	SIC	0.938	不平稳
LnGDP26	(C, T, 4)	−0.842	SIC	0.950	不平稳
LnGDP27	(C, T, 4)	−1.634	SIC	0.754	不平稳
LnGDP28	(C, T, 4)	−0.505	SIC	0.978	不平稳
LnGDP29	(C, 0, 4)	−0.879	SIC	0.781	不平稳
LnGDP30	(C, 0, 4)	0.434	SIC	0.981	不平稳
LnGDP31	(C, T, 4)	−2.073	SIC	0.539	不平稳
Lnpj01	(C, 0, 4)	−3.001	SIC	0.046 **	平稳
Lnpj02	(C, 0, 4)	−4.003	SIC	0.005 ***	平稳
Lnpj03	(C, 0, 4)	−2.043	SIC	0.268	不平稳
Lnpj04	(C, 0, 4)	−2.480	SIC	0.130	不平稳
Lnpj05	(C, 0, 4)	−1.751	SIC	0.397	不平稳
Lnpj06	(C, 0, 4)	−3.035	SIC	0.043 **	平稳 **
Lnpj07	(C, 0, 4)	−3.509	SIC	0.015 **	平稳
Lnpj08	(C, 0, 4)	−2.855	SIC	0.063 *	平稳
Lnpj09	(C, 0, 4)	−3.648	SIC	0.011 ***	平稳
Lnpj10	(C, 0, 4)	−1.966	SIC	0.299	不平稳
Lnpj11	(C, 0, 4)	−2.619	SIC	0.101	不平稳

变量	检验形式 （C，T，P）	ADF 值	信息准则	Prob	平稳性
Lnpj12	（C，0，4）	−1.703	SIC	0.420	不平稳
Lnpj13	（C，0，4）	−2.372	SIC	0.158	不平稳
Lnpj14	（C，0，4）	−3.087	SIC	0.039 **	平稳
Lnpj15	（C，0，4）	−2.808	SIC	0.070 *	平稳
Lnpj16	（C，0，4）	−3.267	SIC	0.026 **	平稳
Lnpj17	（C，0，4）	−3.153	SIC	0.034 **	平稳
Lnpj18	（C，0，4）	−2.348	SIC	0.165	不平稳
Lnpj19	（C，0，4）	−3.414	SIC	0.019 **	平稳
Lnpj20	（C，0，4）	−2.102	SIC	0.245	不平稳
Lnpj21	（C，0，4）	−2.167	SIC	0.222	不平稳
Lnpj22	（C，0，4）	−1.719	SIC	0.411	不平稳
Lnpj23	（C，0，4）	−3.157	SIC	0.033 **	平稳
Lnpj24	（C，0，4）	−1.257	SIC	0.636	不平稳
Lnpj25	（C，0，4）	−3.000	SIC	0.048 **	平稳
Lnpj26	（C，0，4）	−0.340	SIC	0.907	不平稳
Lnpj27	（C，0，4）	−0.012	SIC	0.909	不平稳
Lnpj28	（C，0，4）	−0.249	SIC	0.921	不平稳
Lnpj29	（C，0，4）	−1.001	SIC	0.740	不平稳
Lnpj30	（C，0，4）	−0.100	SIC	0.941	不平稳
Lnpj31	（C，0，4）	−2.747	SIC	0.078 *	平稳
LnDK01	（C，T，4）	4.948	SIC	0.002 **	平稳
LnDK02	（C，T，4）	−4.459	SIC	0.007 ***	平稳
LnDK03	（C，T，4）	−4.917	SIC	0.002 **	平稳
LnDK04	（C，T，4）	−4.682	SIC	0.005 ***	平稳
LnDK05	（C，T，4）	−4.870	SIC	0.003 ***	平稳
LnDK06	（C，T，4）	−6.473	SIC	0.000 ***	平稳
LnDK07	（C，T，4）	−4.914	SIC	0.002 ***	平稳
LnDK08	（C，T，4）	−4.050	SIC	0.018 **	平稳
LnDK09	（C，T，4）	−7.751	SIC	0.000 ***	平稳
LnDK10	（C，T，4）	−5.329	SIC	0.001 ***	平稳
LnDK11	（C，T，4）	−5.832	SIC	0.000 ***	平稳

变量	检验形式 (C, T, P)	ADF 值	信息准则	Prob	平稳性
LnDK12	(C, T, 4)	-5.281	SIC	0.001 ***	平稳
LnDK13	(C, T, 4)	-4.749	SIC	0.004 ***	平稳
LnDK14	(C, T, 4)	-4.711	SIC	0.004 ***	平稳
LnDK15	(C, T, 4)	-4.297	SIC	0.010 **	平稳
LnDK16	(C, T, 4)	-4.280	SIC	0.011 **	平稳
LnDK17	(C, T, 4)	-4.827	SIC	0.003 ***	平稳
LnDK18	(C, T, 4)	-4.275	SIC	0.011 **	平稳
LnDK19	(C, T, 4)	-5.928	SIC	0.000 ***	平稳
LnDK20	(C, T, 4)	-5.115	SIC	0.002 ***	平稳
LnDK21	(C, T, 4)	-5.347	SIC	0.001 ***	平稳
LnDK22	(C, T, 4)	-5.243	SIC	0.001 ***	平稳
LnDK23	(C, T, 4)	-6.446	SIC	0.000 ***	平稳
LnDK24	(C, T, 4)	-5.528	SIC	0.001 ***	平稳
LnDK25	(C, T, 4)	-5.493	SIC	0.001 ***	平稳
LnDK26	(C, 0, 4)	-0.077	SIC	0.943	不平稳
LnDK27	(C, T, 4)	-4.865	SIC	0.003 ***	平稳
LnDK28	(C, T, 4)	-6.238	SIC	0.000 ***	平稳
LnDK29	(C, T, 4)	-5.471	SIC	0.001 ***	平稳
LnDK30	(C, T, 4)	-6.131	SIC	0.000 ***	平稳
LnDK31	(C, T, 4)	-5.102	SIC	0.002 ***	平稳

注：＊10%显著；＊＊5%显著；＊＊＊1%显著。
资料来源：作者计算。

附录 5   **各变量一阶差分后平稳性**

变量	检验形式 (C, T, P)	ADF 值	信息准则	Prob	平稳性
ΔLnpj	(C, 0, 4)	-3.969	SIC	0.005 ***	平稳
ΔLnGDP01	(C, T, 4)	-5.521	SIC	0.001 ***	平稳
ΔLnGDP02	(C, T, 4)	-5.819	SIC	0.000 ***	平稳
ΔLnGDP03	(C, T, 4)	-5.531	SIC	0.001 ***	平稳
ΔLnGDP04	(C, T, 4)	-4.432	SIC	0.011 **	平稳

续表

变量	检验形式 （C，T，P）	ADF 值	信息准则	Prob	平稳性
ΔLnGDP05	（C，T，4）	−4.340	SIC	0.009 **	平稳
ΔLnGDP06	（C，T，4）	−4.856	SIC	0.003 ***	平稳
ΔLnGDP07	（C，T，4）	−7.904	SIC	0.000 ***	平稳
ΔLnGDP08	（C，T，4）	−4.472	SIC	0.007 ***	平稳
ΔLnGDP09	（C，T，4）	−5.033	SIC	0.002 ***	平稳
ΔLnGDP10	（C，T，4）	−4.885	SIC	0.003 ***	平稳
ΔLnGDP11	（C，T，4）	−5.337	SIC	0.001 ***	平稳
ΔLnGDP12	（C，T，4）	−5.393	SIC	0.001 ***	平稳
ΔLnGDP13	（C，T，4）	−5.520	SIC	0.001 ***	平稳
ΔLnGDP14	（C，T，4）	−4.034	SIC	0.019 **	平稳
ΔLnGDP15	（C，T，4）	−6.036	SIC	0.000 ***	平稳
ΔLnGDP16	（C，T，4）	−6.202	SIC	0.000 ***	平稳
ΔLnGDP17	（C，T，4）	−4.145	SIC	0.015 **	平稳
ΔLnGDP18	（C，T，4）	−3.439	SIC	0.066 *	平稳
ΔLnGDP19	（C，T，4）	−5.391	SIC	0.001 ***	平稳
ΔLnGDP20	（C，T，4）	−4.030	SIC	0.019 **	平稳
ΔLnGDP21	（C，T，4）	−7.921	SIC	0.000 ***	平稳
ΔLnGDP22	（C，T，4）	−4.873	SIC	0.003 ***	平稳
ΔLnGDP23	（C，T，4）	−4.686	SIC	0.004 ***	平稳
ΔLnGDP24	（C，T，4）	−9.732	SIC	0.000 ***	平稳
ΔLnGDP25	（C，T，4）	−4.485	SIC	0.007 ***	平稳
ΔLnGDP26	（C，T，4）	−3.801	SIC	0.033 **	平稳
ΔLnGDP27	（C，T，4）	−3.878	SIC	0.027 **	平稳
ΔLnGDP28	（C，T，4）	−4.572	SIC	0.005 ***	平稳
ΔLnGDP29	（C，0，4）	−6.770	SIC	0.000 ***	平稳
ΔLnGDP30	（C，0，4）	−5.134	SIC	0.000 ***	平稳
ΔLnGDP31	（C，T，4）	−4.889	SIC	0.003 ***	平稳
ΔLnpj03	（C，0，4）	−5.285	SIC	0.000 ***	平稳
ΔLnpj10	（C，0，4）	−4.378	SIC	0.002 ***	平稳
ΔLnpj11	（C，0，4）	−3.544	SIC	0.014 **	平稳
ΔLnpj12	（C，0，4）	−4.963	SIC	0.000 ***	平稳

变量	检验形式 （C，T，P）	ADF 值	信息准则	Prob	平稳性
ΔLnpj13	（C，0，4）	−3.989	SIC	0.005 ***	平稳
ΔLnpj18	（C，0，4）	−4.014	SIC	0.005 ***	平稳
ΔLnpj20	（C，0，4）	−4.407	SIC	0.002 ***	平稳
ΔLnpj21	（C，0，4）	−4.753	SIC	0.001 ***	平稳
ΔLnpj22	（C，0，4）	−4.986	SIC	0.000 ***	平稳
ΔLnpj24	（C，0，4）	−4.938	SIC	0.000 ***	平稳
ΔLnpj26	（C，0，4）	−4.853	SIC	0.001 ***	平稳
ΔLnpj27	（C，0，4）	−6.354	SIC	0.000 ***	平稳
ΔLnpj28	（C，0，4）	−5.860	SIC	0.000 ***	平稳
ΔLnpj29	（C，0，4）	−5.546	SIC	0.000 ***	平稳
ΔLnpj30	（C，0，4）	−5.801	SIC	0.000 ***	平稳
ΔLndk26	（C，0，4）	−3.248	SIC	0.027 ***	平稳

注：＊10%显著；＊＊5%显著；＊＊＊1%显著。
资料来源：作者计算。

第3章 金融结构、产业结构与经济波动

——基于中国省际面板数据理论与实证研究

王柄权　郑长德

3.1 引言

3.1.1 现实背景

经济波动是宏观经济研究的重要领域，波动的状态和走势是判断一个国家和地区经济运行状况和制定宏观经济政策的重要依据。然而，由于经济波动的影响因素较多，错综复杂，很难分离影响经济波动的各种因素，并对经济波动事先作出较为准确的判断，难以为政策制定提供可靠的依据。

作为经济的一个子系统，金融在现代经济中的地位越来越突出，其功能主要体现在如下三个方面：第一，动员资金的功能。一个好的金融体系能够很好地将社会闲散资金聚集起来。第二，配置资金的功能。一个运行有效的金融体系能够将聚集起来的资金配置到效率最高的各个部门，实现生产剩余的最大化。第三，分散风险的功能。一个良好的金融系统能够有效地降低参与个体所面临的风险，同时，避免金融危机的发生。金融的演进表现在总量的扩张和金融结构的变化这两个维度上。金融对经济运行产生深远的影响，而影响的实现有赖于金融系统内部的关系结构。这种结构既是金融功能的体现，反过来，也会影响金融功能的发挥，从而影响经济的运行。自1990年我国建立股票市场以来，我国的金融结构（融资结构）发生了深刻的变化，从以前的全部以银行间接融资到现在的间接融资和股票市场的直接融资各占一定比例。进入20世纪90年代以来，我国的经济波动特征也出现了显著变化，由"大起大落"

转向"高位平稳"，稳定性逐渐增强（刘树成，2005）。金融结构的变化和经济波动的趋于平稳，两者间是否存在联系是值得我们研究的问题。目前的研究大多集中于从金融发展和产业结构的视角研究经济波动，而将金融结构、产业结构、经济波动三者统一起来研究的则较少。

3.1.2 理论背景

3.1.2.1 经济周期的相关理论

宏观经济中的繁荣、衰退的交替出现是经济学家们主要关心的问题，不同流派的经济学家对此提出了不同的理论解释。介绍如下几个方面。

（1）马克思对经济波动的解释。马克思的经济波动理论从经济波动的根源、实质和其周期性等方面进行了阐释。马克思认为，在物物交换的经济中，买和卖的行为在空间和时间上是同步完成的，不存在供需脱节，因此，总供应和总需求总是平衡的，不会发生生产过剩的危机。随着货币的出现，经济危机的可能性便出现了。由于货币作为流通手段，使商品的买和卖在时间上和空间上分离，从而发生买与卖的脱节，商品有卖不出去的可能。同时，货币作为支付手段，会构成支付的连锁关系，一旦有债务人到期不能支付，就会引发连锁反应，使一系列支付关系不能完成，影响整个信用体系和社会再生产的正常进行。但是，在简单的商品经济条件下，这种危机的可能性并不会很快成为现实。因为占统治位置的是自然经济，商品经济所占比重小，即使买卖脱节和信用关系遭到破坏，涉及小商范围是极端有限的，而且简单商品的经济以手工劳作为基础，消费规模小，商品数量有限，因此，不能够引起整个社会经济生活的混乱和危机。而资本主义经济危机的根源在于资本主义的生产方式，即生产的社会化和生产资料的资本主义私人占有之间的矛盾。具体表现为两点：一是一般企业生产的有组织性与整个社会生产的无政府状态之间的矛盾；二是资本主义生产的无限扩展与普通工人有限的支付能力之间的矛盾。当这两种矛盾开展到尖利的水平，使社会再生产的完成条件遭到严重破坏时，就会出现生产的相对过剩和经济危机。

（2）早期的经济波动理论。

第一，外因理论。外因理论认为，经济波动是由于经济体系以外的因素所导致的。

太阳黑子理论。太阳黑子理论由英国经济学家杰文斯（W. S. Jevons）于

1875 年提出。该理论把经济周期的波动性归因于太阳黑子的周期性变化。在工业革命之前，经济主要以农业为主，太阳黑子的周期性变化会影响气候的周期变化，而这又会影响农业的收成，农业的收成又会影响整个经济。太阳黑子的出现是有周期性的，大约每十年左右出现一次，因而，经济波动的周期也是十年。

政治经济周期理论。这种理论将经济周期的根源归于政府周期性地解决通胀和失业问题所作出的周期性决策。主要代表人物是诺德豪斯。该理论认为，在政府选举时，竞选人为争取选票都会提出刺激经济的计划，当政后，采取措施使经济在短期内取得较好的运行结果以取信于选民。但这样做的消极后果经过一定时滞后也会显现，这时政策必须转向，使经济适应正常发展的要求，经济便呈现出周期性波动。

第二，纯货币理论。纯货币危机理论的主要代表者是英国的霍特里（R. Hawtrey，1879~1971）和货币主义的创始人弗里德曼。纯货币危机理论的最基本特征认为，经济周期和经济危机是纯货币现象。这种理论不仅认为银行系统周期地扩张和紧缩信用是资本主义经济周期性波动唯一充分的原因，而且认为危机之所以产生，完全是由于繁荣后期信用不能无限制地扩大，银行被迫采取的紧缩性信用政策造成的。纯货币理论认为，货币供应量和货币流通度直接决定了名义国民收入的波动，而且极端地认为，经济波动完全是由于银行体系交替扩张和紧缩信用所造成的，其中，短期利率起着重要的作用。

第三，投资过度理论。根据解释投资原因的不同，投资过度理论又可分为两派，一派认为货币引起了投资过度，称为货币投资过度理论；而另一派则认为非货币因素如新发明、新市场开辟等引起了投资过度，称为非货币投资过度理论。

货币投资过度理论。货币投资过度理论的倡导者是奥地利经济学家哈耶克，其基本观点认为，货币金融当局的信用膨胀政策是破坏经济体系均衡，引起经济扩张并由此导致危机和萧条的根本原因。即认为，如果没有信用膨胀，则生产结构失调以及由此产生的危机都不会出现。但并不认为危机为纯货币现象，即不把经济危机完全归因于信用膨胀和经济扩张后期的信用紧缩，而认为危机之所以出现仍是由于货币因素所引起的物质生产领域的两大部门比率的失调，即相对于消费资料的生产部门，生产资料的生产部门过度扩张。

货币投资过度理论认为，只要银行扩张信贷，导致市场利率低于自然利率，工商企业对贷款投资于生产资料如建筑材料和机器等的需求增加。由于该理论是以充分就业为前提，所以，因银行扩张信用引起的对投资和生产资料需求的扩大，只能把原来用于制造消费品的生产资料转用于制造资本品，因而，相应地引起消费品产量的减少和价格的上涨。那些货币收入不变或货币收入的增长落后于消费品价格上涨的消费者，将因消费品价格的上涨而非自愿地缩减他们的消费，这种现象称为"强迫储蓄"。当银行扩张的信用通过资本家的投资变成人们的货币收入之后，消费者势必会恢复他们原有的消费，于是引起消费品的需求比生产资料的需求增长得更多，消费品的供给减少，需求反而增加，消费品价格上涨。银行由于法律或营业习惯的限制，不可能无限地扩大信用。这两个因素共同作用的结果表现为货币资本供给的短缺。货币资本供给的短缺将引起两种结果：一个是工商企业在繁荣阶段进行的投资（建造厂房、添加设备）半途而废不能完成；另一个是已经生产出来的资本品因需求不足而价格下降，存货积压。这就是经济危机。

这一理论所说的投资过多或者生产资料生产过剩，并不是指消费品生产部门因生产过剩而减少对生产资料的需求，而是指资本家的投资活动超过了资本货币的供给，所以，货币的投资过多论可以更确切地称为资本短缺理论，即危机根源于货币资本的供给落后于货币资本的需求。至于货币资本之所以短缺，除了银行停止信用膨胀之外，按照哈耶克的说法，还因为当银行膨胀的信用变成消费者的收入之后，他们将恢复其原有的消费，所以，资本短缺又可视为源于消费过多。按照这一理论，只要消费者减少消费，从而增加储蓄，增加货币资本的供给，就可预防危机的爆发，所以，货币的投资过多理论又可称为消费过多（储蓄不足）危机论。

总之，哈耶克等的危机理论，以充分就业的宏观均衡为出发点。认为危机之所以爆发，乃是导源于充分就业条件下银行部门膨胀信用引起的投资扩张，破坏了社会生产两大部类之间的均衡比例，即生产资料和消费资料之间的比例，也就是说，生产资料的生产部门过度扩张了。

非货币投资过度理论。用非货币因素的投资过度理论来解释危机的代表人物是瑞典经济学家卡塞尔。非货币投资过度理论与货币投资过度理论的主要区别是非货币投资过度理论着重从生产过程本身来解释危机，并不是把货币因素看成引起经济周期的最初因素。在这一理论中，货币信贷膨胀是经济扩张的必要条件，但货币因素仍处于从属的被动地位。非货币投资过度理论认为，高涨的主要动因是新技术的发明、新市场的开拓以及萧条阶段的低利率。这些因素促进投资活跃，于是生产资料和耐用消费品的生产大量增加，这就是经济的高涨阶段。当经济高涨达到后期，由于货币工资上涨和生产要素的生产效率降低，成本提高，利润下跌，货币资本的供给减少，于是形成了对生产资料的需求减少。而生产资料和耐用消费品的供给却大大增加了。这样，生产资料和耐用消费品的供给增加而其需求逐渐减少，终究会出现因货币资本供给不足以致使生产资料和耐用消费品生产部门生产过剩的经济危机。非货币投资过度理论还认为，上述货币资本的短缺引起的经济危机并不是纯货币现象，货币资本的短缺实际上代表的是某些实物资本的匮乏，即劳动力和生活资料的缺少，因而，增加货币信用的供给并不能防止危机。原料和生产设备之所以不能被充分利用起来以建造更多的新的生产设备和耐用消费品，只是因为缺乏必需的用于投资的劳动力和消费品。

按照卡塞尔的看法，如果在高涨后期缩减消费，增加储蓄，从货币方面来看，就是增加货币资本的供给，在实物方面来看，就是使得一部分用于制造消费品的劳动力和其他生产资源转用于生产资料的生产部门，这就意味着有足够的货币资本和实物资本，使那些已经生产出来的原材料和设备继续被利用起来，从而防止危机的出现。

第四，消费不足周期理论。消费不足周期理论是一种把经济危机原因归结为消费品的生产超过了人们对消费品需求的理论。主要代表人物是英国经济学家马尔萨斯、法国经济学家西斯蒙第和近代英国经济学家霍布森等。这种理论认为，经济中出现萧条与危机是因为社会对消费品的需求赶不上消费品的增长。而消费品的需求不足又引起对资本品的需求不足，进而使整个经济出现生产过剩性危机。消费不足的根源则主要是由于国民收入分配不平等造成的穷人购买力不足和富人储蓄过度。解决办法是改善国民收入的分配。

第五，心理理论。该理论的主要代表人物是庇古（A. C. Pigou）和凯恩斯（J. M. Keynes）。该理论强调心理预期在经济周期形成的各个阶段的作用。经济繁荣阶段，在乐观情绪的作用下，通常高估对产品的需求、价格、利润等，而低估成本。由于人们之间的决策是相互影响的，一家企业对未来的乐观预期会增加其对相关产品与服务的需求，因此，会带动其他的企业增加投资，从而产生投资过多。根据该理论的观点，经济周期扩张阶段的长短取决于生产新产品到投入市场所需的时间。当乐观情绪造成的错误决策显现出来后，经济便开始转向，扩张结束，衰退开始。此时悲观情绪占主导地位，经营者容易犯悲观性错误，由此导致萧条。

第六，创新理论。创新理论的代表者是熊彼特（J. A. Schumpeter）。该理论用不断发生的创新投资活动来对经济周期进行解释。发明、创新和模仿是创新理论的三个最重要的变化过程，发明是指一种新产品的创造或者一种新的生产工艺的发现，该理论认为，新发明是不均匀地不断出现的，但未必得到立即应用。而创新是指一种新的发明的首次应用，以适应市场需求的不断变化。按照熊彼特的观点，企业家们之所以创新是因为创新能够给他们带来超额收益。假设某企业家愿意投资于厂房和设备生产一种新的产品，若投资决策正确，那么这项投资会带来超额的利润。由于市场的趋利行为，这种超额利润会带来大量的追随者模仿，分摊超额利润。从而发明、创新、模仿的结果对厂房和设备的投资大幅度增加，收入也大幅增加等。经济过度扩张，随着产量的不断增加，产品价格最终下降，收益减少，导致削减投资，解雇工人，经济进入衰退阶段。经济在变化的环境中进行调整，等待下一次发明的出现，重复前面的过程，下一周期开始，周而复始。

（3）古典主义经济波动理论。古典主义假定工资可以根据劳动市场的供求状况而灵活调整，劳动市场始终处在充分就业状态。因此，总需求对产出没有持久的影响。但是古典主义无法解释在大萧条时期存在的大规模失业。

（4）凯恩斯主义经济波动理论。凯恩斯主义经济学家首先反对古典学派的价格灵活调整和充分就业假定。认为经济是内在不稳定的。如果工资存在刚性时，当价格水平下降，由于名义工资不能下降，所以实际工资提高，厂商为实现利润最大化，缩减产量，劳动力需求减少，经济中出现非自愿失业。因此，当工资存在刚性时，经济并非总处在充分就业状态，总产出也并非充分就业产出，总产出随价格变化而同向变化。凯恩斯认为，有效需求不足是导致经济波动的主要原因，并将经济波动归结为边际消费倾向递减、资本边际效率递减和流动性偏好。在经济高涨阶段，经营者受到乐观情绪的支配扩大产出，经济在乘数的作用下迅速扩张，随着投资的增加，资本边际效率降低，产品价格下降压力大，经济产生向下压力，乐观情绪转变为悲观情绪，投资缩减，并在乘数的作用下，经济开始衰退。

（5）货币主义经济波动理论。货币主义经济波动理论的代表人物是弗里德曼，该理论认为，总需求不稳定是货币供给不稳定造成的，将经济波动的主要原因归结为货币数量的变动。因此，弗里德曼强调，将货币供给量增长率控制在某个固定值是稳定经济的必要条件。货币学派的一个重要的结论是，总需求只能在短期内影响产出和就业，造成经济波动，但在短期中，经济波动的原因不是工资和价格的黏性，而是经济主体对名义变量的错误预期，对预期进行调整后，经济恢复到自然率水平运行。在短期中，人们由于存在货币幻觉，货币当局政策的不稳定造成了总需求的波动，导致经济波动。这和早期货币经济学家强调的货币中性不同，货币主义理论认为，只有在长期中货币中性才存在，货币供给的变化在短期可以引起真实效应。

（6）理性预期理论和实际经济周期理论。

第一，理性预期理论。该理论以卢卡斯为代表，沿用古典主义市场出清、经济主题追求自身利益最大化的假设，并引入理性预期，即预期是经济主体利用一切可获得信息而做出的，不会犯系统性错误，经济中存在两类扰动，一是货币供给扰动，二是偏好的随机扰动。该理论认为，厂商只能观察到自身价格，而不能观察到市场的整体价格水平。当货币供给水平增加时，由于不完全信息，生产者不能区分是整体价格水平的上涨还是相对价格水平的上涨，因此，理性的生产者将一部分价格上涨归结为相对价格的上涨，另一部分归结为整体价格的上涨，于是扩大生产，经济由于信息的不完全而在货币供给的扰动下出现波动。后期的理性预期学派经济学家不赞成将经济的波动归结为货币冲击，而认为实际冲击即技术冲击才是经济波动的来源。

第二，实际经济周期理论。实际经济周期理论诞生的标志是基德兰德和普雷斯科特（Kydland and Prescott，1982）的开创性论文。实际经济周期理论建立的基本模型是完全的瓦尔拉斯形式的，因此，也被称为均衡经济周期模型。在理论渊源上，实际经济周期理论与古典经济学的一般均衡分析框架保持一致，其特征表现在以下几个方面：第一，强调经济行为人是最大化自身利益的理性个体，微观个体的行为是由现行资源约束条件下实现个人效用或利益的最大化推导出的，因此，实际经济周期理论具有坚实的微观基础。第二，市场体系是完全竞争的，不存在信息不对称，并能够据此做出理性预期。第三，工资和价格不存在刚性，可以根据经济情况的变化而灵活地调整，市场持续出清，因此，均衡是经济的常态。经济波动是理性经济行为人面对外来冲击的自我调节，从一个均衡状态到达另一个均衡状态的过程。第四，技术冲击是经济波动的来源，即强调技术冲击而非货币冲击、供给冲击而非需求冲击、实际因素而非名义因素在经济周期波动中的作用。第五，假定效用是消费和闲暇共同决定的，消费和闲暇时间具有高度替代性，就业波动反映了人们自愿工作时间的变化。第六，货币是中性的，货币政策的变动没有实际效应。

（7）新凯恩斯经济波动理论。20 世纪后期，新凯恩斯主义经济学家提出，工资和价格并不像凯恩斯主义认为的那样是一成不变的，也不像古典主义者所认为的是可以灵活调整的，而是具有黏性，可以逐渐调整。新凯恩斯主义者认为，在市场非完全竞争的条件下，由于改变价格具有菜单成本，所以在面临需求冲击时，并不会立即改变产品的售价，而是调整产量，因此，价格具有黏性。在劳动市场上，由于长期合同的存在，短期名义工资的调整也是缓慢的，因此，名义工资存在黏性。当面临产品市场的需求波动时，实际工资将偏离使劳动市场均衡的水平，因此，实际产出水平会偏离自然率水平，于是产生经济波动。

3.1.2.2　金融发展与经济波动

（1）国外研究。自 20 世纪格利和肖（Gurley and Shaw）提出金融发展理论以来，金融发展与经济波动的关系一直是学术界研究的热点问题。从理论机制上看，一方面认为，金融发展在一定程度上降低了宏观经济波动。伯南克和格特勒（Bernanke and Gertler，1989），伯南克、格特勒和吉尔克里斯特（Gilchrist，1996），基奥塔克和穆尔（Kiyotak and Moore，1997）认为，在不完美的信贷市场由于信息不对称而通过"金融加速器"的作用放大了宏观经济冲击的初始效应，因此，金融发展能够减轻信贷市场的信息不对称程度，降低代理成本，缓解"金融加速器"的作用，从而抑平经济波动（Aghion et al.，1999；Caballero and Krishnamurty，2001）。阿西莫格鲁与齐利波蒂（Acemoglu and Zilibotti，997）指出，在投资不可分的情况下，金融发展使得风险更加分散，经济的总风险随着金融的发展而降低。另一方面认为，金融发展对宏观经济波动存在多重效应。巴切塔和卡米纳尔（Bacchetta and Caminal，2000）将经济中的公司分为大小两种类型，由于规模报酬递减，小公司的边际生产率高于大公司，但在不完善的信贷市场上，小公司受到的信贷约束要大于大公司，约束程度与外部融资需要量和内部资金的比值正相关，当未预期到的有利冲击使小公司的信贷约束得到改善时，信贷市场将大部分资金分配给小公司，综合效应使冲击被放大。若初始冲击为不利冲击时，则由于大公司的信贷约束较弱，大部分资金将配置给生产率较低的大公司，综合效应便抑制了初始冲击。贝克等（Beck et al.，2006）在巴切塔和卡米纳尔（2000）的基础上加入了金融部门和实体部门，并将冲击区分为对金融部门的冲击和实体部门的冲击。研究表明，不完善的信贷市场将放大对实体部门的冲击而缩小对金融部门的冲击。从经验研究上看，一些研究认为，金融发展减弱了经济波动，如席尔瓦（Silva，2002）搜集了 1960～1997 年的 40 个国家面板数据，并运用 GMM 方法研究发现，银行的发展降低了产出、投资及消费的波动。洛佩兹与斯皮格尔（Lopez and Spiegel，2002）搜集了 1960～1990 年的 101 个国家的数据，并采用 GMM 方法研究发现，银行的发展降低了投资的波动。丹尼尔、伊金根和欧文（Denizer，Iyigun and Owen，2002）以 1956～1998 年的 70 个国家的面板数据，并采用固定效应模型研究发现，银行业在金融结构中的相对重要性能有效解释 GDP、消费和投资的波动。拉达茨（Raddatz，2006）对金融发展水平较低的国家研究表明，金融中介在降低经济的波动性方面比股票市场更加突出。另一些研究则认为，金融发展对经济波动的关系并不确定，如蒂尔亚基（Tiryaki，2003）运用 1960～1997 年的 40 个国家的数据，并采用 GMM 方法发现，银行的发展减弱了投资的波动但增强了消费的波动，因此，对产出的波动并没有显著的影响。哈恩（Hahn，2003）在对 21 个 OECD 国家的 1970～2000 年的数据，并采用固定效应模型研究后发现，股市的发展放大了产出的波动，而银行的发展与产出的波动并无稳健关系。贝克等（2006）运用 1960～1997 年的 63 个国家的数据，并采用混合最小二乘法发现，银行中介的发展与经济波动不具有稳健的关系。

（2）国内研究。国内学术界对金融发展与经济波动的关系的研究主要有：白当伟（2004）研究发现，金融市场和金融机构的发展通过资产组合、财富效应、国际资本借贷把影响经济波动的效应传导到国内，从而导致经济波动的内生化。杜婷、庞东（2006）分别从中国的金融发展、利率走势和股票市场三个角度对金融发展与经济波动的相关性进行了检验，发现我国金融中介和市场的发展不是平滑了经济增长的波动，而是放大了波动；并且股市对经济波动的影响相当有限。董利（2006）研究发现，银行信贷对平滑产出的波动效果比股票市场要强。王翔、李凌（2009）采用了1993～2005年的分省面板数据检验了我国的金融发展、经济波动和经济增长三者之间的关系，发现金融发展可以降低经济增长对外生冲击的敏感性。骆振心、杜亚斌（2009）通过考察我国银行业发展在宏观经济波动传导中所起的作用，发现银行业的发展在货币冲击引发的宏观经济波动的传导过程中起到了抵消的效应；而银行业的发展在实际部门的冲击引发的我国宏观经济波动的传导过程中未产生明显的放大效应。朱彤、漆鑫、李磊（2011）运用1978～2009年的省际面板数据检验了金融发展与人均实际GDP和人均固定资产投资波动性的关系，发现金融市场的不断完善在较大程度上抵消了外生冲击的影响。

3.1.2.3 经济结构与经济波动

（1）国外研究。一些研究认为，产业结构与经济波动不存在稳健联系，如斯托克和沃森（Stock and Watson，2002）通过对美国劳动力在产业部门之间的流动分析，发现产业结构的变化与经济波动不存在显著的联系。另一些研究认为，产业结构的变化有助于缓解经济波动。如佩尼德（Peneder，2002）对OECD国家的数据采用动态面板模型研究发现，经济波动降低的30%可由产业结构的变化来解释。艾格斯和伊安尼德斯（Eggers and Ioannides，2006）通过构建一个两部门的动态一般均衡模型研究美国1950年以来，从制造业向服务业的转移对经济波动的作用，发现产业结构的升级有效地降低了美国经济的波动。

（2）国内研究。国内的研究主要从两个方向展开，一是验证产业结构的变迁是否对经济波动具有缓解作用。干春晖、郑若谷、余典范（2011）从产业结构和产业结构高级化两个角度分析了我国产业结构变迁与经济增长波动的关系，发现两者都对经济波动起到稳定作用。方福前、詹新宇（2011）针对我国改革开放以来，产业结构升级对经济波动的影响，采用TGARCH模型研究发现，产业结构的升级有抑平经济波动的效应。二是研究各个产业对经济波动的贡献。李云娥（2008）通过对1952～2004年的GDP增长采用方差分解法进行研究，表明农业和制造业与经济波动存在显著的联系。杨天宇、刘韵婷（2011）同样利用方差分解法对支出法和生产法GDP进行了研究，发现经济结构的调整对经济波动有缓解作用。李强

（2012）通过方差分解法研究了产业结构变动和经济波动的关系，发现产业结构高级化比产业结构合理化对经济波动的影响更大，发展服务业有利于经济的稳定发展。

3.1.3 研究主题的确定及研究方法

3.1.3.1 研究主题的确定

研究对象的确定。本章从金融结构和产业结构（经济结构）相互作用的角度研究经济波动。其影响经济波动的理论机理是什么？金融结构和经济结构的交互作用对我国经济波动的效应是什么？由于我国地区间发展程度存在差异，金融结构和经济结构不同，这种差异对我国各地区经济波动有何差异？

研究范围的确定。本章之所以选取1993～2011年这个时间跨度作为经济波动的研究对象，而不是更大的时间跨度。首先，我国从1991年才开始着手建立股票市场，从而为研究金融结构与经济波动提供了可能。其次，以1992年为起点，我国进行了进一步的市场导向的经济体制改革，各市场主体具有更大的决策自由，价格机制配置资源的功能进一步得到强化，因此，我国的宏观经济和微观经济在这一新的阶段的运行机制都发生了深刻的变化，经济波动的性质也发生了变化，很难在一个更长的时间内将经济波动进行统一。由于以上原因，本章选取了1993～2011年为研究对象。

3.1.3.2 研究方法

本章将定性分析方法与定量分析方法相结合。首先，对金融结构与经济结构相互作用而影响经济波动的机制进行一般性分析；其次，建立数理模型来对其机制进行刻画；最后，根据理论模型得出的基本结论进行实证研究。

3.2 金融结构与经济结构影响经济波动的分析框架

3.2.1 金融结构的界定

凡系统必然存在架构，结构既是功能的体现，反过来，也影响功能的发挥。金融作为经济的一个子系统，其本身也存在结构，我们称之为"金融结构"。戈德史密斯在20世纪60年代在其著作《金融结构和金融发展》中对金融结构进行了系统地描述。在其著作中，戈德史密斯指出，金融结构主要表现为：金融资产的总量和实物资产之间的比例关系；经济各部门的金融资产和负债总量的比例关系及其在不同类型的金融工具上的分布；金融部门和非金融部门间持有的金融资产和负债的比例关系等表现形式。戈德史密斯将金融结构分为以下三类。

第一种类型是 18 世纪和 19 世纪在欧洲和北美出现过的金融结构。此种金融结构一般在金融系统发展的初期出现，其拥有较低的金融相关率，债券凭证占主导地位，远远超过了股权凭证，金融机构以商业银行为主导。

第二种类型是 20 世纪上半叶在非工业化国家出现的金融结构。此种金融结构与第一种的不同之处在于政府和政府的金融机构在金融体系中发挥了更大的作用，其他方面与第一种金融结构类似。

第三种类型的金融结构出现在 20 世纪以来的工业化国家。其不同于前两种的金融结构在于股权凭证的比例上升，但依然不处于主导地位，商业银行相比其他储蓄机构的地位在下降。

由于现代金融系统拥有更加复杂的外延和内涵，很难用简单的方法将其概括，所以为避繁就简，通常将金融结构划分为"银行主导型"和"市场主导型"两类。

3.2.1.1 银行主导的金融结构与市场主导的金融结构的差别

银行主导的金融结构相对于市场主导的金融结构的第一个特征是：在全部的金融机构中，银行的资产和负债所占的比重都非常大；而在市场主导的金融结构中，非银行金融机构的份额要大得多。典型的以银行为主导的金融结构是德国和法国，由于这两个国家的银行是"全能"的，"其他金融机构"的种类较少，规模也比较小。而美国的情况恰好相反，是以市场为主导的金融结构，其银行的资产和负债的比重都比较低，"其他金融机构"的种类比较丰富，包括货币市场基金、共同基金、封闭基金、资产证券机构、证券经纪商和交易商等。日本和英国则位于两者之间。银行相对于市场主导的第二个差别是：对于前者，贷款是前者最主要的金融资产，如德国的贷款占了 60% 左右，债券和股权的比重较小，而且，债券中的绝大多数是金融机构而不是非金融公司发行的；在全能银行体制下，德国商业银行持有股权的比重也比其他国家高。相比之下，美国的贷款则不到 40%，其债券和股权基本以非金融公司发行为主；在 1999 年《金融服务现代化法案》颁布前，美国的商业银行一般不持有非金融公司的股票。日本的贷款比重甚至要高于德国，这与 1990 年股市崩溃后日本的经济现状有关，由于 20 世纪 80 年代末，金融大爆炸式的改革，大企业发行的债券数量大增，债券的发行结构同德国不一样。在相互持股盛行的 20 世纪七八十年代，商业银行持有公司股权总量达到了法律的高限，并且这些股权基本不在市场上流通。20 世纪 90 年代，泡沫破灭后，银行即使想将手中的股票脱手也无能为力。此外，必须说明的一点是：市场主导的金融结构中的银行产业结构通常要么富有竞争性（如美国），要么虽然具有垄断的特征，但并不涉及企业的长期贷款业务（如英国）；而在银行主导的金融机构中的银行产业结构则具有典型的寡头垄断特征（如德国和 20 世纪 90 年代前的日本）。

3.2.1.2 银行主导相对于市场主导的金融结构的优势

在论证金融结构和经济增长关系的众多文献中，第一类推崇银行导向结构的观点，这些学者被莱文称为银行家（banketeers）。该观点认为，银行主导的金融结构至少具有三个方面的优势：（1）相对于市场所存在的重复劳动和搭便车问题，银行可以减少获得即加工有关公司、经理的信息的成本；（2）银行可以降低交易成本提供跨代风险分担（Allen and Gate，1999）和流动性保险（Dimond and Dybivg，1983）；（3）通过降低交易成本和克服信息不对称，银行可以更好地动员储蓄（Siri and Tufano，1995；Lamoreaux，1995）。

相比较而言，金融市场存在诸多缺陷：（1）如斯蒂格利茨（Stigliz，1985）指出，在信息生产方面，市场存在着搭便车问题，银行却可以在信息披露前进行投资，因而，可以避免这个问题；（2）市场虽然有利于跨部门的风险分散，但却无法进行有效的跨代风险分散（Allen and Gate，1999）；（3）市场主导的金融结构不能实施有效的公司控制，这是因为：第一，内部人有更多的信息；第二，富有流动性的市场对恶意兼并者有利，却有碍于社会的总体福利（Shleifer and Summers，1988）；第三，富有流动性的市场降低了投资者的退出成本，但却因此而导致股权分散于众多散户手中，而散户一般很少去监督企业（Shleifer and Vishny，1986）；第四，经理人员对外部接管的反抗以及董事会同经理之间的勾结会降低公司的治理效率。

3.2.1.3 市场主导相对于银行主导金融结构的优势

该派被称为市场（marketeers）。他们认为，市场主导的金融结构具有如下几点：（1）运行良好的股市可以促进信息的获取和信息的扩散。股市规模越大，流动性就越强，当事人就越愿意花费成本去研究公司信息。除了事前信息获取之外，运转良好的股市有助于通过兼并和收购来实现有效的公司治理。

（2）在风险管理方面，股市可以有效地实现跨部门风险的分散，同时，市场的流动性也保证了股市可以减少流动性风险。（3）市场通过减少交易成本和信息不对称可以更加有效地动员储蓄。由于有效的会计标准、信息披露机制、订约系统和做市商关心自己的声誉，股市在动员储蓄方面有很强的能力。

市场对银行主导的金融结构的批评有：（1）在银行导向的系统中，银行通常对企业有强大的影响，这就产生了很多问题。例如，银行具有企业的内部信息，因而，可以获得企业投资的租金，这就导致在考虑投资项目时要剔除更多的预期利润，企业因此就不愿意从事创新活动。同时，银行要保持在现有企业上获得租金，它们会对新兴的企业进行压制，导致经济中出现普遍的信贷配给（Gokhan and Capoglu，1991）。（2）银行具有谨慎的内在取向，因此，银行主导的金融结构会阻碍创新和经济增长。韦斯坦和雅菲（Weistein and Yafeh，1998）通过对日本的研究发现了这方面的证据，有主银行的公司提出倾向于：第一，采用保守的经营策略，其增长较没有主银行的公司慢；第二，使用过多的资本密集型技术和生产过程（可以从主银行那里获得资本支持）；第三，有较低的利润（保守的经营策略和从银行获得的租金）。（3）在公司治理中，银行按照自身的利益来行事，而且银行家也会受到公司经理的影响和控制。如果经理对银行家很慷慨，后者就会阻止外部人来替换掉不称职的经理（Black and Moersch，1998）。温格和卡塞尔（Wenger and Kaserer，1998）分析了德国的情况，发现：银行控制了公司中的投票权，而银行本身的治理又受到作为所有者的其他银行的控制，因此，整个银行系统控制了德国的主要企业，而证据表明，银行对企业的影响常常不有利于社会公众和公司治理的效率。（4）在风险管理方面，银行提供的是在标准环境下耗费不大的基本风险管理服务；而市场随着技术的进步，却可以提供量身定做的风险管理服务，这一点在成熟和发达的经济体中尤其重要。

3.2.2 经济结构的界定

综合考察国民经济结构，可以按照不同的标准和方法进行分类研究。从目前国内外研究经济结构问题的情况来看，主要有以下几种。

3.2.2.1 社会两大部类的分类和结构

把社会产品按照实物形态划分为生产资料和生活资料两大部类，是马克思再生产理论的基本前提之一。根据这一分类来考察社会生产两大部类的结构及其相互之间的交换比例和平衡关系，是马克思再生产理论的核心部分。这一分类的标志是社会产品的经济用途或最终用途。一种产品由于物理、化学、生物等多种的自然属性，既可以用作生产资料，也可以用作消费资料，它们究竟属于生产资料还是属于生活资料，只能根据它们的最终使用而定。这一分类是用于进行抽象的分析，用以揭示社会再生产过程中最基本的比例关系和运动规律。但是，社会生产中两大部类之间的交换关系，是通过各个具体生产部门之间错综复杂的交换关系实现的，为了具体地组织社会生产，仅仅部类的分类是不够的，还必须把两大部类的关系具体化为各个部门之间的关系，来分析社会生产的部门结构。

3.2.2.2　社会生产的部门分类

首先，应当考察的是社会生产按农业、轻工业和重工业的分类和结构。农业、轻工业、重工业的分类是在部门分类的基础上综合概括而来的。农业和工业是两个最重要的物质生产部门，在整个社会生产中占了一个很大的比例。一般来说，农业、轻工业主要是社会生产生活资料的生产部门。农业、轻工业和重工业的关系，大体上反映了社会生产中两大部类的关系。同时，由于社会生产总是通过一些具体的生产部门组织进行的，因此，农业、轻工业、重工业的分类和结构对于我们具体的安排和组织社会生产有重要意义。但是，由于农业、轻工业、重工业的划分没有包括全部社会生产，且其划分缺乏严格的科学标志，它们之间相互渗透的情况越来越多。因此，随着社会生产的发展，经济分工越来越细，经济研究越来越深入，农业、轻工业、重工业分类的这种局限性更加清楚地暴露出来。

其次，应当考察五大产业部门的分类和结构。所谓五大产业部门是指农业、工业、建筑业、交通运输业和服务性产业。其中，服务业包括生产资料商业和生活资料商业、生产性服务业和生活性服务业。五大产业部门的分类不仅包括了建筑业和运输业，而且还包括了服务性产业。五大产业部门的分类所包括的范围仍然是物质生产部门的分类，不包括科学文化卫生等精神生产事业和国家管理等非物质生产部门。因此，五大部门分类仍然有其局限性。

3.2.2.3　三次产业分类及其结构

以社会在生产中所处的阶段和人类生产活动的历史发展中兴旺发达的顺序为标志，把全部社会生产活动划分为三次产业，并考察其结构和趋势，是西方经济学家研究社会生产经济结构的重要方法。凡直接取自自然界的产品的生产，包括广义农业和采掘业，都属于第一产业。它为人类提供了满足最基本需要的食品，因此，作为人类第一个生产活动出现在人类发展的历史中，成为人类其他生产活动发展的基础。第二产业包括全部制造业。它是随着产业革命和机器大工业的出现而发展起来的，反过来，推动了技术的进步和劳动生产率的提高。凡是同消费直接联系在一起的生产和服务事业都属于第三产业。包括一个广阔的领域，其中，有整个社会生产的"基础设施"或"基础结构"（即交通、邮电、市政建设等），以及金融、商业、服务部门和教育文化科学卫生事业，也包括了国家的行政管理。欧美经济学家根据对发达国家的大量统计资料的分析得出的关于三次产业发展趋势和变化规律的结论，反映了社会生产发展的某些一般趋势。因此，本章采用三次产业结构作为经济结构的度量。

3.2.3　金融结构与经济结构的关系

金融的作用在于服务于实体经济，实体经济的不断发展变化必然伴随金融的调整以使得其与实体经济的需求相适应。作为经济的一个子系统，金融在现代经济中的地位越来越突出，其功能主要体现在如下三个方面：第一，动员资金的功能。一个好的金融体系能够很好地将闲散资金聚集起来。第二，配置资金的功能。一个运行有效的金融体系能够将聚集起来的资金配置到效率最高的各个部门，实现生产剩余的最大化。第三，分散风险的功能。一个良好的金融系统能够有效地降低参与个体所面临的风险，同时避免金融危机的发生。金融的演进表现在总量的扩张和金融结构的变化这两个维度上。金融对经济运行产生深远的影响，而影响的实现有赖于金融系统内部的关系结构。这种结构既是金融功能的体现，反过来，也会影响金融功能的发挥，从而影响经济的运行。正如经济史学家格申克龙（1962）、蒂莉（1967）和钱德勒（1977）所指出的那样，金融结构是为了适应实体经济需要。拉詹和津加莱斯（Rajan and Zingales，2003）指出，银行体系在对固定资产密集型公司融资方面相对于对以高技术研发为主的公司融资方面拥有比较优势，认为固定资产密集型企业是更传统和更容易被了解的企业，借款者拥有实物资产作为抵押物以保证贷款的流动性，因此，信息的集中不会成为融资的障碍。相反，他们认为，市场体系在对知识和无形资产密集型企业融资方面拥有比较优势，对于以研发为主的高技术企业来讲，由于其处于技术前沿，其面临的风险主要是技术风险和市场风险，需要股票市场的价格信号引导资源的优化配置。已有的研究（Franklin and

Laura，2006）表明，若一个国家是以实物资产密集型企业为主导的经济结构，其金融结构趋向于以银行为主导。相反，若是以知识和无形资产密集型企业为主导的经济结构，那么其金融结构趋向于以市场为主导，这表明金融结构的演变是对企业融资需求的反映，也是实体经济特征的反映。

3.2.4 金融结构、经济结构与经济波动的模型

3.2.4.1 模型的经济思想

本章构建的理论模型的基础是巴凯塔（Bacchetta）和贝克等所建立的模型，对其模型进行改进，加入股票市场，以此来分析金融结构与经济结构的相互作用对我国经济波动的影响。本构建的模型的思想是：金融市场上的信息不对称和道德风险的存在和借款厂商所受到的信贷约束，必须要有银行、投行、经纪人等融通资金，存在代理成本，从而导致进行间接融资的借款厂商面临的借款利率高于贷款厂商的银行存款利率；进行直接融资的厂商面临的利率高于贷款厂商的投资收益率。因此，根据投资边际效率准则和生产函数的边际产量递减，借款厂商的最优资本存量小于贷款厂商的资本存量，从而边际生产率较高。当面临冲击时，由于借款厂商的杠杆经营和边际生产率较高的作用，会使经济波动得以放大。同时，本章将企业分为两类：第一类是处于创新和发展阶段的高技术企业（对应本章中第一产业中的企业）；第二类是处于成熟阶段的传统企业（对应本章第二产业中的企业）。两类企业的技术参数不同，面临的市场风险也不一样，高技术企业由于其处于创始阶段，存在更多的不确定性，所以风险更大的企业，通常需要在股市上融资，以共担风险。传统企业由于其已经处于成熟期，产品已经得到市场的认可，风险较小，从而银行面临的逆向选择和道德风险较小，更愿意为这类企业提供资金，因此，传统企业一般选择银行进行间接融资。由以上讨论可知，由于直接融资的风险大于间接融资，所以直接融资的代理成本更大，当面临冲击时，第一产业的波动比第二产业的波动幅度更大。以上分析的是金融结构（直接融资市场与间接融资市场规模的大小）与经济结构（第一产业与第二产业相对规模的大小）相互匹配的情形，即无论是高新技术企业还是传统企业都能按其最佳的方式融资的情形。现在我们分析问题的另一面，即出现金融结构与经济结构不匹配的情形会出现什么情况？当两者不匹配时，会出现融资错位，如本应向股市融资的高新技术企业却通过银行进行融资，由于这不是最佳途径，因此，代理成本会升高。由前面的

分析可知，代理成本越高，面临冲击时的波动就越大。因此，提出本章的一个假设：金融结构与经济结构的相互匹配有助于减小经济波动，而两者的不匹配则会使经济波动相对更加剧烈。

3.2.4.2 模型的数理推导

（1）变量说明。λ——经济中资金匮乏的比例；β^1——选择间接融资的企业比例；β^2——选择直接融资的企业比例；$1-\lambda$——资金盈余的企业比例；γ^1——选择将盈余资金存入银行的企业比例；γ^2——选择将盈余资金投入股市的企业比例；K_b^H——资金存入银行的盈余企业的最优资本量；K_s^H——将资金投资股市的盈余企业的最优资本量；K_b^L——向银行借款的企业的最有资本存量；K_s^L——选择股市融资的企业的最优资本存量；w_{t+1}^L——资金匮乏的企业的初始资本；w_{t+1}^H——资金盈余的企业的初始资本；τ——存款准备金率；R^d——存款利率；R^L——贷款利率；R^S——股票收益率；$R^{s'}$——股票融资成本。其中，$\beta^1+\beta^2=1$，$\gamma^1+\gamma^2=1$。

（2）信贷市场分析。假设生产函数为 $f(x)$，其满足条件：$f'(x)>0$，$f''(x)<0$，即边际产量递减，生产函数是凹函数。资本是唯一的生产要素。

对在间接融资市场的两类生产者的生产函数求导可得：

$$f'(K_b^H)=R^d, \tag{3-1}$$

$$f'(K_b^L)=aR^L\,(a>1) \tag{3-2}$$

$$f'(K_s^H)=R^s, \tag{3-3}$$

$$f'(K_s^L)=bR^{s'}\,(b>1) \tag{3-4}$$

式（3-1）、式（3-2）的经济含义是：将盈余资金投入银行和股市的厂商必须满足这一优化条件，即投入要素的边际生产率等于存款利率或股市投资收益率。式（3.2）、式（3.4）中的 a、b 分别为间接融资和直接融资的代理成本，这是因为对于投资项目存在的信息不对称和使用资金的道德风险而产生的，即两类厂商面临的代理成本分别为 a 和 b。因此，借款厂商的最优资本存量必须是考虑到代理成本后，边际生产率等于借款利率所对应的量，两类借款厂商的最优资本存量分别为 K_b^L、K_s^L。由于生产函数是凹函数，$f'(x)$ 是递减的，代理成本越高，借款厂商的最优资本存量越低，边际产出就越大。由此可以看出，借款厂商因其具有较高的边际产出，在经济波动中起主导作用。

当信贷市场均衡时，借款和贷款的总额必须相等，因此，有以下两式成立。银行存款均衡：

$$(1 - \tau)(1 - \lambda)\gamma^b(w^H - K_b^H) = \lambda\beta^b(K_b^L - w^L) \qquad (3-5)$$

股票市场均衡：

$$(1 - \lambda)\gamma^s(w^H - K_s^H) = \lambda\beta^s(K_s^L - w^L) \qquad (3-6)$$

将式（3-2）除以式（3-1）可得：

$$\frac{f'(K_b^L)}{f'(K_b^H)} = a\frac{R^L}{R^d} \qquad (3-7)$$

将式（3-4）除以式（3-3）可得：

$$\frac{f'(K_s^L)}{f'(K_s^H)} = b\frac{R^{s'}}{R^s} \qquad (3-8)$$

由式（3-7）、式（3-8）可以看出，当代理成本 a、b 越高或利差 $\frac{R^L}{R^d}$、$\frac{R^{s'}}{R^s}$ 越大时，借贷厂商最优投入要素的差 K_b^H/K_b^L、K_s^L/K_s^H 也越大。此外，根据布切塔（Bcchetta，2000 等）的研究结论，可以将代理成本表示如下：

$$a = \mu\left(\frac{K^L - w^L}{K^L}\right) = \mu\left(1 - \frac{w^L}{K_b^L}\right) \qquad (3-9)$$

$$b = \mu'\left(1 - \frac{w^L}{K_s^L}\right) \qquad (3-10)$$

所以有：

$$\frac{f'(K_b^L)}{f'(K_b^H)} = \mu\left(1 - \frac{w^L}{K_b^L}\right)\frac{R^L}{R^d} \qquad (3-11)$$

$$\frac{f'(K_s^L)}{f'(K_s^H)} = \mu'\left(1 - \frac{w^L}{K_s^L}\right)\frac{R^{s'}}{R^s} \qquad (3-12)$$

其中，μ 和 μ' 分别为传统企业和高新技术企业的技术指标，显然 $\mu' > \mu$ 成立。可以看出，企业越是处于高端产业，其技术性越强，资金缺口 $1 - \frac{w^L}{K_b^L}$、

$1 - \dfrac{w^L}{K^L_s}$ 越大，代理成本则就越高。

（3）经济波动效应分析。假设存在一个有利的冲击 $\xi, y_t = \xi f(K_t), \xi > 1$，考察冲击对 t + 1 期经济的影响，得到下面的等式：

$$w^L_{t+1} = \xi f(K^L_t) - (K^L_t - w^L_t)R^L \qquad (3-13)$$

$$w^H_{t+1} = \xi f(K^H_t) - (w^H_t - K^H_t)R^d \qquad (3-14)$$

借款厂商由于杠杆经营，所以能够更多地获得正向冲击的益处，因此，其财富增长比贷款企业的财富增长快。由于借款厂商的初始资本增加，t + 1 期会投入更多的自有资本，w^L_{t+1}/K^L_{t+1} 上升，根据式（3－11）、式（3－12），在其他条件不变的情况下，$f'(K^L_b)$ 和 $f'(K^L_s)$ 减小，且由于 $f'(K)$ 为减函数，借款者的资本投入 K^L_b 和 K^L_s 会增加，由式（3－7）、式（3.8）可知，借款厂商的边际生产率高于贷款厂商的边际生产率，正向冲击使产出大幅提高。同时，当 w^L_{t+1}/K^L_{t+1} 上升时，由式（3－9）和式（3－10）可知，代理成本减小；由式（3－11）和式（3－12）可知，经济产出同样会大幅上升，因此，经济波动加剧。由以上分析可知，银行和股市在正向冲击下都会各自放大经济波动，但知识和无形资产密集型企业的技术比固定资产密集型企业的技术更加先进，技术指标 $\mu' > \mu$，且假设 $\dfrac{R^L}{R^d} = \dfrac{R^{s'}}{R^s}$，因此，代理成本 b > a，由式（3－11）和式（3－12）可知，直接融资在放大经济波动中的作用更大，使经济波动加大。并且由以上分析也可知，经济波动的大小和代理成本有密切的关系，代理成本越大，经济波动越剧烈。当金融结构与经济结构不匹配时，企业不能选择最佳的途径融资，会造成融资代理的成本增加，因此，在出现冲击时会导致更大的经济波动。反之，当进入结构与经济结构相匹配时，企业能选择最佳的融资途径，使代理成本最低，当面临冲击时，经济波动的幅度便是最小的。

3.2.4.3　数理模型的结论

根据 3.2.4.2 节中数理模型的推导，我们可以得到理论上的如下结论。

第一，金融结构越是以市场为主导，经济波动越剧烈。第二，当金融结构与经济结构相匹配时，经济波动的幅度是最小的，而当金融结构与经济结构错位时，经济波动加剧。

因此，我们可以认为，当金融结构放大经济波动，则说明二者是不匹配的；而金融结构抑制经济波动时，二者是匹配的。

3.3　金融结构、经济结构与经济波动的实证分析

3.3.1　数据与假设

3.3.1.1　数据的来源及说明

本章的实证研究对象为我国的 31 个省、自治区、直辖市 1993～2011 年的面板数据（不包含港澳台地区）。西藏由于数据缺失严重而被剔除，剩下 30 个。由于重庆在 1997 年成为直辖市，在 1993～1996 年的数据根据其在其他年份所占四川的比例估计而得。所有原始数据都来自各省统计年鉴、《新中国六十年统计资料汇编》《中国统计年鉴》《中国金融年鉴》、中国人民银行区域金融运行报告和国泰安统计数据库。文中的各指标都是根据以上收集到的原始数据经手工整理或计算加工而成（见附录）[①]。

3.3.1.2　变量的选取与定义

（1）被解释变量。经济波动指标（$bgdp$）：人均实际 GDP 相对于其趋势变动的百分数。本章参照李强（2012）的方法，通过对各省 1993～2011 年的实际人均 GDP 进行 H-P 滤波，将人均实际 GDP 分解为波动成分和趋势成分：

$$Y_t = B_t + T_t$$

其中，B_t 表示波动性成分，T_t 表示趋势性成分。

在此基础上，得到经济波动的度量指标：

$$bgdp = (B_t / T_t) \times 100$$

（2）解释变量。金融结构指标（fs）：（股票融资额/银行贷款额）×100。近年来，对金融结构的界定越来越系统化，已有的文献为我们提供了广泛的测度指标。鉴于我国的实际情况，本章按照传统的定义将金融结构界定为以银行为主导的金融结构和以市场为主导的金融结构。该指标反映了各省直接融资和间接融资的相对重要程度，该指标的值越大，表明金融市场在融通资金中扮演

---

①　因篇幅原因，本章未附数据附录。如需本章数据请向作者索取。

着越重要的角色。反之，该值越小，则说明金融中介（银行）在动员储蓄、融通资金中越重要。当该值大于100，则是以市场为主导的金融结构；该值小于100，则是以银行为主导的金融结构。

金融发展指标（*fd*）：信贷余额/名义 GDP。

经济结构指标（*res2*）：第二产业的产值/名义 GDP。该指标的值越大，表明固定资产密集型企业在经济中所占的比重越大。

经济结构指标（*res3*）：第三产业的产值/名义 GDP。该指标越大，则表明知识和无形资产密集型企业在经济中所占的比重越大。

交互项（*fs* × *res2*）：金融结构指标与第二产业占 GDP 比重的乘积，若我国的金融结构适应第二产业的发展需求，则金融结构和第二产业的相互作用应该能起到熨平经济波动的作用，此交互项前面的系数应该为负；反之，若前面的系数为正，则我国的金融结构不适应第二产业的发展，对经济波动起到扩大作用。

交互项（*fs* × *res3*）：金融结构指标与第三产业占 GDP 比重的乘积。同理，该项的系数若为负，则第三产业和金融的发展是相适应的，两者的相互配合能起到熨平经济波动的作用。

（3）控制变量。外商直接投资（*gfdi*）：外资的进入会影响国内的经济运行，造成国内经济的波动。因此，本章选取外商直接投资的增长率来刻画这种影响。计算公式如下：

$$gfdi = （本年外商直接投资额 - 上年外商直接投资额）/$$
$$上年外商直接投资额 × 100\%$$

外国需求（*gexp*）：随着全球经济联系的不断增强，且我国的外贸依存度较高，外国需求对我国经济的拉动作用非常重要，外需的波动会带来国内经济的波动。鉴于此，本章采用出口增长率来刻画外国需求的变动，计算公式如下：

$$gexp = （本年出口额 - 上年出口额）/上年出口额 × 100\%$$

市场化程度（*mark*）：中国作为一个新兴市场的经济国家，市场化的进程一直在不断加深，鉴于目前没有统一标准的指标刻画这种变化，本章采用多数学者的做法，采用城镇非国有企业职工数占整个城镇职工的总人数之比来测度，其定义如下：

$$mark = (城镇非国有企业职工人数/城镇职工总人数) \times 100\%$$

政府规模（*gscale*）：由于地方政府为了刺激经济的发展，追求政绩，通常会增加政府支出以拉动 GDP 的增长，从而对经济的运行造成扰动，因此，为了测度这种政府干预经济的行为，本章选取政府规模指标，具体计算公式如下：

$$gscale = 政府财政支出/名义 GDP$$

虚拟变量（*dummy*98）：该指标用于控制 1998 年东南亚金融危机对我国经济波动造成的影响。

虚拟变量（*dummy*03）：该指标用于控制 2003 年非典对我国经济造成的影响。

虚拟变量（*dummy*08）：该指标用于控制 2008 年次贷危机对我国经济造成的冲击。

3.3.1.3 数据的描述性统计及检验

文中所用到的数据的描述性统计结果见表 3 – 1。同时，我们对面板数据进行了单位根检验，结果不存在单位根，因此，计量结果不存在谬误回归问题。

表 3 – 1　　　　　　　　　　面板数据的统计描述

变量名	平均值	最大值	最小值	标准差	样本数
bgdp	4.230	143.805	−9.240	19.592	570
fs	10.167	206.931	0.000	37.393	570
Res2	45.847	46.653	61.500	19.760	570
Res3	37.707	76.100	25.400	6.780	570
fd	102.616	308.884	6.965	34.454	570
mark	51.022	98.326	15.637	16.171	570
gexp	19.419	631.002	−69.335	36.831	570
gscale	15.170	57.917	4.156	7.378	570
gfdi	31.620	1226.721	−92.082	88.289	570

3.3.1.4 实证模型

根据数理推导的结论，本章建立的实证模型如下：

$$bgdp_{i,t} = \beta_0 + \beta_1 fs_{i,t} + \beta_2 res2_{i,t} + \beta_3 res3_{i,t} + \beta_4 fd_{i,t} + \beta_5 fs_{i,t} \times res2_{i,t}$$
$$+ \beta_6 fs_{i,t} \times res3_{i,t} + \beta_7 gfdi_{i,t} + \beta_8 gexp_{i,t} + \beta_9 gscale_{i,t} + \beta_{10} mark_{i,t}$$
$$+ \beta_{11} dummy_{98} + \beta_{12} dummy_{03} + \beta_{13} dummy_{08} + \mu_i + \varepsilon_{i,t} \quad (3-15)$$

本章通过分析金融结构与经济结构的交互项系数 β_5 和 β_6 的符号和显著性水平，来判断金融结构与经济结构间相互作用是否有效降低了我国人均实际 GDP 的波动。模型中加入了非观测效应项 μ_i，以控制各地区观测不到的且不随时间变化的因素对人均实际 GDP 波动的影响。并通过豪斯曼检验来判别使用固定效应模型还是随机效应模型。

3.3.2 实证分析过程

首先，本章从全国整体层面来分析金融结构与经济结构的交互作用对经济波动的效应。然后，从区域层面再次对上述问题进行分析，就金融结构与经济波动关系的省际样本研究来说，在选取各省市作为样本时，存在样本异质性问题。经济的波动不仅受金融结构、经济结构、金融发展水平的影响，而且还受其他因素的影响与制约，由于我国地域辽阔，各地区之间的发展极不平衡，将所有的省份放在一起进行分析，使得出的结论严重地受到样本异质性的干扰。若将发展程度相近或相差不大的省份进行分组检验，就能较好地克服这个缺陷。为此，本章按照经济发展程度将全国划分为东部、中部、西部三组并分别进行实证检验①，与之前的全国性检验进行比较，同时，也可作为全国性检验的稳健性检验。东部、中部、西部地区的检验结果分别报告在表 3-3、表 3-4、表 3-5 中。

3.3.2.1 基于全国数据的实证分析

回归结果报告在表 3-2 中。在表 3-2 中逐个加入控制变量，并对每个方程使用 Hausman 检验固定效应和随机效应。我们发现，当对控制变量进行逐

---

① 其中，东部地区包括：北京、天津、河北、辽宁、上海、江苏、浙江、福建、山东、广东共十个省份。中部地区包括：山西、吉林、黑龙江、安徽、江西、河南、湖南、湖北共八个省份。西部地区包括：内蒙古、海南、广西、重庆、四川、贵州、云南、陕西、甘肃、青海、宁夏、新疆共十二个省份。

个控制以后，解释变量的系数符号与显著性都没有明显的变化，说明结果是稳健的。虽然变量 $fs \times res2$、$gexp$、$dummy98$、$dummy08$ 的系数不显著，但我们还是将其保留在方程中，是因为这样可以减弱模型的内生性，进而得出更稳健的结果。

表 3－2　　　　　回归分析结果——我国 31 个省（区、市）

实际人均 GDP 波动率（bgdp）

解释变量	方程（1）	方程（2）	方程（3）	方程（4）	方程（5）	方程（6）	方程（7）	方程（8）
fs	−0.417 *** (0.131)	−0.441 *** (0.132)	−0.438 *** (0.132)	−0.424 *** (0.130)	−0.416 *** (0.124)	−0.420 *** (0.124)	−0.404 *** (0.121)	−0.406 *** (0.121)
$res2$	−0.3901*** (0.0636)	−0.2684*** (0.0908)	−0.2611*** (0.0916)	−0.4129*** (0.0975)	−0.4212*** (0.0945)	−0.4033*** (0.0927)	−0.3685*** (00.093)	−0.3683*** (0.0904)
$res3$	−0.9803 *** (0.0846)	−0.8325 *** (0.1157)	−0.8341 *** (0.1158)	−0.9380 *** (0.1168)	−0.9557 *** (0.1129)	−0.9336 *** (0.1118)	−0.9004 *** (0.1088)	−0.9019*** (0.1092)
fd	−0.0200 * (0.0124)	−0.0155 (0.0128)	−0.0513 (0.1128)	−0.0235 * (0.0128)	−0.0228 * (0.0123)	−0.0222 * (0.0122)	−0.0079 (0.0121)	−0.0083 (0.0124)
$fs \times res2$	0.0008 (0.0014)	−0.0008 (0.0014)	0.0008 (0.0014)	0.0007 (0.0014)	0.0007 (0.0014)	0.0007 (0.0014)	0.0007 (0.0013)	0.0007 (0.0013)
$fs \times res3$	0.0097 *** (0.0024)	0.010 *** (0.0024)	0.0103 *** (0.0024)	0.0100 *** (0.0024)	0.0098 *** (0.0023)	0.009 *** (0.0023)	0.0095 *** (0.0022)	0.0095 *** (0.0022)
控制变量								
$mark$		−0.0598 * (0.0319)	−0.0589 * (0.0657)	−0.100 *** (0.0330)	−0.0690 ** (0.0322)	−0.0713 ** (0.0139)	−0.0739 ** (0.0310)	−0.0728 ** (0.0317)
$gexp$			−0.0046 (0.0071)	−0.0053 (0.0069)	−0.0069 (0.0068)	−0.0068 (0.0067)	−0.0022 (0.0066)	−0.0022 (0.0066)
$gscale$				0.3057 *** (0.0741)	0.2610 *** (0.0721)	0.250 *** (0.0711)	0.2237 *** (0.0692)	0.0035 *** (0.0693)
$gfdi$					0.0189 *** (0.0027)	0.0191 *** (0.0027)	0.0188 *** (0.0026)	0.0188 *** (0.0026)
$dummy08$						0.0509 (1.0831)	−0.2101 (1.0521)	−0.2162 (1.0536)
$dummy03$							−6.039 *** (1.0375)	−6.0451*** (1.0389)

	控制变量							
解释变量	方程（1）	方程（2）	方程（3）	方程（4）	方程（5）	方程（6）	方程（7）	方程（8）
dummy98								−0.02036 (1.0767)
Cross section fixed	N	N	N	N	Y	N	N	N
Cross section random	Y	Y	Y	Y	N	Y	Y	Y
Period fixed	N	N	N	N	N	N	N	N
Period random	N	N	N	N	N	N	N	N
R-squared	0.2506	0.2557	0.2565	0.2792	0.9263	0.3285	0.3667	0.3667
Adjusted-R	0.2426	0.2464	0.2459	0.2676	0.9209	0.3153	0.3501	0.3519
样本数	570	570	570	570	570	570	570	570

注：括号中的数字是标准差；*、** 和 *** 分别表示 10%、5% 和 1% 的显著水平，下同。

表 3-2 中的结果是直观的，具体分析如下。

（1）金融结构的所有系数为负，且在 1% 的水平上显著。表明从全国的层面上来看，金融结构越是以市场为主导，越能够降低经济的波动性。这可能是因为我国股市的发展起步较晚，股市的发展还不能完全满足经济对资金融通的需求，所以，股市的发展对于降低经济波动的边际影响非常显著。

（2）第二产业和第三产业占 GDP 的比重的系数都为负，第三产业前的系数明显大于第二产业前的系数，并在 1% 的水平上显著，说明第二产业、第三产业的发展对于我国经济的发展起到稳定的作用，且第三产业的发展对于熨平经济波动的作用要明显强于第二产业的发展。

（3）金融发展的系数符号为负，方程（1）、方程（4）、方程（5）在 10% 的水平上显著，其余的都不显著，说明从全国层面上来说，金融发展在一定程度上能起到稳定经济的作用。

（4）交互项 *fs×res*2 的系数都不显著，说明我国的金融结构能满足第二产业的融资需求，不会对经济波动造成显著的影响。原因可能是我国的金融结构是以银行为绝对主导的，正如前面的分析那样，银行在以固定资产密集型企业融资方面拥有比较优势，所以，在这样的金融结构下，第二产业的融资需求能得到有效地满足，从而保持健康平稳的发展，因此，对经济的扰动作用较小。

（5）交互项 $fs \times res3$ 的系数在1%的水平上显著为正，说明我国的金融结构不能满足第三产业的融资需求，使第三产业中的企业不能得到平稳健康的发展，并且造成融资错位，从而造成经济波动的放大。原因可能是在我国以银行为主导的金融结构中，由于直接融资市场的发育程度不够，而直接融资恰好在满足知识与无形资产密集型企业的融资需求方面拥有比较优势，这就造成了金融结构不能满足快速发展的第三产业融资需求的矛盾，从而对经济造成较大程度的扰动。

（6）控制变量符号和预期基本保持一致。市场化程度的提高能显著减弱经济的波动，原因可能是随着我国市场化进程的不断深入，以市场配置资源使得资源的配置效率得到了不断的提高，从而有助于减弱经济的波动。政府规模的系数为正且显著，这表明地方政府对经济干预较大的地区，人均实际 GDP 的波动性较高，充分证明了地方政府的行为会对地区经济波动造成影响。出口增长率的系数不显著，与我国贸易依存度较高的现实不一致，这可能与我国出口在区域层面上高度集中有关，从而造成从全国层面上来看其并不显著。外商直接投资增长率的系数为正且显著，这表明外国资金的进入会对国内的经济波动产生影响。

3.3.2.2 基于东部地区数据的实证的分析

表3-3　　　　　　　　　回归分析结果——东部地区

实际人均 GDP 波动率（bgdp）

解释变量	方程（1）	方程（2）	方程（3）	方程（4）	方程（5）	方程（6）	方程（7）	方程（8）
fs	−1.1479* (0.6893)	−1.0975* (0.6894)	−1.0975 (0.6914)	−1.0595 (0.6926)	−0.9289 (0.7969)	−0.8874 (0.8017)	−0.8636 (0.7715)	−0.8411 (0.7441)
$res2$	−0.448*** (0.1218)	−0.2739** (0.1323)	−0.2823** (0.1332)	−0.2426* (0.1363)	−0.781*** (0.1914)	−0.791*** (0.1927)	−0.751*** (0.1857)	−0.7553*** (0.1862)
$res3$	−0.470*** (0.1101)	−0.354*** (0.1152)	−0.366*** (0.1167)	−0.3116*** (0.1232)	−1.033*** (0.2262)	−1.042*** (0.2272)	−1.015*** (0.2187)	−1.0023*** (0.2205)
fd	0.0089 (0.0154)	0.0092 (0.0154)	0.0103 (0.0155)	0.0202 (0.0171)	−0.0122 (0.0196)	−0.0118 (0.0197)	0.0047 (0.0194)	0.0062 (0.0197)
$fs \times res2$	0.0129 (0.0096)	0.0114 (0.0097)	0.0114 (0.0097)	0.0107 (0.0097)	0.0091 (0.0112)	0.0086 (0.0113)	0.0083 (0.0108)	0.0081 (0.0108)
$fs \times res3$	0.0121** (0.0059)	0.0127** (0.0059)	0.0127** (0.0059)	0.0126** (0.0060)	0.0114* (0.0068)	0.0110 (0.0068)	0.0107 (0.0066)	0.0104 (0.0067)

	控制变量							
解释变量	方程（1）	方程（2）	方程（3）	方程（4）	方程（5）	方程（6）	方程（7）	方程（8）
mark		−0.087 *** (0.0256)	−0.084 *** (0.0259)	−0.079 *** (0.0263)	0.0717 (0.057)	0.0752 (0.0576)	0.0718 (0.0554)	0.0650 (0.0568)
gexp			0.0057 (0.0079)	0.0041 (0.0081)	−0.0044 (0.0084)	−0.0051 (0.0085)	−0.0026 (0.0082)	−0.0023 (0.0082)
gscale				−0.2536 (0.1816)	−0.2620 (0.2753)	−0.2877 (0.2794)	−0.3467 (0.2693)	−0.3441 (0.2699)
gfdi					0.0144 ** (0.0058)	0.0141 ** (0.0058)	0.0142 ** (0.0056)	0.0142 ** (0.0056)
dummy08						−0.9925 (1.715)	−1.2190 (1.6519)	−1.1965 (1.6558)
dummy03							−6.238 *** (1.6380)	−6.2066 *** (1.6423)
dummy98								0.9665 (1.7219)
Cross section fixed	N	N	N	N	Y	Y	Y	Y
Cross section random	Y	Y	Y	Y	N	N	N	N
Period fixed	N	N	N	N	N	N	N	N
Period random	N	Y	N	N	N	N	N	N
R-squared	0.1513	0.1974	0.1994	0.2073	0.3386	0.3399	0.3924	0.3935
Adjusted-R	0.1235	0.1665	0.1641	0.1677	0.2647	0.2618	0.3164	0.3136
样本数	190	190	190	190	190	190	190	190

注：括号中的数字是标准差，*，** 和 *** 分别表示10%、5%和1%的显著水平。

从表3-3中可以看出以下几个方面。

（1）金融结构除了方程（1）、方程（2）显著为负之外，方程（3）~方程（8）都不显著，但符号仍保持一致。说明在东部发达地区金融结构在熨平经济波动上仍然起作用，但作用不如全国层面明显。可能是在东部发达地区的金融结构中，股票融资额相对其他两个地区较大，直接融资发展相对成熟，能相对地满足企业对于融资的需求，所以，金融结构在熨平经济波动上的边际影响就较小。

（2）与全国层面保持一致，第二产业和第三产业占 GDP 比重的系数仍然为负且显著，第三产业前的系数大于第二产业前的系数，表明东部地区的第三产业对于熨平经济波动的作用强于第二产业。

（3）交互项 $fs \times res2$ 的系数都不显著，说明东部地区的金融结构能够满足第二产业的融资需求，对经济波动的扰动程度不大。而交互项 $fs \times res3$ 在方程（1）～方程（5）中都是显著的，但在方程（6）～方程（8）中不显著，表明在东部地区，金融结构与第三产业的发展在一定程度上也是不匹配的，不能完全满足第三产业中企业的融资需求，对经济波动起到放大的作用，但没有全国层面严重。原因是东部地区的直接融资在全国是最发达的，且拥有多层次的融资体系，在一定程度上满足了知识和无形资产密集型企业的融资需求，使融资途径有一定的选择范围，即能满足企业选择最佳的融资途径，使代理成本最小化，但是，资本市场的发育程度还不够完善。

（4）金融发展的系数都不显著，可能是东部发达地区的金融发展程度已经达到了相当的程度，其对于稳定经济的边际影响已经很有限。

（5）在控制变量中，市场化程度的系数在方程（5）～方程（8）中为正，但是不显著，而在方程（2）～方程（4）中显著为负，说明在东部地区，市场化在熨平经济波动方面也发挥着作用。与全国层面一致，出口增长率仍然是不显著的。而在东部地区，政府规模的系数不显著，这可能是东部地区的市场化程度在全国是最高的，主要依靠市场配置资源，政府扮演服务的角色，对于经济的干预较少，所以，政府干预对经济波动的影响较微弱。外商直接投资增长率的系数符号与全国层面保持一致，且在 5% 的水平下显著，表明外商直接投资也是东部地区经济波动的重要因素。

3.3.2.3　基于中部地区数据的实证分析

表 3-4				回归分析结果——中部地区				
实际人均 GDP 波动率（bgdp）								
解释变量	方程（1）	方程（2）	方程（3）	方程（4）	方程（5）	方程（6）	方程（7）	方程（8）
fs	-1.0369 **	-0.540 ***	-0.5811 ***	0.4924	0.2799	0.2762	0.2793	0.2409
	(0.4332)	(0.1816)	(0.1845)	(0.4381)	(0.4379)	(0.4386)	(0.4347)	(0.4361)
$res2$	-0.302 ***	-0.0532	-0.0591	-0.434 ***	-0.472 ***	-0.461 ***	-0.423 ***	-0.4332 ***
	(0.0883)	(0.0730)	(0.0731)	(0.1471)	(0.1450)	(0.1458)	(0.1401)	(0.1464)

实际人均GDP波动率（bgdp）

解释变量	方程（1）	方程（2）	方程（3）	方程（4）	方程（5）	方程（6）	方程（7）	方程（8）
res3	−0.947*** (0.1405)	−0.324*** (0.1184)	−0.3266*** (0.1182)	1.4445*** (0.2275)	−1.473*** (0.2234)	−1.443*** (0.2267)	−1.391*** (0.2266)	−1.4054 (0.2269)
fd	−0.0314 (0.01997)	−0.018*** (0.0123)	−0.0206* (0.0124)	−0.086*** (0.0238)	−0.083*** (0.0234)	−0.084*** (0.0235)	−0.075*** (0.0238)	−0.0830*** (0.0248)
fs×res2	0.0071 (0.0046)	−0.0055** (0.0022)	0.0059*** (0.0022)	−0.0102** (0.0051)	−0.0084* (0.0050)	−0.0083 (0.0050)	−0.0083* (0.0049)	−0.0077 (0.0050)
fs×res3	0.01674** (0.0079)	0.0073** (0.0032)	0.0080** (0.0032)	−0.0047 (0.0078)	−0.0012 (0.0078)	−0.0013 (0.0078)	−0.0012 (0.0077)	−0.0090 (0.0077)
控制变量								
mark		−0.0577 (0.0425)	−0.0589 (0.0424)	−0.186*** (0.0697)	−0.1553** (0.0696)	−0.1748** (0.0738)	−0.1815** (0.0733)	−0.1782** (0.0733)
gexp		0.0106 (0.0089)	−0.0172 (0.0134)	−0.0138 (0.0132)	−0.0104 (0.0139)	−0.0078 (0.0138)	−0.0069 (0.0139)
gscale				0.974*** (0.1794)	0.9088*** (0.1794)	0.9514*** (0.1859)	0.9211*** (0.1850)	0.9361*** (0.1854)
gfdi					0.0134** (0.0053)	0.0139** (0.0054)	0.0135** (0.0053)	0.0132** (0.0053)
dummy08						1.3566 (1.7049)	1.2592 (1.6908)	1.2612 (1.6902)
dummy03							−2.8424* (1.5503)	−2.8489* (1.5497)
dummy98								−1.6760 (1.5977)
Cross section fixed	N	Y	Y	Y	Y	Y	Y	Y
Cross section random	Y	N	N	N	N	N	N	N
Period fixed	N	N	N	N	N	N	N	N
Period random	N	Y	N	N	N	N	N	N
R-squared	0.3441	0.9488	0.9494	0.6305	0.6472	0.6488	0.6576	0.6604
Adjusted-R	0.3169	0.9351	0.9353	0.5867	0.6024	0.6013	0.6083	0.6086
样本数	152	152	152	152	152	152	152	152

注：括号中的数字是标准差；*、**和***分别表示10%、5%和1%的显著水平。

从表 3-4 中可以看出以下几个方面。

（1）金融结构的系数在方程（1）~方程（3）中都为负且显著，在其余的方程中其系数都不显著，但显著程度高于东部地区，表明中部地区金融结构仍对于降低经济波动的作用高于东部地区，原因可能是中部地区的直接融资不如东部地区发达，因而，直接融资对于降低经济波动的边际影响较大。

（2）与全国层面和东部地区保持一致，第二产业占比与第三产业占比的系数为负，且大多在 1% 的水平下显著，其中，第三产业占比的系数大于第二产业占比的系数，说明在中部地区发展第三产业比第二产业对于稳定经济的作用更大。

（3）除方程（1）外，金融发展的系数都是显著为负的，这表明相对于东部地区，中部地区的金融发展程度相对较低，因此，其对于熨平经济波动的边际作用要强于东部地区。

（4）交互项 $fs \times res2$ 的系数除了在方程（1）、方程（6）、方程（8）中不显著外，其余的显著为负，表明中部地区的金融结构与第二产业的发展是相匹配的，仍然是由于其以银行为主导的金融结构对第二产业中的固定资产密集型企业融资具有比较优势。交互项 $fs \times res3$ 在方程（1）~方程（3）中显著为负，其余的不显著，说明中部地区的间接融资市场也不能满足第三产业中知识和无形资产密集型企业的融资需求，造成融资错位，使其通过间接融资而获得资金，从而导致代理成本升高，因而，对经济波动起到放大作用。

（5）与全国层面和东部地区相同的是，控制变量中的市场化程度能熨平经济波动，外商直接投资增长率能显著地加剧经济波动，而出口增长率不显著。政府规模在 1% 的水平上显著为正，表明在中部地区，地方政府对经济的干预较强，造成的影响较大。

3.3.2.4 基于西部地区数据的实证分析

表 3-5			回归分析结果—— 西部地区					
	实际人均 GDP 波动率（bgdp）							
解释变量	方程（1）	方程（2）	方程（3）	方程（4）	方程（5）	方程（6）	方程（7）	方程（8）
fs	-1.8487 *** (0.6413)	-1.5932 ** (0.6194)	-16001 ** (0.6230)	-1.2692 ** (0.6184)	-1.1554 ** (0.5850)	-1.2187 ** (0.5818)	-1.1080 * (0.5714)	-1.1115 * (0.5728)

续表

	实际人均 GDP 波动率（bgdp）							
解释变量	方程（1）	方程（2）	方程（3）	方程（4）	方程（5）	方程（6）	方程（7）	方程（8）
res2	−0.3336 *** (0.1067)	0.1951 (0.1612)	0.1919 (0.1637)	−0.0269 (0.1751)	−0.0192 (0.1655)	−0.0189 (0.1582)	−0.0178 (0.1623)	−0.0159 (0.1628)
res3	−1.0167 *** (0.1596)	−0.5199 *** (0.1927)	−0.5204 *** (0.1934)	−0.6025 *** (0.1913)	−0.645 *** (0.1810)	−0.686 *** (0.1816)	−0.633 *** (0.1787)	−0.636 *** (0.1794)
fd	−0.01556 (0.0247)	0.0051 (0.0242)	0.0052 (0.0243)	−0.0123 (0.0245)	−0.0058 (0.0232)	−0.0170 (0.0231)	0.0055 (0.0230)	0.0040 (00236)
fs × res2	−0.007 ** (0.0028)	0.0061 ** (0.0027)	0.006 ** (0.0028)	0.005 ** (0.0027)	0.0044 * (0.0026)	0.0047 * (0.0026)	0.0044 * (0.0025)	0.0044 * (0.0025)
fs × res3	0.040 *** (0.0142)	0.0350 ** (0.0137)	0.0352 ** (0.0138)	0.027 ** (0.0137)	0.0252 * (0.0130)	0.0267 * (0.0129)	0.0241 * (0.0127)	0.0242 * (0.0127)
	控制变量							
mark		−0.2458 *** (0.0577)	−0.2464 *** (0.0579)	−0.3204 *** (0.0611)	−0.2644 *** (0.0588)	−0.2359 *** (0.0577)	−0.2539 *** (0.0580)	−0.2510 *** (0.0589)
gexp			0.0023 (0.0146)	−0.0010 (0.0143)	−0.0035 (0.1357)	−0.0036 (0.0137)	0.0054 (0.0136)	0.0052 (0.0136)
gscale				0.341 *** (0.1063)	0.2661 *** (0.1016)	0.2259 ** (0.1004)	0.2419 ** (0.1102)	0.2412 ** (0.10048)
gfdi					0.0186 *** (0.0037)	0.0200 ** (0.0037)	0.0187 *** (0.0036)	0.0187 *** (0.0036)
dummy08						0.7833 (1.8861)	0.4996 (1.8421)	0.4909 (1.8463)
dummy03							−6.205 *** (1.8008)	−6.226 *** (1.8061)
dummy98								−0.5795 (1.8714)
Cross section fixed	N	N	N	Y	Y	N	Y	Y
Cross section random	Y	Y	Y	N	N	Y	N	N
Period fixed	N	N	N	N	N	N	N	N
Period random	N	N	N	N	N	N	N	N
R-squared	0.1928	0.2562	0.2576	0.9575	0.9622	0.2843	0.9643	0.9643
Adjusted-R	0.1709	0.2325	0.2305	0.9534	0.9583	0.2479	0.9603	0.9601
样本数	228	228	228	228	228	228	228	228

注：括号中的数字是标准差；＊、＊＊和＊＊＊分别表示 10%、5% 和 1% 的显著水平。

从表 3-5 中可以看出：

（1）金融结构的系数都是显著为负的，表明金融结构在抑制经济波动方面的作用非常明显，且要强于东部和中部地区。原因可能是西部地区的直接融资是最不发达的，因此，直接融资比例的增加将对经济波动产生的边际影响最大。

（2）第二产业占比的系数大多为负，除方程（1）外，其余的都不显著。第三产业占比的系数都为负，且在 1% 的水平上显著，其系数还明显大于第二产业占比的系数。表明在西部地区发展第三产业对于稳定经济波动的作用要大于第二产业。

（3）金融发展的系数都不显著，且系数的符号不稳定，因此，不能确定在西部地区金融发展对于经济波动的作用。

（4）交互项 $fs \times res2$ 的系数除方程（1）之外，都显著为正，交互项 $fs \times res3$ 的系数显著为正，表明西部地区的金融结构对于第二产业和第三产业的发展都是不匹配的，都对经济波动起到放大作用，但 $fs \times res2$ 的系数要明显小于 $fs \times res3$ 的系数，说明西部地区以银行为主导的金融结构对于第二产业中企业融资需求的满足程度要高于对第三产业中企业融资的满足程度，因此，金融结构与第二产业占比的相互作用造成的经济波动较小。

（5）在所有的控制变量中，市场化程度与东部、中部地区保持一致，能显著降低经济波动，出口增长率仍然不显著。政府规模的系数显著，说明西部地区政府的干预依然影响较大。外商直接投资增长率显著，说明外资影响经济波动明显。

3.3.3　实证分析结论

从以上的实证过程对全国层面和区域层面的分析，可以得出如下结论。

第一，无论是从全国层面，还是从东部、中部、西部地区来看，直接融资、经济结构中第二产业的发展都起到了稳定经济波动的作用，且除西部地区外，第二产业的发展与金融结构的交互作用都起到了稳定经济波动的作用。全国层面和东部、中部、西部地区第三产业的发展虽然对经济的波动起到熨平的作用，但其与当前以银行为主导的金融结构的交互作用却使经济的波动加剧。说明我国的金融结构和第二产业的发展总体是匹配的，和第三产业的发展是不匹配的，直接融资市场的发展滞后于我国的产业升级，即直接融资不能满足第三产业中高新技术产业的发展需求，存在融资错位现象，造成代理成本升高。

第二，从东部、中部、西部地区来看，金融结构变量在统计显著程度上依次上升，即金融结构中，直接融资对于经济波动的稳定作用依次增强，表明各地区间金融结构作用于经济波动是有差异的。东部地区的融资体系最为健全，直接融资所占的比重相对于中西部地区较高，因此，其对减弱经济波动的边际效应相对于中西部地区较小。西部地区的直接融资比重最小，金融体系不健全，因此，对直接融资的需求最为迫切，直接融资的增加对于代理成本的作用非常大，因此，对减弱经济波动的边际效应最大。而中部地区则介于东部、西部地区之间。

第三，虽然第二产业与金融结构的相互作用在东部、中部地区都起到了稳定经济波动的作用，但在西部地区确是加剧了经济的波动，说明在西部地区，以银行为主导的间接融资服务没能较好地满足第二产业中企业对于融资的需求，即西部的金融服务发展滞后于第二产业发展的融资需求。

第四，单从产业发展的角度来看，无论是在全国层面，还是在区域层面，第三产业的发展都对经济波动起到减弱的作用。

第五，政府支出规模无论是在全国层面，还是在区域层面都显著地加大了经济波动，且在区域层面的显著性在东中西部地区的显著性依次增强，同时，市场化程度指标在各层面和各区域也显著地减弱了经济波动。表明政府干预经济是经济波动的重要因素，政府的干预越强，经济波动越大；经济的市场化程度越高，即越是通过市场配置资源，越有助于减弱经济波动。

3.4 主要结论及政策建议

本章首先构建数理模型，从理论分析金融结构与经济结构的相互作用的经济波动的内在机理。并利用我国 30 个省份 1993～2011 年的省级面板数据，检验金融结构、经济结构的交互项与我国实际人均 GDP 经过 H-P 滤波后的波动成分的关系，考察金融结构与经济结构对我国经济波动的影响。

3.4.1 本章结论

实证结论如前所述。本章的理论结论主要有：

第一，由信息不对称导致的代理成本是影响经济波动的重要因素。

第二，当金融结构与经济结构相匹配时，由于信息不对称导致的逆向选择和道德风险使直接融资的代理成本高于间接融资的代理成本，从而金融结构越是以市场为导向，经济波动越剧烈。

第三，当金融机构与经济结构不相匹配时，发生错位融资，导致代理成本相对于最佳融资途径增加，代理成本的增加反过来使经济波动更加剧烈。

第四，金融结构与经济波动的相互匹配有助于减轻经济波动，两者的不匹配则会放大经济波动。

3.4.2 政策建议

第一，由本章的理论分析可知，代理成本是导致经济波动的重要因素，因此，减轻代理成本能在一定程度上减弱经济波动。代理成本的来源是经济中由于信息不对称而导致的逆向选择和道德风险，因此，可以通过政府干预使信息披露机制得以完善的方式减轻代理成本的影响。

第二，引导股票市场和债券市场等直接融资市场的健康发展。自我国对外开放以来，经历了从国外引进产品和技术的阶段，现在，发展到一些领域能够自主研发和创新，产业结构已经发生了较大的变化，第三产业的比重逐年上升，由于其处于技术前沿，其面临的风险主要是技术风险和市场风险，需要股票市场的价格信号引导资源的优化配置，并发挥其共担风险的作用，因此，股票市场在配置资金方面的作用也越来越突出。且由本章的分析可知，我国直接融资的发展滞后于产业结构的升级，因此，引导股票市场的健康发展，使其规模扩大并与经济结构相互匹配对于熨平经济波动有着重要的意义。

第三，因地制宜，针对不同地区的金融结构和经济结构的实际情况，以及经济发展水平的不同，实施不同的政策以引导金融结构朝着有利于经济发展变化的方向发展，尽力避免融资错位的现象发生。由于我国地域辽阔，各地区间的发展不平衡，东部沿海地区由于开放较早，发达程度高于中西部地区，从前面的分析中也可看出，西部地区的金融结构同时滞后于第二产业、第三产业的发展，而在中部、东部地区，金融结构滞后于第三产业的发展，因西部地区在现有的基础上还应该加强间接融资的建设，并同时注重培育直接融资市场以为产业结构逐渐向高级化发展做准备。而在中部、东部地区由于主要矛盾是直接融资的发展滞后于第三产业中高新技术产业的发展的融资需求，所以，应该加强建设直接融资市场。

第四，建立多层次的融资体系。在本章的分析中可以看出，融资错位所导致的代理成本的升高是经济波动加大的重要原因，仅仅将融资途径划分为直接融资和间接融资过于粗疏，还应该考虑各产业中各个企业的实际差异，如第三产业中也有风险和规模较小的企业，其比较适合间接融资或其他的融资途径。因此，不同的企业有不同的最佳融资途径，要是经济中的各类企业能够根据自身情况选择适合自身的融资方式，必须建立健全多层次的融资体系。

本章参考文献

［1］刘树成，张晓晶，张平．实现经济周期波动在适度高位的平滑化［J］．经济研究，2005（11）：10－21．

［2］白当伟．金融发展与内生经济波动［J］．经济学家，2004，16（2）：87－93．

［3］杜婷，庞东．金融冲击与经济波动的相关性：三个视角的分析［J］．中央财经大学学报，2006（10）：38－43．

［4］董利．金融发展与我国经济增长波动性实证分析［J］．经济管理，2006，14（11）：84－87．

［5］王翔，李凌．中国的金融发展、经济波动与经济增长：一项基于面板数据的研究［J］．上海经济研究，2009（2）．

［6］骆振心，杜亚斌．银行业发展与中国宏观经济波动：理论及实证［J］．当代经济科学，2009（1）．

［7］朱彤，漆鑫，李磊．金融发展、外生冲击与经济波动——基于我国省级面板数据的研究［J］．商业经济与管理，2011（1）．

［8］干春晖，郑若谷，余典范．中国产业结构变迁对经济增长的影响［J］．经济研究，2011（5）：4－16．

［9］方福前，詹新宇．产业结构升级对经济波动的熨平效应分析［J］．经济理论与经济管理，2011（9）：5－15．

［10］李云娥．宏观经济波动与产业结构变动的实证研究［J］．山东大学学报（哲学社会科学版），2008（3）：120－126．

［11］杨天宇，刘韵婷．中国经济结构调整对宏观经济波动的"熨平效

应"分析 [J]. 经济理论与经济管理, 2011 (7): 47-55.

[12] 李强. 产业结构变动加剧还是抑制经济波动 [J]. 经济管理研究, 2012 (7): 29-37.

[13] Bernanke B. , Gertler M. , Agency Costs, Net Worth, and Business Fluctuations [J]. *American Economic Review*, 1989, 79 (1): 14-31.

[14] Bernanke B. , Gertler M. , Gilchrist S. , Financial Accelerator and the Flight to Quality [J]. *The Review of Economics and Statistics*, 1996, 78 (1): 1-15.

[15] Kiyotak in, Moore J. , Credit Cycles [J]. *Journal of Political Economics*, 1997, 105 (2): 211-248.

[16] Aghion, P. , Banerjee, A. and Piketty, T. , "Dualism and Macroeconomic Volatility" [J], *The Quarterly Journal of Economics*, 1999, 114 (4): 1359-1397.

[17] Caballero, R. J. and Krishnamurthy, A. , "International and Domestic Collateral Constraints in A Model of Emerging Market Crises" [J]. *Journal of Monetary Economics*, 2001, 48 (3): 513-548.

[18] Acemoglu, D. and Zilibotti, F. , "Was Prometheus Unbound by Chance? Risk, Diversification, and Growth" [J]. Journal of Political Economy, 1997, 105 (4): 709-751.

[19] Bacchetta, P. and Caminal, R. , "Do Capital Market Imperfections Exacerbate Output Fluctuations?" [J]. *European Economic Review*, 2000, 44 (3): 449-468.

[20] Beck, T. , Lundberg, M. and Majnoni, G. , "Financial Intermediary Development and Growth Volatility: Do Intermediaries Dampen or Magnify Shocks?" [J]. *Journal of International Money and Finance*, 2006, 25 (7): 1146-1167.

[21] Silva, G. , "The Impact of Financial System Development on Business Cycles Volatility: Cross-country Evidence" [J]. *Journal of Macroeconomics*, 2002, 24 (2): 233-253.

[22] Lopez, J. A. and Spiegel, M. M. , "Financial Structure and Macroeconomic Performance Over the Short and Long Run" [A]. Pacific Basin Working Paper Series 02-05, Federal Reserve Bank of San Francisco, 2002.

[23] Denizer, C. A. , Iyigun, M. F. and Owen, A. , "Finance and Macroeconomic Volatility" [A]. in Contributions to Macroeconomics: 1 – 30, 2002.

[24] Raddatz, C. , "Liquidity Needs and Vulnerability to Financial Under Development" [J]. *Journal of Financial Economics*, 2006, 8 (3): 677 – 722.

[25] Tiryaki, G. F. , "Financial Development and Economic Fluctuations" [A]. Metu Studies in Development, 2003 (30): 89 – 106.

[26] Hahn, F. R. , "Financial Development and Macroeconomic Volatility Evidence from OECD Countries " [A]. Wifo Working Paper, 2003.

[27] Stock J. H. , Watson M. W. , *Has the Business Cycle Changed and Why?* [M]. NBER Macroeconomics Annual, Cambridge: The MIT Press, 2002.

[28] Peneder M. , Industrial Strucure and Aggregate Growth [Z]. WIFO Working Paper. Austrian Institute of Economic Research, Vienna, 2002.

[29] Eggers A. , Ioannides Y. The Role of Output Composition in the Stabilization of U. S Output Growth [J]. *Journal of Macroeconomics*, 2006, 28 (3): 585 – 595.

[30] Bacchante P. , Carina lR Do Capital Market Inperfections Exacerbate Output Fluctuations? [J]. *Journal of Financial Economics* , 2006 (80): 677 – 722.

[31] Thorsten B. , Mattias L. , Giovanni M. , Financial Intermediary Development and Growth Volatility: Do Intermediaries Dampen or Magnify Shocks? [J]. *Journal of International Money and Fiance*, 2006 (25): 1146 – 1167.

第4章 中国地区金融脆弱性研究

张昭光　郑长德

4.1 引言

4.1.1 选题背景及研究意义

4.1.1.1 选题背景

2008 年，国际金融危机全面爆发后，世界经济金融运行受到严重冲击，各个国家相继推出刺激性措施以重振经济，在短期内实现了一定的恢复性增长。然而，随着宽松货币政策和财政政策负面效应的显现，世界范围普遍面临通货膨胀、公共债务负担过重等问题，同时，也为金融市场动荡、失业率高企、人口老龄化等方面的问题所困扰。特别是希腊因巨额财政赤字和公共债务而激发了欧洲国度债务危机，欧元区国家的债务率和赤字率普遍高于国际警戒线。随着欧美债务危机愈演愈烈，由此产生的多米诺效应波及全球，自 2011 年以来，各国经济增长速度不断下调，使得全球经济再次面临衰退风险。国家债务危机，也是一场资产负债表危机，本质上都是归因于国家经济整体负债率过高而使得宏观金融风险突出。

2015 年，国际经济环境比预料中显得更加严峻，我国经济也面临更大的压力，从国际环境看，世界经济外部需求不足的局面及其影响仍在继续，经济的苏醒将是迟缓且曲折的；从国内环境看，经济复苏的根基还未稳定，一些深层次的问题仍然存在，具体表现为：经济增长的内部动力不够、部分行业产能过剩、银行不良资产潜在的风险增大。

在当前复杂的国际经济环境下，世界各国之前推出的宽松货币财政政策的负面效应已经显现，2015 年，全球经济略显复苏迹象，但并不明显。根据世界银行 2016 年 1 月的数据，2015 年全球经济增速为 3.0%，发达国家 2015 年经济增速为 2.0%，新兴市场经济体和发展中国家在 2015 年的经济增长率为 4.0%，中国经济的增速约为 7.1%。因此，与其他国家相比，中国的经济增长较为乐观。然而，欧洲经济体内的经济布局失衡问题在短期内仍难以处理，通货膨胀及紧缩风险、金融危机留下的债务螺旋等压力仍未解决，地缘政治冲突造成的欧俄相互之间的经济制裁也影响着经济的稳定发展。欧美等国家作为我国重要的贸易伙伴，其债务问题引发国际金融贸易条件发生重大变化，引发了我国贸易结构的脆弱性问题，另外，也对中国东部外贸依存度较高的省份提出了挑战，要求其拓展市场，寻找新的增长点。

伴随着"后危机"时代的来临，中国的经济、金融发展仍需面临诸多风险。在建立了 30 多年的高经济增长后，增长速度开始放缓，金融对实体经济的支持尚待加强，房地产市场风险有所上升，地方政府不仅面临着巨大的资金压力，还将迎来集中还款高峰，再加上我国民间金融发展中存在的一些问题，都将影响我国经济金融的健康发展。我国在过去的发展过程中，由于不同地区的生产要素禀赋、经济基础和发展战略等方面的不同，造成各地区经济的发展不平衡，尤其是欧美国家的债务危机爆发以后，贸易金融的要求不断变化，汇市股市价格大幅波动，造成了区域金融的不稳定。因此，一个地区局部的金融风险积累到一定的水平会造成区域性的金融危机，并通过特定的方式影响别的地区甚至是一个国家的金融安全。

4.1.1.2 研究意义

金融危机给我们带来了深层次的思考：一个稳定的金融体系才能维护国民经济的健康发展和宏观经济的稳定。金融危机对全球经济产生了强烈的冲击和影响，激发了国际社会对防范、化解系统性的金融风险、维护金融安全的重视，同时，也使我们认识到了维护金融稳定的重要意义，并加强了对金融稳定更深层次的认识。在全球经济金融发展一体化的大背景下，不同国家与地区以及各个经济体之间的关系也更加密切，进而也进一步地放大了金融风险，金融风险的传播速度和影响范围越来越迅速、越来越广泛。在此背景下，全面检测、量化各个地区金融体系的稳健性与脆弱性，对促进各金融体系的稳定快速发展有着重要意义。

本章采用资产负债结构分析法，从公共部门、金融部门、企业部门、家户部门四个维度出发，选取相关的衡量指标，构建了地区金融脆弱性的综合指标，进而从整体上分析我国不同地区的金融脆弱性状况。

地区金融脆弱性往往会引发一个国家的金融脆弱性，因此，国家需要建立一个以分地区、分层次为基础的金融风险预警系统。由于我国正在进行经济、金融体制的变革，同时，还处于金融全球化的浪潮中，因此，有必要对我国地区金融脆弱性的问题进行研究。

4.1.2　研究方法

由于影响金融脆弱性因素具有多样性，国际上尚未形成一套比较权威的金融脆弱性评估技术和方法。目前，国内各地区大多应用压力测试的技术方法，从流动性风险、利率风险、信用风险、汇率风险等方面评估地方法人金融机构（主要是地方法人银行机构）的金融脆弱性，本章从公共部门、金融部门、企业部门以及家户部门四个主体角度的相关指标出发，运用资产负债结构分析方法构建评估区域金融脆弱性的综合指标。本章主要采用以下几种技术路线。

第一，构建综合评价指标体系。按照充分性、相关性、可操作性的原则，测算选取涵盖公共部门、金融部门、企业部门、家户部门以及金融生态环境等方面的多项指标，构建区域金融脆弱性评估的基础指标数据库。指标选取标准的要求能够真实反映区域金融脆弱性稳定的状态，指标之间尽量相互独立。第二，指标数据的标准化处理和确定各自权重。根据不同类别的指标，对货币计量单位不同的数据进行了标准化处理。沿用《中国与全球宏观金融风险报告》中的金融风险综合指数相关指标和权重，较有效地解决复杂的指标权重确定问题。第三，根据权重对指标数据进行了汇总，并计算出地区金融脆弱性的综合指标。设定警戒值，并观察是否超过警戒线、风险值。并根据计算的综合指标，判断本地区的金融脆弱性程度。

从目前的运行情况看，以综合评价法为基础的区域金融脆弱性评估系统是一套较为全面的评估体系，指标覆盖面广。沿用《中国与全球宏观金融风险报告》中的金融风险综合指数相关指标和权重，较有效地解决复杂的指标权重确定问题，最终得出的综合评价指数不仅便于更加直观清除地了解当前的金融脆弱性状况，而且能够较好地显示该地区金融稳定状况的动态变化路径。但是，若要据此进行区域间的金融脆弱性状况比较，考虑地区之间的差异，在指标体系的设计、指标权重的设定等方面仍面临着许多难题，有待进一步深入探讨研究。

在区域金融脆弱性评估分析中，如何划分区域单元将直接影响分析结论，这是因为区域金融差异在不同的空间格局上所表现的特征是不一样的。因此，准确把握我国区域金融差异的前提就是要选择合适的区域单元。

根据我国区域金融差异发展的区域特征，本章主要采用以我国各省、自治区、直辖市为基本的区域单元，简称地区。其原因有以下几点：其一，且改革开放以来，在中央对地方经济发展的放权过程中，我国各地区已逐渐成为具有相对独立经济利益的经济主体，我国区域金融差异主要由地方政府行为引起。其二，我国对金融资源的空间分配主要是在地区层面上展开的。基于经济和金融发展互动，一个省区金融资源的多寡又会影响这个省区的经济发展。其三，我国金融机构一直按照行政区划设置分支机构，按照行政区划设置金融机构已对我国各地区的金融发展产生重大影响。

4.1.3 研究结构框架

区域金融脆弱性是针对我们国家这样一个区域发展差异明显的大国经济而提出的创新概念，在国外并无这样的说法。本章以宏观金融工程理论为基础，从公共部门、金融部门、企业部门以及家户部门四个主体角度的相关指标出发，采用资产负债结构分析方法构建并评估地区金融脆弱性的综合指标，对各地区金融脆弱性进行比较。最后，运用面板模型对地区金融脆弱性进行实证分析，分析经济增长、政府干预、房地产价格波动对地区金融脆弱性的影响，并为改善地区金融脆弱性提供建议。

本章共分为6节，第4.1节为引言部分，主要介绍了本章相关的背景及意义，并阐述了本章的主要框架与创新点；第4.2节为国内外研究综述，根据目前研究的现状对国内外关于金融脆弱性的界定、区域金融脆弱性的由来以及目前国内外对区域金融脆弱性的相关研究进行了阐述，还对地区金融脆弱性与经济增长的相关研究进行了介绍，并指出了目前研究中存在的不足；第4.3节介绍了区域金融脆弱性的影响因素及表现，运用资产负债结构分析方法，并从公共部门、金融部门、企业部门和家户部门四个层面展现地区金融脆弱性的表现；第4.4节主要是从公共部门、金融部门、企业部门和家户部门四个层面构建地区金融脆弱性综合指标，并分别从省级层面和区域层面分析金融脆弱性；第4.5节中运用第4.4节测算的地区金融脆弱性综合指标对我国31个省（区、市）做省级面板模型的实证分析，分析经济增长、政府干预、房地产价格波动对地区金融脆弱性的影响；第4.6节为结论与政策建议。具体架构见图4-1。

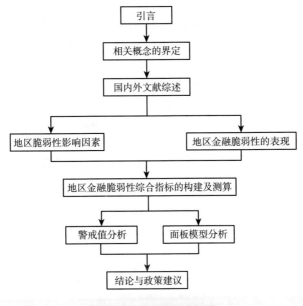

图4-1 本章的研究结构

4.2 相关概念的界定及文献综述

4.2.1 相关概念的界定

4.2.1.1 金融脆弱性的概念界定

脆弱性，是约瑟夫奈与基欧汉在《权力与相互依赖》中创造的用于分析国际政治的概念，它是指改变相互之间依赖的体系所引起的代价。它也可以被看作违反或改动游戏规则需要付出的代价。脆弱性是自然、动植物、动植物群体、社会、国家、制度等众多属性中部分属性的集合，是表示事物应对波动性、随机性、压力等的变化趋势，这个变化趋势如果不能够更好地应对波动性、随机性、压力等，表示这些事物应对波动性是脆弱的；如果这个变化趋势对事物没有影响，则表示这事物应对波动是强韧的；如果事物应对波动表现出更大的适应性、获得益处，则表示这事物应对波动有反脆弱性。

20 世纪 80 年代，伴随着金融危机的到来，国内外学者开展了对金融脆弱性的研究。他们从不同的角度出发，对金融脆弱性的概念进行了界定，见表 4 - 1。

表 4 - 1　　　　　　　　　　　金融脆弱性的定义

代表性作者	定义
明斯基（Minshy，1982）	企业高负债经营的特点决定了金融系统具有更容易出现问题的特点，该特性被称为金融内在脆弱性
克雷加尔（J. A. Kregal，1997）	从银行角度研究信贷市场的脆弱性，提出了"安全边界说"，指出银行不恰当的评估方法是信贷市场脆弱的主要原因
黄金老（2001）	从广义的角度定义了金融脆弱性，认为它是一种趋于高风险的金融状态，并且这种状态在一切融资领域中的风险急剧增大，融资领域包括信贷融资和金融市场融资方面
伍志文（2003）	金融脆弱性是一种因金融制度、金融结构内部的不平衡导致金融风险聚集，进而造成金融体系某些或者全部功能丧失的状态
刘秀娟、攻云华（2007）	金融脆弱性是指金融制度或金融体系的脆弱性，由于内外因素的作用，丧失了功能或全部的功能，稳健的金融体系出现混乱，金融制度的结构呈现非均衡，从而导致风险积聚和金融危机爆发
刘慧悦、刘金全（2013）	金融脆弱性由金融风险发生和金融主体对风险做出反应的关系、频率和时间决定的，它阐述了金融系统因丧失风险抗御能力所表现出机体赢弱特征的一种病理状态

资料来源：在国内外学者研究的基础上整理汇总。

4.2.1.2　区域金融脆弱性的由来

在统一的经济体内，微观经济主体之间的个体风险是由信用等级不同引起的，产业之间的风险差异是由经济周期和经济结构变动造成的。但在统一的经济体内部的各个地区，不会存在比较显著的风险差异。但是，我国的情况却显然不是这样。我国是一个国土辽阔的大国，各地自然禀赋的差异再加上其他诸多因素形成了我国各地区经济、金融发展水平的差异，使区域经济、金融发展的不平衡现象比较突出。在东部地区的金融领域内，自身的金融资源相对丰富，结构相对优化，拥有健全的金融制度和成熟的金融市场体系，融资渠道具有多样性，资本的流动性较高，拥有便捷的投融资平台，使金融资源的利用率较高。与东部相比，中西部的金融资本容量不足，增量规模较小，金融组织体系单一，金融市场发展落后，金融资源的使用效率不高。因各地区之间的经济发展、财政和金融资源分布不均衡等现象，使国内不同地区金融业的健康程度存在很大差异，不同地区面临的金融风险有显著差异。

区域金融是一个国家的金融在空间上的分布状态，主要体现在结构与运行方面，由若干金融区域构成，且各金融区域的形态和层次不同，金融区域的活动也相对比较集中。一个国家的区域金融体系是由这些区域的金融结构差异、差异互补和相互关联构成的。在现代市场经济条件下，区域金融是大国经济运作的一种客观现象。在国家的经济体系中，由于经济资源分布不均衡、经济发展不平衡、产业分工布局不平衡等因素，使大国经济在空间结构层面上具有显著的区域性特点。在区域经济的发展中，金融的发展和运作不仅直接反映出经济运行的区域性特点，而且自身也有显著的区域性，同时，区域经济运行有时也要依赖于金融的支持和促进。

区域金融脆弱性是指在金融体系运行的经济区内，经济主体遭到或面临攻击时脆弱的状态。国家金融脆弱性是由一个经济地区金融脆弱性的风险积累并传递给与该区经济贸易往来非常密切的区域所造成的，最终将导致国家的金融危机。目前，宏观金融风险已经有了较多的关注和研究，区域机构微观金融风险的传播、扩散、放大而形成了关联性的金融风险。因此，在研究区域金融风险时应更加强对区域内部个别或部分机构的微观金融风险进行研究。

4.2.1.3 区域金融脆弱性与国家金融脆弱性的关系

国家金融脆弱性和区域金融脆弱性两者是不可分割的，区域间的金融脆弱性会造成国家整体的金融脆弱性，国家整体的金融脆弱性会影响某个区域的金融稳定。我们不仅要关注国家整体的金融脆弱性，更要关注区域的金融脆弱性。国家整体的金融稳定发展决定了区域金融系统的正常运行。但是，重要区域的金融系统的健康有序发展在一定程度上决定了国家整体的金融稳定。因此，我们有必要加强对区域金融脆弱性的研究，分析造成区域金融不稳定性的因素，促进区域金融的稳定发展，进而使国家金融的调控作用得到最大程度上的发挥。但是，区域金融脆弱性与整体金融脆弱性具有明显的差异。国家之间由于没有统一的货币单位，且存在一定的贸易壁垒，因此，国家之间的金融危机的传播范围比较小。而地区的金融部门之间有统一的衡量货币，几乎没有任何的业务壁垒，因此，金融风险在地区间的传播缺乏阻力，更易使风险聚集。由于国家整体的金融活动更容易调控和协调，能更好地应对地区的金融风险，因此，学者很少从微观层面研究国家的金融脆弱性。相反，区域金融脆弱性主要是由区域内某个行业或者某个企业的金融风险引起的，因此，需要从微观层面研究区域的金融脆弱性。

4.2.2 区域金融脆弱性的相关研究

4.2.2.1 国外相关研究

国外的研究主要从内部或者外部经济层面研究区域经济增长和金融稳定的影响，对区域金融脆弱性的研究较少，缺少全面的分析和评估。

罗伯茨和费希凯德（Roberts and Fishkind，1979）通过对区域信贷市场分割进行研究，得出：区域的孤立性越强，利率的空间差异性就越大。区域与外界缺少联系，会造成较高的交易成本、较低的使用性和很高的金融信息成本，同时，引起区域资本在信贷市场的供求不足。沙夫（Schaaf，1966）从金融风险、空间距离和需求压力三个方面出发，并使用借款——价值比率指标研究美国 10 年之间（1964～1974 年）担保利率区域差异形成的原因；但是，温格（Winger，1969）指出，沙夫测量担保利率区域差异的指标不合理，并认为，不同的借款人对资本的偏好程度和受资本运作条款的限制不同，很大程度上导致了不同的借款人对相同的风险会做出不同的反应，他还指出，区域增长的差异引起了区域的风险差异。韦勒（Weller，2001）对新兴市场国家金融稳定性进行了研究，采用 27 个新兴市场国家 25 年（1973～1998 年）的数据并进行定量的分析，得出：外部金融危机的影响很可能是由金融自由化造成的，他还认为，随着国家的开放，金融自由化带来了外部资本的大量涌入，同时，造成了汇率短期内被高估，这就提高了爆发金融风险的可能性。格鲁本和麦克劳德（Gruben and McLeod，2002）采用并研究了世界上 100 个国家的经济金融数据，得出：在 20 世纪 90 年代，资本账户的开放将会显著地影响处于较低水平的通货膨胀率，这也表明，资本账户的开放对经济的稳定发展具有重要的影响。

钱特（John Chant，2003）指出，金融不稳定主要通过金融机构、非金融机构危及实体经济，又反作用于金融机构，导致金融机构坏账增多，缺乏资金继续运营。蔡（Kellee S. Tsai，2004）通过研究中国和印度农村非正规金融机构的运营机制和经营状况，得出：区域金融市场的信息不对称，不但限制了农村金融市场的发展，而且扩大了农村与城市之间的金融发展差距，进而这一差距影响区域金融稳定。道（Sheila C. Dow，2006）研究得出，人们对区域经济的信心主要取决于区域信贷的供给，人们对该区域经济的发展越有信心，该区域的金融资源配置率就越高，进而促进经济的高速增长，金融也会更加稳定。该结论很好地阐释了投资偏好与区域信贷供应差异的关系。格隆提等（V. Glonti et al.，2009）分析了区域财政收入和支出对区域金融脆弱性的关系，研究得出，区域财政收入和支出结构以及收支平衡对区域金融健康发展的重要性，它们的改善将增强区域金融安全，降低金融风险，提升区域对外部其他因素冲击的抵御能力，并确保区域内微观和宏观的经济生态环境。阿比丁（Mahani Zainal Abidin，2009）研究了区域金融稳定和经济增长的关系，从金融监管的合作需求出发，以东亚经济在亚洲金融危机和 2008 年次贷危机时的发展为案例，指出国家性金融机构在危机时出现资金紧张、经营状况急剧下滑，从而将危机传至其他国家，并危及区域金融安全和经济发展。明斯基（Hyman Minsky，2010）在其"金融不稳定假说"中如此阐释：金融体系基于现代金融机构的信用创造特征具有先天的内在不稳定性，这种不稳定性是造成金融风险的重要内在因素之一。他还认为，金融体系天生存在脆弱性，经济周期的发展和金融危机具有关联性，政府干预并不能从本质上解决金融脆弱性的问题。麦金农在其作品《经济市场化的次序》中，把一个国家看作一个区域，指出该国的经济发展与国家内部运行的金融体制之间存在相互刺激、相互制约的关系。他还指出，发展中国家金融抑制和经济落后恶性循环是由于政府在金融发展的过程中过度干预，从而抑制了金融体系的发展。

4.2.2.2　国内相关研究

（1）国内对区域金融脆弱性的相关研究。国外学者对区域金融风险的研究主要从货币政策层面分析对区域经济的发展和区域利率的差异性，没有对金融风险进行深入的研究。国内学者则专注于区域稳定的定量研究，但是缺乏对金融风险的系统分析。

近年来，国内学者对地区金融脆弱性有较多的研究，主要分为两类。第一类沿用欧洲中央银行（ECB）对金融脆弱性的评估方法，并从银行系统健全指标、影响银行系统宏观的经济要素、危机传染因素三个角度进行分析。曹源芳、蔡泽祥（2013）用资本市场银行日收益率指标作为金融风险的代理变量，分析论证了金融风险在中国国内各地区连带效应的存在性。陈丽杰（2013）从银行业、保险业、证券业三方面研究了河北省金融风险的影响因素和金融安全程度。贾拓（2012）以泰州为例，构建了以宏观经济金融、地区经济和地区金融三个层面为纬度的金融风险预警模型，并利用 MS-VAR 模型构建风险预警子系统，刻画了 1988～2010 年金融风险的历史信息。还有赖娴（2009）、汪祖杰和吴江（2006）、汤俐（2014）等也采取了类似的方法对区域金融脆弱性进行了研究。第二类从财务角度，通过宏观资产负债结构分析方法分析地区的金融风险。陈锐（2010）从宏观资产负债表角度出发，采用资产负债表结构分析方法或所有者权益结构分析方法研究了中部地区的金融稳定性，从宏观层面上分析了中部地区金融稳定情况。叶永刚（2014）运用宏观资产负债表法对湖北省通山县金融风险进行了分析和评估，得到结果为通山县整体经济金融运行是稳健的，但是，部门中也存在欠发达地区长期投资占用款项引起的期限不匹配的风险、企业成长期的经营风险、家户部门的金融资产结构不均衡风险、公共部门财政薄弱的债务补给能力和跨部门的风险传导等问题。另外，王哲（2011）、李盛（2011）等也采用宏观资产负债表的方法分析了区域性金融风险。

从现有学者的研究分析，目前大多从宏观角度来研究金融脆弱性，对区域金融脆弱性研究还不充分。本章在借鉴前人研究的基础上，通过将一个地区分为公共部门、金融部门、企业部门、家户部门四大部门以及地区金融安全生态环境指标，并在此基础上对各部门的资产及负债情况进行了加总，计算全国 31 个地区的金融脆弱性综合指标。

（2）区域金融脆弱性与经济增长的关系研究。随着经济的发展，金融资本在经济体系中的作用和影响力越来越大，金融的稳定发展是由经济健康运行决定的，并且金融系统的稳定也是经济快速增长的重要条件。因此，金融稳定与经济发展是相互作用、相互影响的关系。目前，学者关于金融脆弱性与经济增长的关系的研究，主要有以下几个层面。

刘卫江（2002）对中国银行的脆弱性进行了研究，得出：银行系统脆弱性与宏观经济变量有显著的相关关系。伍志文（2003）建立通货膨胀率、财政赤字与 GDP 的比率等 21 个指标，运用最小二乘法、离散因变量模型，研究了我国银行体系目前的脆弱性程度以及脆弱性的成因。实证研究得出：银行体系脆弱性本质上是由金融的不稳定性造成的，同时，如果银行体系受金融与宏观经济不稳定性的共同作用，将严重影响自身的脆弱性程度。伍志文（2008）采用面板数据的分析方法，分别以 18 个国家（1982～2003 年）及 24 个国家（1992～2003 年）的经济金融数据为样本，分析在金融一体化的两个样本作用下对金融稳定性产生的影响。结论表明：金融一体化与金融的稳定性两者之间不存在显著的相关关系。崔建军和王利辉（2014）选取我国 1999～2011 年的金融面板数据，采用广义矩估计分析法，对金融全球化、金融稳定和经济增长三者之间的关系进行了深入分析，研究表明：金融全球化影响了金融的稳定发展；但是金融稳定与金融全球化都能促进经济增长。另外，他们认为，政府如果想要最大程度上促进经济的增长，需要考虑金融体系的开放性与稳定性程度。周兵等（2013）研究了宏观政策对金融稳定与经济增长的影响，得出：提升金融系统稳定、促进经济增长需要保证金融系统的开放与汇率的稳定，不过货币政策的独立与否对提升金融的稳定影响不太明显。

李佳（2013）从资产证券化角度出发，研究了金融创新对我国金融系统稳定性的作用，提出金融创新可能会造成金融系统的不稳定，进而发展为金融危机，最终将影响实体经济的健康、稳定发展。俞树毅、高峰、张燕（2004）运用微观经济学理论建立了金融系统微观传导机制，论证了金融脆弱性与经济增长的关系，提出要想金融体系能正常运作并发挥作用，需要在金融、保险市场的改革过程中建立并完善成熟的资本市场的观点。同时，林珏和杨荣海（2011）通过建立非平衡面板数据模型，研究分析了发达国家和新兴市场国家的金融脆弱性与经济增长之间的关系，发现金融脆弱性对两类国家的影响大不相同，但是，金融稳定有利于促进经济的增长。

4.2.2.3　相关研究评述

纵观现有国内外学者的研究，国内外对金融脆弱性的研究在不同程度上显示出一国（地区）金融脆弱性的某些特点，但是，对金融脆弱性与经济增长关系的研究尚存在一些不足，主要体现在以下几个方面。

第一，在金融脆弱性指标体系的制定上，大多数学者只注重银行系统脆弱性的研究，没有将证券业和保险业纳入金融脆弱性指标中进行分析。但在现代金融服务业中，证券业和保险业占有很大的比重，如果不把证券期货、保险等行业纳入金融脆弱性指标中进行分析，而仅仅只考虑银行系统，会造成金融系统脆弱指标的片面化。同时，在经济指标的选取上，以往主要由经济总量来度量，忽视企业部门和家户部门对金融脆弱性的影响。因此，本章对现有金融脆弱性综合指标体系进行了改进，扩大覆盖面，选取更具代表性的指标，使其更适于研究地区金融脆弱性；然后用资产负债结构分析法构建地区金融脆弱性的指标体系。

第二，在分析方法方面，大多数学者采取 VECM 或 VAR 等条件均值模型，但是，多数经济数据多有尖峰厚尾分布的特性，可能造成上述条件均值模型估计的参数不准确，所以，本章使用资产负债结构方法构建区域金融脆弱性的综合指标，并运用单位根检验、Hausman 检验、面板固定效应模型等方法，理论分析和实证研究相结合，分析了我国 2005～2013 年地区经济增长对地区金融脆弱性的影响。

从以上文献可以看出，国外学者对区域金融脆弱性的研究大多以国家为单位，鲜有将国家划分为若干区域，或者以行政地区为单位进行研究。由于发达国家在数据上更易获取，国外学者一般将发达国家作为研究对象，很少对发展中国家进行研究。另外，国内外学者大多从经济与金融方面分析对区域金融稳定的影响，缺少对地区金融脆弱性的直接研究。

4.3 中国地区金融脆弱性的表现与评估方法

4.3.1 地区金融脆弱性的表现

随着欧美国家汇市、股市价格的大幅波动，债务危机引发的贸易金融条件变化，这些不同程度地对我国各地区的经济发展产生了不同程度的影响。本章从我国省级层面对我国宏观金融风险进行结构分析，运用资产负债结构分析方法，从公共部门、金融部门、企业部门和家户部门四个角度出发，得出这四个维度的部门对地区金融脆弱性的表现特征。

4.3.1.1 公共部门

我国经济运行大体平稳，但也面临着以下问题：金融数据滞后于经济数据、经济结构亟须优化、国际经济和政策的变化有较大不确定性。面对纵横交错的国内外经济形势，全国各地区经济金融发展的结构性失衡问题依然突出。

地方政府，不仅要应对自身的债务风险，还要全部承受来自当地企业和家庭的风险。欧美国家债务危机，其实就是来自资产负债表的危机。公共债务属于公共部门的负债部分，一旦政府持有公共债务规模过高甚至超过国际警戒线就可能引发主权债务危机。

从财政收支及缺口的角度，对我国 31 个省份的公共部门进行了比较分析。2013 年，多数省份财政预算缺口均有小幅扩大，赤字率基本与 2012 年持平。随着财政收入的增长，我国各省地方政府财政支出也在持续上升。2013 年，我国各省份的财政预算缺口进一步扩大，有 18 个省份的财政缺口超过 1500 亿元，其中，河南和四川最高，财政缺口超过了 3000 亿元。结合各省地区生产总值计算赤字率可较为全面地反映地方财政风险，见图 4－2。西藏的赤字率仍为全国最高，达到了 113.82%；青海的赤字率为 47.79%，贵州，云南、宁夏、甘肃和新疆的赤字率也均超过了 20%；赤字率最低的是上海，仅为 1.94%，东部省份——江苏、浙江、广东、天津、北京、福建和山东的赤字率也低于 5%。这些数据表明，东部省份公共部门风险较小，西部省份公共部门风险较为突出，而中部和东北省份公共部门的预算赤字率不高，相应的风险水平也适中。[①]

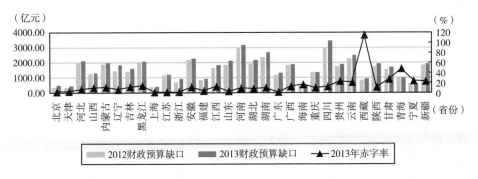

图 4－2　2012～2013 年中国 31 个省（区、市）地方政府财政预算缺口情况

资料来源：《中国统计年鉴》（2013、2014）

4.3.1.2　金融部门

对 2013 年各省份商业银行不良贷款率、银行业存贷比进行比较，以进一步揭示我国金融部门风险的结构性差异。

从商业银行的区域分布看，各地区呈现不同的态势，见图 4－3。大多东部省份不良贷款率呈明显上升趋势，如江苏、福建、上海、浙江、山东；而大多西部省份有明显的下降，如陕西、四川、甘肃、贵州、青海、云南、西藏、新疆。横向来看，2013 年，浙江省为全国最高，达到了 1.98%；最低的是重庆，仅有 0.35%；北京、海南、云南和西藏的不良贷款率相对较低，均在 0.6% 以下；增幅较大的有福建和内蒙古，不良贷款率分别增加了 61%、33%。[②]

---

① 数据来源于国家统计局《中国统计年鉴》（2011～2013）。
② 数据来源于中国人民银行：《2011—2013 年中国区域金融运行报告》。

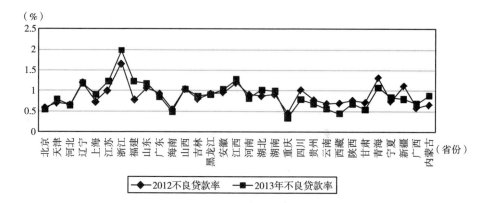

图 4 - 3　2012 ~ 2013 年省域不良贷款率

资料来源：中国人民银行货币政策分析小组，《中国区域金融运行报告》，http：//www. pbc. gov. cn/zhengcehuobisi/125207/125227/125960/126049/3564964/3564228/index. html

2013 年，31 个省份存贷款有不同程度的增加，存贷比有增有减。见图 4 - 4，广东省存贷规模最大，存款和贷款分别达到 11.6 万亿元、7.5 万亿元；北京、江苏、浙江、上海的存款额和贷款额分别在 6 万亿元和 4 万亿元以上；存贷规模较小的省份是海南、西藏、青海、宁夏，存款额和贷款额均不足万亿元。2013 年，各省份的存贷比排名变化不大，西藏、北京和山西依然保持在全国最低水平，存贷比分别为 43.06%、52.24%、57.20%；宁夏存贷比仍为全国最高为 101.70%；福建、天津、内蒙古、青海的存贷比均高于 85%。①

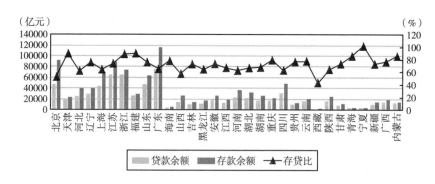

图 4 - 4　2013 年省域金融部门存贷比

资料来源：中国人民银行货币政策分析小组，《中国区域金融运行报告》，http：//www. pbc. gov. cn/zhengcehuobisi/125207/125227/125960/126049/3564964/3564228/index. html

① 数据来源于中国人民银行：《2011—2013 年各省份区域金融运行报告》。

4.3.1.3　企业部门

受历史因素影响，我国各地区发展战略不同，各省份的经济规模和风险状况有显著差异。规模以上工业企业是企业部门中质量较高的群体，用规模以上工业企业的数据代表整个企业部门进行风险分析会有一定的低估。

随着经济的快速发展，我国 31 个省份工业企业的资产负债规模差异也在加大，见图 4 – 5。工业企业部门的资产规模，截至 2013 年末，江苏省工业企业总资产达到 9.2 万亿元，为全国最高；山东、广东、浙江工业企业总资产分别达到 7.8 万亿元、7.7 万亿元、5.9 万亿元，北京、河北、辽宁、湖北、四川、上海和河南也都介于 3 万亿元 ~ 5 万亿元；西部省份工业企业取得了较快的发展，陕西、云南、甘肃、新疆、重庆和广西也都突破万亿元，但西藏资产规模不足千亿元。结合工业企业负债增长情况，分析各省的负债率，其中，新疆、宁夏的资产负债率处于 50% 以下。由于负债融资过快增长，2013 年资产负债率最高的是北京，为 71.32%；其次是天津和河北，资产负债率分别为 66.53% 、66.24% ；其余 26 个省份的资产负债率均处于 50% ~65% 之间。[①]

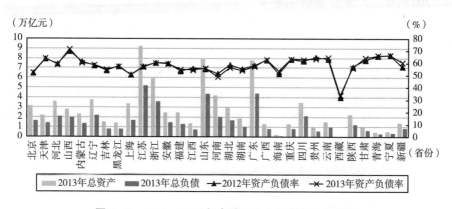

图 4 – 5　2012 ~ 2013 年省域工业企业资产负债情况

资料来源：《中国统计年鉴》(2013—2014)。

4.3.1.4　家户部门

与发达经济体相比，中国的家户部门风险并不突出。围绕 2012 ~ 2013 年 31 个省份家户部门的存贷比、城镇家户人均消费性支出与人均可支配收入的

---

① 　数据来源于国家统计局《中国统计年鉴》(2011 ~ 2013)。

比值、农村家户人均生活消费支出与人均纯收入的比值进行分等展开分析，进一步揭示我国家户部门的风险结构。

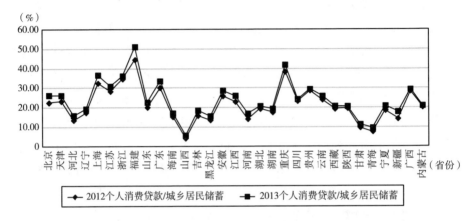

图4－6　2012—2013年31个省域家户部门存贷比

资料来源：中国人民银行货币政策分析小组，《中国区域金融运行报告》，http：//www. pbc. gov. cn/zhengcehuobisi/125207/125227/125960/126049/3564964/3564228/index. html

2013年，大部分省份的存贷比较上年进一步增加，见图4－6。福建、重庆家户部门的存贷比分别为51.19%、41.93%，是全国最高的两个；上海、浙江、江苏、广东家户部门的存贷比也较高，均超过30%；山西省家户部门存贷比居全国最低，只有5.69%；青海存贷比也较低，为9.57%；甘肃、黑龙江、河北、河南、吉林、海南、辽宁等8省存贷比处于10%～20%之间，陕西、湖北、西藏、宁夏、山东、四川等14个省份存贷比处于20%～30%之间。①

4.3.2　中国地区金融脆弱性的评估方法

4.3.2.1　金融脆弱性现有的评估体系

金融脆弱性的一般理论与地区经济特点的分析相结合，是建立经济稳定监测与评估指标的理论基础。根据金融稳定的内在形成机制、表现形式、演变过程、预防和控制体系，可以构建一套评价和分析金融稳定状态、金融风险与突变的指标体系。

---

①　数据来源于国家统计局《中国统计年鉴》（2012～2013）和中国人民银行：《2012—2013年各省份区域金融运行报告》。

受金融稳定因素的影响，国内外学者针对区域金融稳定性尚未形成一套权威的评估技术和方法。目前，关于金融稳定的评估技术和方法主要有三类，指标分析法、计量分析法和市场信息评估法。

第一，指标分析法，即指应用对比的方法来反映相关事物之间数量联系程度的指标，也就是把一个地区或者国家的运行能力、偿债能力等诸多方面纳入一个有机的整体之中，对一个地区或者国家的金融体系进行剖析。它是金融脆弱性评估中应用最为普遍的方法。该方法的基本原则有可比性原则，即时间一致、口径一致、计算方法一致；在确定各数据可获得性之后，正确规定各指标所代表的经济概念、确定计算方法。经过多年的发展，指标分析法逐步完善，随着金融脆弱性研究的深入，金融脆弱性指标分析方法也在不断完善，涵盖范围也越来越广泛；现在已经具有涵盖宏观经济、企业部门、金融部门和家户部门的指标等多层次的指标体系。随着金融脆弱性研究的不断深入，金融脆弱性指标分析方法得到了持续发展，日臻完善，包含范畴更加广泛。虽然指标分析法包含的风险信息及风险范畴在不断地增加，选取的指标更具代表性，更加科学性地评估宏观金融脆弱性的指标，指标分析法的不足之处是没有显著地对宏观金融风险进行划分，分析基础不是很明确，并且主观性较强，进而不能对宏观金融风险进行精确地衡量和管理。

第二，计量分析法。计量分析法就是先根据假设的模型，再根据统计推论方法对各变量之间的相互关系，依据实际数据估计、验证模型，最后根据估计的参数来判断各变量之间关系的一种数量分析方法。这个方法中最关键的环节是把经济理论用数学模型表示出来，即所谓的经济计量模型，另外，还需要把实际的数值资料用统计推论方法处理成可用或者便于计量的数据，使经济数学模型与数据形成有效的结合。计量分析方法的特点主要体现在两方面，一方面，经济理论与实际观察资料相结合，即理论与经验相结合，通过经验来验证经济理论，以便于后期理论指导实践；另一方面，考虑不确定性因素对经济现象的影响，即将随机因素对经济关系的影响纳入分析之中，也就是计量分析法的结论具有一定的概率性。随着金融部门和企业部门的微观数据逐步纳入金融脆弱性分析中，在分析金融脆弱性的影响因素时逐渐开始采用计量分析方法。计量分析法主要有两种，一是基于现有企业部门资产负债表指标和宏观经济指标的线性模型，二是基于违约概率和利润率为基础的向量自回归模型两种方法。经济计量分析首先要根据相关的经济理论、能够收集到的数据资料和可操作的计量方法确定各经济变量之间关系的数学形式，即计量模型。线性模型的分析方法，首先，构建金融风险发生的概率指标和损失程度指标；其次，从金融部门和企业部门的相关数据指标解释。依据所研究经济问题或现象中变量的关系，数学计量模型既可以选择单一方程，也可以选择联立方程组；向量自回归模型主要用来分析各内生变量之间动态的关系，并且使用前提的约束条件较少，常用来分析多个相关经济指标以及依据现有数据对未来的发展进行预测，在研究金融脆弱性时，塞戈维亚诺等（Segoviano et al.）在其研究银行系统的脆弱性中率先使用，他们构建金融脆弱性指标的时候主要考虑违约概率和利润率，然后使用向量自回归计量方法分析金融脆弱性指数的构成。计量分析方法的不足之处是不能探析造成金融脆弱性内在原因的影响因素以及金融风险发生、聚集过程；然而，要对宏观金融脆弱性有比较深入的研究，有必要对金融脆弱性产生的内在原因以及形成过程进行探析，并进行相应的风险管理，因此，对宏观金融风险和金融危机进行结构性分析是非常有必要的。

第三，市场信息评估法。采用市场信息评估法进行风险分析，主要有两种方法，波动性指标和结构性方法。波动性指标的原理就是首先收集投资组合的清偿率，计算每个周期投资组合的变化百分率，再根据标准方差计算出资产组合的波动性，建立与国家资产组合收益相同但波动性最小的组合，并以该组合的波动性为基础，构造度量金融稳定和宏观金融风险的指标。结构性方法的原理是根据金融部门和企业部门宏观资产负债表中资产、负债以及所有者权益的关系进行风险分析。在发达国家的股票和债券等金融市场中，运用结构性方法可以充分反映金融市场对未来的预期，形成有效的价格机制并自动分离出相关的风险；但是，在金融市场发展不健全和上市企业数量较少的经济区域中，因此，该方法使用具有局限性，不能充分地衡量金融市场的风险。

目前，现有的金融稳定评估方法的应用都有一定程度上的局限性，不能充分全面地衡量地区金融风险。因此，本章将指标分析法和计量分析法相结合，从宏观资产负债表结构的角度出发，建立多层次的综合指标体系，根据分层次的指标数据汇总得出地区金融脆弱性的综合指标数据，并对影响地区金融脆弱性的因素进行后期分析。

4.3.2.2 资产负债结构分析方法的概述及应用

所谓资产负债结构分析法是指从金融部门（包括银行体系和非银行金融结构）与非金融部门（公共部门、企业部门、家户部门）的资本结构出发，通过对各部门资产负债表的存量数据和合并汇总数据进行分析，来判断各部门资产负债表的结构是否合理，以及当其中一个部门的财务稳健状况出现问题，会波及其他相关部门，造成相应的金融风险，以此关注潜在的金融不稳定因素。

一个部门如果希望获得长期健康的发展并保持财务良好，须要尽可能优化资产结构、负债结构，并保持资产结构与负债结构的稳健性；在负债结构方面，其中最关键的是负债的到期时间分布是否合理，与资本结构与现金回流时间是否匹配，债务结构的不合理是相应部门最大的潜在风险，可能给地区经济与金融发展带来致命的威胁。因此，基于公共部门、金融部门、企业部门以及家户部门的资产负债结构分析是一种行之有效的金融脆弱性的评估方法。

资产负债结构分析方法的应用主要从两点出发：一方面，资产和负债的存量决定因素及其演变；另一方面，存量变量的可能性的冲击。这两点均有可能引起财务稳健性的变化。由此可见，资产负债结构分析方法的一个重要特征是一种基于微观式的分析方法，即关注一个部门对其他部门的影响，首先根据各部门之间债务关系进行分类，同时，对各类进行稳健性分析，并强调一个部门发生的财务危机对其他部门产生的负面影响。资产负债结构分析方法的好处在于能够比较清晰明了地找出被分析的金融部门或者非金融部门金融脆弱性来源于资产负债表的哪一方面，根据前期研究的结果，我们可以进一步分析单个部门脆弱性的波动会对宏观整体金融安全造成什么样的影响，从而更加准确地进行金融脆弱性分析和评估。

在亚洲金融危机以后，学术界对危机发生的原因进行了深刻的研究和总结，发现以资产负债结构分析为主的微观分析方法解释金融危机方面更有说服力和预测力，因此，便逐渐兴起了资产负债结构分析方法。在区域金融脆弱性综合指标的设计应用中，我们也借鉴了这种思想，主要的原因在于：一方面，从中国的地区金融脆弱性分析的实际情况出发，由于各地区经济不具有宏观经济和财政政策制定的自主权，因此，运用宏观经济分析方法和宏观经济因素来解释和预测金融风险缺乏科学性。另一方面，从中国区域经济和金融发展的现状来看，各个主要的经济区域的经济发展结构和产业机构差异较为明显，不同的宏观经济政策带来的影响也不尽相同，因此，自上而下地分析宏观经济因素对区域金融脆弱性的传导机制是非常困难的。但是，资产负债结构分析方法可以很好地规避上述难点，其主要是对资产结构和负债结构的分析，使我们从两个不同的角度审视了地区各部门资金的利用潜力及其安全性、独立性、稳定性，依此来评估金融体系的稳健性和脆弱性。因此，运用资产负债结构分析方法，分析我国地区金融脆弱性具有很强的现实意义。

4.4 中国地区金融脆弱性综合指标的构建

4.4.1 指标选取及构建

基于各省四大部门的风险比较，基于各部门的综合负债表的主要指标，并纳入地区金融安全生态环境指标来构建地区宏观金融脆弱性综合指数，进而计算 2005～2013 年中国各省份的脆弱性指数，以此对各省金融脆弱性进行纵向和横向的比较，反映中国地区金融脆弱性的结构化变化。运用公共部门、金融部门、企业部门、家户部门以及地区金融安全生态环境指标综合统计指标，从具体数量方面对地区各部门金融脆弱性特征进行概括和分析，在大量观察和分组的基础上根据设定相应权重来计算地区宏观金融脆弱性的综合指数，基本排除了总体中个别偶然因素的影响，反映出普遍的、决定性条件的作用结果。公共部门脆弱性指数考虑两项指标，主要是地方财政金融风险，由于各种主、客观因素，特别是一些不确定性因素的影响，如果地方财政资金遭受损失或财政支出出现困难而导致政府机器难以正常运转，地方经济停滞不前甚至下降、社会稳定受到破坏的可能性，因此，在这个指标以地区财政赤字率为主，并且考虑一般预算收入增长率；银行的不良资产主要来源于不良贷款，不良资产比率揭示了银行在资产管理和使用上存在的问题，用以对银行资产的营运状况进行评估。银行存贷比，即银行贷款总额与存款总额之比，如果存贷比过高，也就是银行贷款与存款失去应有的平衡，影响银行现金流；如果出现"挤兑"，贷款无法快速收回，会导致银行的支付危机，影响银行的信誉，进而会在行业内部传播，形成较大的金融风险，甚至可能导致地区金融风波，对地区或国家经济和金融的发展造成威胁。因此，金融部门脆弱性指数以不良贷款率和存贷比为主，同时，考虑金融深度和保险深度，共四项指标；企业部门脆弱性指数以资产负债率为主，资产负债率主要说明借债筹资在总资产中所占的比重，另外，还可以表示企业的偿债能力以及对这家企业贷款的安全程度、风险大小，同时，考虑产权比率，共两项指标；家户部门脆弱性指数以家户部门存贷比为主，另外，考虑用以衡量城市居民收入水平和生活水平的最重要和最常用的指标——城镇居民家庭人均可支配收入之比和用于反映农民家庭实际收入水平和家庭财务的综合性指标——农村居民家庭人均生活消费与人均纯收入之比，共三项指标；地区金融安全生态环境指标以实际 GDP 增长率为主，同时考虑全社会固定资产投资增速，共两项指标。地区金融脆弱性的外在影响指标是指区域金融脆弱性区域外的影响指标；外在影响性因素虽说是国家经济金融生态环境，然而，会对各地区经济、金融的稳定发展产生重大的影响；该指标体系是由全国经济状况指标、货币指标、股票价格指数指标、汇率指标等构成。

综上所述，地区金融脆弱性衡量的指标体系见图 4 - 7。

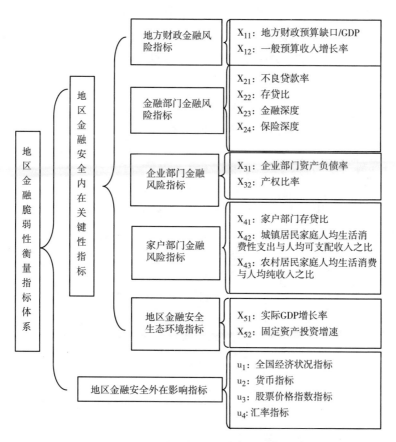

图 4 - 7　地区金融脆弱性综合指标

地区金融安全外在的影响因素：全国性经济状况指标 u_1、货币指标 u_2、股票价格指数指标 u_3、汇率指标 u_4。当且仅当 $u_i(i=1、2、3、4)$ 都不发生危机时，各地区金融脆弱性由各地区的地方财政金融风险指标、金融部门金融风险指标、上市企业金融风险指标、家户部门金融风险指标、地区金融安全生态环境指标共同决定；若 u_i（$i=1$、2、3、4）任何一个发生危机，各地区金融脆弱性的综合指标将不再适合，这里不作讨论。

4.4.2 地区金融脆弱性综合指标的计算

综合以上五大类金融脆弱性指数，即构建地区宏观金融脆弱性综合指数以及风险指标。结合我国实际情况，将二级风险指标体系地方财政金融风险指数、金融部门金融风险指数、企业部门金融风险指数、家户部门金融风险指数、地区金融安全生态环境指数的权重分别设定为30%、25%、25%、10%和10%。进一步，对三级风险指标体系进行设定，根据各项指标对地区金融脆弱性影响程度的不同，赋予不同的权重，见表4-2。

表4-2   中国宏观金融脆弱性综合指数

	地方财政金融风险指标（30%）	地方财政预算缺口/GDP（80%）［+］
		一般预算收入增长率（20%）［-］
	金融部门金融风险指标（25%）	不良贷款率（30%）［+］
		存贷比（30%）［+］
		金融深度（银行业资产/GDP）（20%）［+］
		保险深度（保费收入/GDP）（20%）［-］
地区金融脆弱性综合指数	企业部门金融风险指标（25%）	企业部门资产负债率（70%）［+］
		产权比率（30%）［+］
	家户部门金融风险指标（10%）	家户部门存贷比（个人消费贷款/居民储蓄）（50%）［+］
		城镇居民家庭人均消费性支出与人均可支配收入之比（30%）［+］
		农村居民家庭人均生活消费与人均纯收入之比（20%）［+］
	地区金融安全生态环境指标（10%）	地区实际GDP增长率（70%）［-］
		固定资产投资增速（30%）［-］

注：该指数沿用《中国与全球宏观金融风险报告》中的金融风险综合指数相关指标和权重。该表（）中的数据为依据各指标对金融脆弱性的影响大小赋予的权重大小；［］中的符号表示该指标与脆弱性的相关性，"+"表示与脆弱性正相关，该指标越大，地区的金融越脆弱，"-"表示与风险负相关，该指标越大，地区金融越安全；简单起见，认为脆弱性与各项指标呈单向关联。以上各指标数据均来源于历年《中国统计年鉴》《中国区域金融运行报告》《中国金融稳定性报告》《银监会年报》。

在确定指标及权重的基础上，综合31省份中的各项指标数据，对其进行标准化，过程如下：

如果该指标与风险呈正相关关系，那么标准化过程为：

$$\frac{该项风险指标 - 31 省份中的最小值}{31 省份中的最大值 - 31 省份中的最小值}$$

如果该指标与风险呈负相关关系，那么标准化过程为：

$$\frac{31 省份中的最大值 - 该项风险指标}{31 省份中的最大值 - 31 省份中的最小值}$$

综合以上各项指标分数，即可得到我国 31 省份在 2005～2013 年的地区金融脆弱性综合指数，指数越高风险越大，反之则风险越小。

4.4.3 地区间金融脆弱性分析

4.4.3.1 省份间金融脆弱性分析

基于我国各省份地方财政、企业部门、金融部门、家户部门以及地区金融安全生态环境等数据，计算 2012～2013 年省域宏观金融脆弱性综合指数，详见表4-3。与 2012 年宏观金融脆弱性综合指数对比，可以明确 2013 年 31 个省份的宏观金融风险变化情况。

表4-3　　　　　2012～2013 年中国地区宏观金融脆弱性综合指标

省（区、市）	宏观金融脆弱性综合指数								
	2005 年	2006 年	2007 年	2008 年	2009 年	2010 年	2011 年	2012 年	2013 年
北京	0.30	0.24	0.31	0.35	0.37	0.37	0.34	0.34	0.36
天津	0.34	0.34	0.39	0.37	0.40	0.35	0.35	0.34	0.32
河北	0.43	0.42	0.46	0.46	0.46	0.41	0.42	0.38	0.35
山西	0.45	0.47	0.49	0.51	0.54	0.46	0.51	0.48	0.41
内蒙古	0.48	0.45	0.46	0.44	0.46	0.46	0.46	0.46	0.45
辽宁	0.47	0.41	0.47	0.40	0.42	0.40	0.43	0.44	0.42
吉林	0.53	0.47	0.51	0.38	0.45	0.43	0.41	0.38	0.43
黑龙江	0.51	0.49	0.57	0.42	0.46	0.46	0.48	0.45	0.41
上海	0.35	0.28	0.35	0.41	0.43	0.36	0.34	0.29	0.35
江苏	0.33	0.29	0.33	0.35	0.35	0.32	0.35	0.35	0.34
浙江	0.31	0.28	0.32	0.37	0.37	0.33	0.36	0.40	0.39

省（区、市）	宏观金融脆弱性综合指数								
	2005 年	2006 年	2007 年	2008 年	2009 年	2010 年	2011 年	2012 年	2013 年
安徽	0.46	0.47	0.51	0.52	0.55	0.43	0.46	0.43	0.39
福建	0.33	0.27	0.38	0.42	0.43	0.30	0.31	0.29	0.34
江西	0.49	0.46	0.49	0.46	0.49	0.41	0.42	0.40	0.37
山东	0.33	0.30	0.35	0.33	0.34	0.33	0.33	0.32	0.31
河南	0.44	0.41	0.46	0.40	0.41	0.37	0.39	0.34	0.32
湖北	0.49	0.44	0.48	0.45	0.46	0.42	0.47	0.42	0.39
湖南	0.53	0.50	0.50	0.45	0.48	0.44	0.48	0.41	0.42
广东	0.43	0.34	0.43	0.46	0.45	0.42	0.47	0.40	0.39
广西	0.55	0.49	0.54	0.52	0.48	0.49	0.52	0.46	0.40
海南	0.58	0.56	0.58	0.65	0.62	0.43	0.48	0.45	0.41
重庆	0.46	0.49	0.48	0.49	0.54	0.44	0.44	0.42	0.40
四川	0.51	0.50	0.51	0.51	0.54	0.53	0.50	0.48	0.44
贵州	0.58	0.59	0.60	0.64	0.68	0.57	0.55	0.51	0.43
云南	0.49	0.45	0.52	0.52	0.56	0.52	0.52	0.48	0.40
西藏	0.60	0.66	0.54	0.56	0.59	0.59	0.55	0.47	0.49
陕西	0.52	0.53	0.53	0.50	0.56	0.48	0.49	0.45	0.42
甘肃	0.54	0.55	0.59	0.50	0.51	0.57	0.59	0.50	0.46
青海	0.71	0.71	0.70	0.65	0.71	0.70	0.74	0.69	0.57
宁夏	0.58	0.55	0.57	0.58	0.58	0.54	0.59	0.52	0.47
新疆	0.50	0.48	0.52	0.48	0.52	0.49	0.51	0.53	0.45

资料来源：作者计算。

为判断各地区金融体系是否具有脆弱性，则根据需要，建立一个评估标准，即警戒值。本章参考蒋丽丽、伍志文（2006）和万晓莉（2008）的做法，设定如下警戒值：

$$R = \bar{u} + 0.5\sigma = 0.453902 + 0.5 \times 0.091889 = 0.499846$$

R 表示警戒值，$\bar{u}$ 表示金融脆弱性指数平均值，σ 表示金融脆弱性指数的标准差。

结合表 4 - 3 中 31 个地区的宏观金融脆弱性综合指数，分析可知：

（1）从历年金融脆弱性综合指数来看，高于警戒值的年份数量，从

2005～2013 年期间，我国区域金融脆弱性存在着较大差异。其中，青海连续 9 年均高于警戒值，金融脆弱性最高；贵州、宁夏、甘肃、西藏 4 个省份均有 7 年高于警戒值，脆弱性出现频率较大；四川、新疆、云南、陕西、海南都有 5 年处于警戒值以上；山西、吉林、黑龙江、安徽、湖南、广西、重庆超警戒值的次数较少。

（2）从时间维度分析，在 2009 年后，随着金融机构改革力度的加大，各省份的不良贷款率显著下降，2009 年以后高于警戒值的省份明显减少。其中，青海省 2005～2013 年的金融脆弱性较全国其他省份显著偏高，说明反映青海省地区经济金融的稳健程度不足，金融部门正趋于脆弱。根据各部门的指标分析，主要是因为青海省公共部门预算赤字率偏高、金融部门不良贷款率及中长期贷款占比偏高，同时，金融发展程度较低，使得区域金融脆弱性偏高。其他省份历年期间波动率相对较小，且脆弱性较低。

4.4.3.2 不同区域间金融脆弱性分析

我国各地区经济发展不均衡，地区金融脆弱性之间也存在着明显的差异，为了更好地对区域间金融脆弱性差异性进行分析，本章把我国 31 个省（区、市）分为东部、中部、西部、东北四个区域，根据 2005～2013 年 9 年间我国 31 个省（区、市）宏观金融脆弱性综合指数，计算出了历年东部、中部、西部、东北四大区域的金融脆弱性综合指数，并且画出警戒线进行分析，见图 4-8。

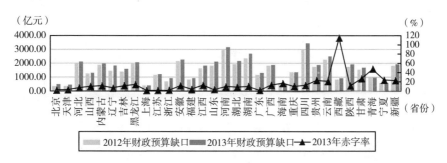

图 4-8 2005～2013 年中国区域性宏观金融脆弱性综合指数

资料来源：作者计算绘制。

图 4-8 显示了 2005～2013 年中国区域性宏观金融脆弱性综合指数，从区域层面来看，我国金融脆弱性区域性差异较为显著，东部金融脆弱性程度最低，风险较小，受国际经济危机的影响，2008 年和 2009 年比其他年份稍高；而西部地区金融脆弱性整体处于较高的位置，2005～2011 年稍有波动，总体

较高，2009 年达到最高点，从 2011 年开始脆弱性明显下滑；中部地区处于西部与东部之间，与地区经济发展相匹配；而东北地区整体波动较大，但总体脆弱性程度不高，大多年份处于警戒线以下；而 2009 年经过金融改革之后，西部和东北地区间的差异逐渐缩小，但仍与东部具有明显的差距。

从时间周期分析，2005~2009 年，区域金融脆弱性整体上处于上升趋势，2009 年后逐渐下降，并且中部和西部金融脆弱性相比，东部和东北部下降更为明显，究其主要原因是 2007~2008 年全球性金融危机的产生，使我国加强了对金融的监管，一定程度上保证了金融安全；另外，说明 2008 年金融危机对我国地区经济和金融的影响程度不同，宏观政策对中部和西部更加有效。不过，总体上表现出东部、中部和东北的脆弱性指标均在警戒线以下；西部区域最高，具有明显的差异，这可能与地区经济的发展以及政府的干预有很大关系，将在后面的小节进一步讨论。

4.5 地区金融脆弱性影响因素的实证分析

4.5.1 地区金融脆弱性的影响因素

目前，国际上对金融脆弱性的评估建立在金融脆弱性综合指标的基础上，采用多指标的评价方法。地区金融脆弱性的分析和评估应综合考虑影响区域金融体系运行的所有因素，本节从实体经济运行、政府干预行为和经济增长三个方面，分析、识别地区金融脆弱性，预测其对地区金融脆弱性的影响程度，并制定相关的举措和方案。

4.5.1.1 房地产价格波动对地区金融脆弱性的影响

实体经济是金融主体得以稳定和发展的基础。在经济发展过程中，不断增强和完善实体经济部门不仅可以促进金融部门的发展，不断抑制不良资产的产生，提高金融系统对风险的化解和抵抗能力。特别是房地产市场的价格波动，因与金融体系有较大的关联而相互影响，进而容易引起地区的金融脆弱性。近年来，房地产市场与金融市场相互影响、共同发展。在发展的过程中，金融市场能够为房地产市场提供充足的资金，同时，金融市场在提供资金的过程中也分散了金融风险。但是，大量的金融风险会影响金融机构整体的脆弱性，如大型房地产公司的破产与重组，会蔓延至全地区的降价风波，中小房企频现资金链断裂的生存困境，影响住房消费的稳定。另外，房地产贷款又通过打包成衍生性金融产品进行流通，把很多金融手段引进不动产消费中，通过证券化的方式把风险分散，这对房地产市场的发展无疑是一针强心剂，伴随房地产金融化的步伐加快，房地产资产证券化将愈加明显，房地产的金融属性会变得越来越强，进而地区金融脆弱性与房地产市场紧密地绑在一起，如果房地产价格过度波动势必影响地区金融脆弱性，因此，本节将选取房地产价格波动作为实体经济中的代表，并分析其对金融脆弱性的影响。

4.5.1.2　政府干预行为对地区金融脆弱性的影响

政府对金融运行的干预行为是经济转型体制下采用金融支持政策的必然选择。由于政府（包括中央政府与地方政府）的不同干预行为导致了具有我国转型体制特色的地区金融脆弱性问题。本节通过政府双重身份的干预行为来分析对我国地区金融脆弱性的影响。

近年来，随着我国经济体制的转型，国有企业的财务制度也随之发生了变化。作为公共经济部门的国有企业承担了较大的社会职能和政策负担，但是，随着政府财政收入在国民收入中的比重不断下降，政府已没有充足的资金来支持国有企业的发展。因此，政府部门要求银行机构提供资金上的优惠与支持，最终结果导致了国有银行对国有企业的直接政策性贷款大幅增加，且全部贷款占比维持在较高的比率。政府的这种干预行为，使银行信用活动与市场原则相背离，实际上，把银行信贷资金作为公共产品用来安排和分配。调查显示，在我国全部金融机构的存贷款余额中，四大国有银行的存贷款余额占了绝大部分，虽然很大程度上解决了公有经济部门，尤其是国有企业的资金需求和正常运行，但也为日后金融风险的形成和积累设下了伏笔。

另外，由于国有银行承担了大量的政府财政职能，因此，造成自身资产的损失会由政府来承担。由于我国国有银行在银行占的比重较大以及银行的稳定关系着很多家庭的财务安全，所以，政府不会轻易让一家银行倒闭关门，而实际上造成政府对国有银行在经营过程中形成的风险与损失承担了隐性担保的职责。而这种隐性担保不仅没有促进银行的发展，反而间接地限制了国有企业的预算，进而使国有银行信贷资金在国有企业中形成了巨额的沉淀。我国国有银行金融风险的形成和积累正是政府隐性担保导致的，并且具有内生性的特征。一方面，国有银行为了避免信贷资金在国有企业中的巨额沉淀变为实际无法收回的不良贷款，只得继续向亏损国企发放信贷资金；另一方面，由于政府隐性担保使作为一个独立经济主体的国有银行机构，产生非常严重的道德风险。

政府的干预行为对国有银行内部信贷资产的比例产生了不协调，同时，也造成了银行金融机构缺少改变这一现状的源动力，增加了银行爆发金融风险的可能性。

4.5.1.3 经济增长对地区金融脆弱性的影响

在各地区的经济发展中，由于各地区之间存在各种结构上的差异，客观上也为其金融自身的调节能力的发挥奠定了基础。主要表现在：它充分利用各地区经济发展中客观存在的货币、资本资源分布不平衡的特点，实现社会资源的有效利用。经济发达地区凭借其良好的金融资源，充分发挥金融媒介的作用，推动经济快速发展，进而促进了金融的稳定发展。而经济欠发达或不发达地区由于没有充足的金融资源，再加上对金融的利用效率比较低，造成经济发展遇到瓶颈，难以实现突破，最终导致金融机构出现较高的不良贷款，影响其正常运行。

一般认为，经济的发展状况会对金融脆弱性有显著影响，但是，经济发展速度过快或者经济发展速度过慢都会影响金融的脆弱性。只有健康合理的经济增长速度才能促进宏观金融的稳定，与地区经济结构相适应的增长速度才能促进地区金融的稳定。经济发展对于金融脆弱性的影响还体现在经济结构方面，不合理的实体经济部门，缺乏健全的实体经济结构容易产生不良资产，抑制金融部门的发展，增加了金融机构的内部风险，也降低了抵御外部风险的冲击能力。

4.5.2 实证分析模型

根据前文分析的经济增长、实体经济、政府干预对地区金融脆弱性的影响，建立实证模型：

$$fra_{it} = \beta_0 + \beta_1 gdp_{it} + \beta_2 idg_{it} + \beta_3 fdc_{it} + \varepsilon_{it}$$

其中，fra_{it}为第 t 年份、第 i 省的金融脆弱性指数，用地区金融脆弱性综合指标表示；gdp_{it}为各省的生产总值，表示经济增长；idg_{it}为各省的政府干预指标，表示政府干预经济程度；fdc_{it}为各省的房地产价格，表示实体经济。

4.5.3 指标选取

本章建立面板模型的目的是对经济增长、政府干预、房地产价格波动与地区金融脆弱性之间的关系进行研究。因此，需要对经济增长、政府干预、房地产价格波动与金融脆弱性指标进行界定，选取具有代表性的指标来衡量地区金融脆弱性与经济增长、政府干预、房地产价格波动之间的关系。

4.5.3.1　经济增长的指标选取

经济增长通常是指在一个较长的时间跨度内，一个国家人均产出（或人均收入）水平的持续增长，通常用 GDP，人均 GDP，实际 GDP，人均实际 GDP 衡量经济的发展，一般用经济增长率来衡量经济的增长程度。在建立面板模型时，考虑通货膨胀因素的影响，用名义 GDP 来衡量经济增长，在经济增长对地区金融脆弱性的分析中，以按当年价格计算的地区生产总值（GDP）表示经济增长。

4.5.3.2　地区金融脆弱性的综合指标

从本章第 4 章测算的地区金融脆弱性指标来代表金融脆弱的特性，并作为面板模型的被解释变量。地区金融脆弱性综合指数越高风险越大，反之则风险越小。因此，在对地区金融脆弱性的影响因素分析中，以地区金融脆弱性的综合指标（fra）表示地区金融脆弱性。

4.5.3.3　政府干预指标的选取

反映政府干预经济程度的指标是地区财政支出占地区生产总值的比重。因此，在对地区金融脆弱性的影响因素分析中，以地区财政支出占地区生产总值的比重（ibg）表示地区政府干预经济程度。

4.5.3.4　房地产价格指标的选取

本章以各地区的商品房平均销售价格代表房地产价格，因此，在对地区金融脆弱性的影响因素分析中，以商品房平均销售价格（fdc）表示地区房地产价格。

4.5.4　数据的来源及特征

各指标数据均来源于 2005 ~ 2014 年《中国统计年鉴》《中国区域经济年鉴》《中国区域金融运行报告》《中国金融稳定性报告》《银监会年报》。受数据来源的限制，我们分析的时间跨度为 2005 ~ 2013 年（地区生产总值以亿元为单位，商品房价格以元/平方米为单位），该面板数据的统计特征见表 4 - 4。

表 4 - 4 2005 ~ 2013 年期间面板数据特征

变量	样本量	均值	标准差	最小值	最大值
	31 个地区				
金融脆弱性（fra）	279	0.455	0.092	0.245	0.737
生产总值（gdp）	279	12765.11	11665.25	251.21	62163.97
政府干预指数（ibg）	279	0.229	0.172	0.079	1.291
商品房平均价格（fdc）	279	4439.24	2959.798	1529	18553

来源：2006 ~ 2014 年《中国统计年鉴》和《中国区域经济年鉴》。

4.5.5 实证分析

4.5.5.1 ADF 检验

ADF 检验又称作单位根检验，如果 ADF 检验中存在单位根，就会造成回归分析中存在伪回归。单位根检验是随机过程的问题。通常，单整过程可称作单位根过程。

根据数据的可得性，选取地区金融脆弱性水平（fra）为被解释变量，地区生产总值（gdp）、政府干预（ibg）、商品房平均价格（fdc）为面板数据模型的解释变量，来研究经济增长、政府干预、商品房价格对地区金融脆弱性的影响。我们在使用经济计量模型时，普遍运用数据是平稳的假设，因此，在对面板模型进行回归之前，首先需要判定各指标数据的平稳性。下面对各个指标数据进行单位根检验，并统一对数据进行标准化处理。经检验，经标准化处理后的被解释变量均不存在单位根，因此，被解释变量都是平稳的。ADF 平稳性检验结果见表 4 - 5。

表 4 - 5 ADF 平稳性检验结果

变量	ADF 检验值	检验形式（c，t，k）	P 值	结论
gdp	- 0.006	（c，t，1）	0.890	非平稳
D. gdp	- 1.380	（c，t，1）	0.000	平稳
fra	- 0.827	（c，t，1）	0.000	平稳
ibg	- 0.283	（c，t，1）	0.000	平稳
fdc	- 0.300	（c，t，1）	0.000	平稳

注：检验形式中，c、t 分别为常数项和时间趋势项，k 为滞后期数。

表 4 - 5 单位根检验的结果表明，在经济增长、政府干预、商品房平均价

格对金融脆弱性影响的实证分析数据中，地区金融脆弱性指数（fra）、政府干预（ibg）、商品房平均价格（fdc）是平稳的面板数据，而经济增长（gdp）是非平稳的面板数据，但是，对该面板数据一阶差分后是平稳的，即该面板数据具有相同的单整阶数，因此，这些变量间可能存在平稳的线性组合。

4.5.5.2　面板模型的估计

在进行具体估计前，先用 F 检验模型，确认是否存在个体影响，如果不存在个体效应，明确个体效应可以采用混合最小二乘法；如果存在个体效应，则需要采用变截距模型进行估计，变截距模型分为固定效应模型和随机效应模型两种。因此，需要先通过豪斯曼检验来验证随机效应模型中的个体影响与解释变量是否相关，再根据是否相关来选择采用固定效应模型还是随机效应模型。

首先，用个体效应 F 统计量检验模型是否存在个体影响。检验的结果是 F 统计的 P 值为 0，因此，可以拒绝原假设，变截距模型比混合最小二乘法更适合，应该允许每个个体拥有自己的截距项。

其次，在确定了每个个体存在个体效应的同时，还需要确定个体效应是否以随机效应的形式存在。因此，我们需要进行豪斯曼检验。该检验的原假设是随机效应模型比固定效应模型更适合。通过检验我们发现 P 值为 0，因而，可以拒绝原假设。故而我们应该使用固定效应模型。

用 Hausman 检验选取回归模型的影响形式，在面板数据的实证分析中，有固定效应和随机效应两种不同的分析方法。固定效应模型适用于截面的成员是总体的成员情况，而随机效应模型适用于截面的成员只属于所研究总体中的某个部分的情形。Hausman 检验方法是分辨固定效应模型和随机效应模型两种不同回归方法的检验方法。它首先假设面板数据满足随机效应模型，即解释变量与被解释变量存在不相关关系，通过 Huasman 检验发现，如果 P 值在 1% 的水平上不显著，则拒绝原假设，即我们应该选择固定效应模型进行回归分析。从表 4 - 6 可以得出结论，P 值在 1% 的水平上不显著，因此，需采用固定影响效应模型。

表 4 - 6　Huasman 检验结果

检验方法	检验假设	统计名称	统计量值（p 值）
Hausman	随机影响模型中个体影响与解释变量不相关	Chi 平方	4.69 (0.00890)

固定效应模型回归结果见表 4 - 7。

表 4 - 7　　　　　　　　　　固定效应模型回归结果

变　量	31 个地区 fra
gdp	− 0. 2676823 *** 0. 0419473
fdc	0. 3642804 * 0. 0451964
ibg	0. 2706618 *** 0. 0490147
Constant	0. 0490147 0. 0772992
Observations	248
Number of province	31
R-squared	0. 6994

注：*** p < 0. 01，** p < 0. 05，* p < 0. 10；括号内为稳健性标准差。

从回归结果中可以得出：经济增长对金融脆弱性在 1% 的水平上显著，经济增长与地区金融脆弱性呈负相关关系，说明地区经济增长对金融稳定有推动作用。商品房价格波动对金融脆弱性在 10% 的水平上显著，商品房价格波动与地区金融脆弱性呈正相关关系，说明地区房价波动在一定程度上加剧了金融脆弱性。政府干预对金融脆弱性在 1% 的水平上显著，政府干预与地区金融脆弱性呈正相关关系，对地区金融稳定有消极的意义。

4.5.6　结果分析

本章运用资产负债结构分析方法，从公共部门、金融部门、企业部门和家户部门四个角度出发，构建了相关指标来衡量地区金融脆弱性指标。分别以经济增长和经济规模为解释变量，地区金融脆弱性综合指标为被解释变量，进出口总额和通货膨胀率为控制变量，构建了省级面板数据分析模型。并运用单位根检验、Hausman 检验、面板固定效应模型和面板随机效应模型等方法，理论分析和实证分析相结合，研究了我国 2005～2013 年地区金融脆弱性的影响因素，并得出了以下结论。

第一，2005 年以来，整体上我国各地区经济持续增长，地区金融脆弱性持续下降，两者呈负相关关系。在 2005～2013 年之间，地区经济增长与地区金融脆弱性存在短期均衡关系，地区经济增长对地区金融稳定有很好的促进作用。从纵向来看，地区金融脆弱性对经济增长的时空效应存在显著的地区差异。由于我国的不同地区之间，其金融发展水平和金融结构也存在着显著的差异，经济的发展状况会对金融脆弱性造成显著的影响。这里面既包括经济增长速度，又包括经济的运行结构。一般来说，经济发展速度过快或过慢对金融稳定都是不利的，与区域经济结构相适应的经济增长速度才是区域金融稳定的重要保障。

第二，用地区房地产价格波动来解释地区金融脆弱性，计量结果显示，房地产价格波动能够对地区金融脆弱性产生影响。房地产价格波动与地区金融脆弱性呈正相关关系，即房地产价格波动越大，地区金融脆弱性就会升高；相反，房地产价格波动幅度越小，地区金融稳定性就越高。

第三，计量结果表明：政府干预与地区金融脆弱性呈正相关关系。政府利用自身的双重身份，对经济的干预程度越强，金融机构所承担的不良贷款率越高，造成该地区金融脆弱性就越高。一般来说，政府对经济的适度干预，会增长金融的稳定性；但如果过度干预，会增加金融系统的风险。

4.6　研究结论及政策建议

4.6.1　研究结论

本章采用资产负债结构分析法，从公共部门、金融部门、企业部门以及家户部门四个主体角度的十个相关指标出发，运用指标评估法对我国 31 个省、市、自治区的 2005～2013 年的数据对我国区域金融脆弱性进行测度，并引入警戒值深入分析了地方金融脆弱性发生、积累的原因。通过对各个地区 2005～2013 年金融脆弱性指标分析得出：从时间周期看，2005～2009 年，区域金融脆弱性整体上处于上升趋势，2009 年后逐渐下降；从地区金融脆弱性综合指标的数据得出，我国各地区之间的金融脆弱性有明显的地区差异，金融脆弱程度从西部、中部、东部逐渐降低。总体上表现为东部、中部和东北地区的脆弱性指标均在警戒线以下，西部区域最高，具有明显的差异。

通过实证分析得出：2005～2013 年，地区经济增长与地区金融脆弱性存在短期均衡关系，地区经济增长对地区金融稳定有很好的促进作用。房地产价格波动与地区金融脆弱性呈正相关关系，即房地产价格波动越大，地区金融脆弱性就会升高；相反，房地产价格波动幅度越小，地区金融稳定性就越高。政府干预与地区金融脆弱性呈正相关关系。政府利用自身的双重身份，对经济的干预程度越强，金融机构所承担的不良贷款率越高，造成该地区金融脆弱性就越高。

综合来看，当前国际国内经济金融形势复杂多变，贸易和投资保护主义风险仍需警惕，地缘政治局势不容乐观，国际金融市场持续动荡，我国维持金融稳定的任务十分艰难。随着区域经济金融一体化进程的进一步加深，金融风险的传播速度越来越快，影响范围也在不断扩大，极易引起系统性的债务风险。欧美两大经济体作为我国最大的贸易伙伴与金融合作对象，其债务问题引发国际金融贸易条件发生重大变化，凸显了中国作为劳动密集型出口贸易大国的贸易机构脆弱性问题，要求中国各区域加快经济转型，改善区域经济发展的结构性失衡问题，加强对各部门宏观金融风险的防范和控制。

4.6.2 政策建议

改善地区金融脆弱性是一项系统工程，涉及社会经济生活的各个层面，需要全社会长期不懈的共同努力。本章根据 4.5 节的分析结果及我国的现实状况，提出改善地区金融脆弱性的相关建议。

第一，完善金融监管体系，提升抵抗房地产金融风险的能力。伴随房地产金融化的步伐加快，房地产资产证券化愈加明显，房地产的金融属性会变得越来越强，因此，预防房地产市场对地方金融风险的影响，首先，需要加强地方金融机构的内部监督管理，完善监管部门的监管体系，强化对房地产金融业务的审查，健全金融机构贷款制度。其次，金融机构在监管的过程中应加大对不良贷款的管理强度和处置力度，优化贷款结构，合理分散风险，使房地产市场与金融市场相互促进，共同发展。

第二，规范地方政府的金融管理行为，提升风险防范意识。中央政府要赋予地方政府适当的金融管理权力，由于国有银行承担了大量的政府财政职能，因此，政府会对国有银行贷款对象进行干预。国有银行造成的自身资产的损失将由政府来承担，实际上，使政府对国有银行在经营过程中形成的风险与损失承担了隐性担保的职责，导致国有银行疏于对金融风险的防范。再加上我国国有银行在地方上占有较大比重，这就形成了潜在风险。因此，预防地方政府干预对地方金融风险的影响，首先，需要坚持地方政府权责相等的原则，使其既享有对金融管理的适度自主权又承担相应的责任；其次，地方政府要统筹协调，完善政策，扶持地方金融业，增强地方金融机构自身的风险防范意识；最后，各地方政府要根据地区差异制定合适的金融政策，促进当地的经济发展。

第三，促进金融，支持地方经济发展，缓解地方政府债务压力。地方政府债务，尤其是隐性债务，在金融危机中对地方政府公共部门的稳定发展乃至国家债务风险安全带来了巨大的挑战。一方面，政府要逐步摆脱过去单一依赖地方财政收入的筹资方式，集合多种金融资源，包括社会资金、招商引资等，通过搭建融资平台，减轻政府财政压力，更灵活有效地促进经济发展；另一方面，地方政府债务应该透明化，进行政府债务评级，为建立地方政府债务预警体系打下基础，并对防范债务风险提供有效支持。

本章参考文献

［1］［美］基欧汉，［美］奈著，门洪华译．权力与相互依赖［M］．北京：北京大学出版社，2012.

［2］黄金老．论金融脆弱性［J］．金融研究，2001：41－49.

［3］伍志文．中国金融脆弱性分析［J］．经济科学，2002（3）：5－13.

［4］［美］明斯基，石宝峰，张慧贲．稳定不稳定的经济：一种金融不稳定视角［M］．清华大学出版社，2010.

［5］麦金农．经济市场化的次序［M］．上海：格致出版社，2014.

［6］曹源芳，蔡则祥．基于 VAR 模型的区域金融风险传染效应与实证分析——以金融危机前后数据为例［J］．经济问题，2013（10）：59－64.

［7］陈丽杰，侯云哲．区域金融风险研究［J］．企业导报，2013（5）：160－160.

［8］贾拓，姚金楼，王承萍，汤春华．区域系统性金融风险的识别与防范——以泰州为例［J］．上海金融，2012（12）.

［9］方芳，赵净．中等收入国家金融脆弱性研究——泰国金融脆弱性指数检验［J］．国际贸易问题，2012（7）：125－131.

[10] 赖娴. 区域金融风险预警指标体系的构建与实证分析 [D]. 江苏大学博士论文, 2009.

[11] 汪祖杰. 吴江. 区域金融安全指标体系及其计量模型的构建 [J]. 经济理论与经济管理, 2006 (3)：42-48.

[12] 汤俐, 严硕果. 区域性金融稳定与风险防范实证研究——以A省为例 [J]. 西部金融, 2014 (3)：32-37.

[13] 陈锐. 中国区域金融稳定评估问题研究 [D]. 武汉大学博士论文, 2010.

[14] 叶永刚, 刘敏, 张培. 基于宏观资产负债表方法的县域金融风险研究——基于湖北省通山县的案例 [J]. 经济管理, 2014 (2)：100-110.

[15] 刘卫江. 中国银行体系脆弱性问题的实证研究 [J]. 管理世界, 2002 (7)：3-10.

[16] 伍志文. 我国银行体系脆弱性的理论分析及实证考察 [J]. 金融论坛, 2003, 8 (1)：2-9.

[17] 伍志文. 金融一体化和金融脆弱性：跨国比较研究 [J]. 经济科学, 2008 (6)：78-90.

[18] 崔建军, 王利辉. 金融全球化、金融稳定与经济发展研究 [J]. 经济学家, 2014 (2)：92-100.

[19] 周兵, 靳玉英, 万超. 三元悖论政策配置与政策取向的经济效应——基于经济增长和金融稳定视角的分析 [J]. 财经研究, 2013, 39 (11)：134-144.

[20] 俞树毅, 高峰, 张燕. 经济增长、投资结构与环境效应——基于我国三大经济区的实证研究 [J]. 华东经济管理, 2013 (6)：70-77.

[21] 林珏, 杨荣海. 金融稳定性与经济增长的机制分析——基于新兴市场国家和发达国家的两组数据 [J]. 财经研究, 2011 (2)：49-59.

[22] 滑冬玲. 发达国家、发展中国家和转轨国家金融脆弱性成因对比：基于制度视角的分析 [J]. 管理评论, 2014, (8).

[23] 张筱峰, 王健康, 陶金. 中国银行体系脆弱性的测度与实证研究 [J]. 财经理论与实践, 2008, 29 (1)：29-33.

[24] 蒋丽丽, 伍志文. 资本外逃与金融稳定 [J]. 财经研究, 2006, 32 (3)：93-102.

［25］万晓莉. 中国 1987～2006 年金融体系脆弱性的判断与测度 ［J］. 金融研究，2008（6）：80－93.

［26］战明华. 多重均衡条件下的金融发展与经济增长的关系——模型与中国的实证 ［J］. 统计研究，2004（4）：21－26.

［27］邹薇. 基于 BSSI 指数的中国银行体系稳定性研究 ［J］. 经济理论与经济管理，2007（2）：47－53.

［28］张庆君. 资产价格波动与金融稳定性研究 ［D］. 辽宁大学博士学位论文，2011.

［29］周好文，倪志凌. 金融创新影响金融稳定的微观机理分析——对美国次级债危机的深层次思考 ［J］. 学术交流，2008（10）：42－46.

［30］赵志君. 金融资产总量、结构与经济增长 ［J］. 管理世界，2000（3）：126－149.

［31］张小宇，刘金全. 规则型货币政策与通货膨胀平稳性的内在关联机制研究 ［J］. 经济与管理研究，2012（9）：25－32.

［32］宣昌能，王信. 金融创新与金融稳定：欧美资产证券化模式的比较分析 ［J］. 金融研究，2009（5）.

［33］王雪峰. 中国金融稳定状态指数的构建——基于状态空间模型分析 ［J］. 当代财经，2010（5）：51－60.

［34］王心如. 资产证券化与金融稳定的关联性研究 ［D］. 吉林大学博士学位论文，2010.

［35］王廷科，冯嗣全. 金融发展、金融脆弱与银行国际化 ［J］. 财贸经济，2004（7）.

［36］王明华，黎志成. 金融稳定评估指标体系：银行稳定的宏观成本控制研究 ［J］. 中国软科学，2005（9）：126－132.

［37］覃筱，黄薇，刘莉压，王辰杰. 中国金融稳定性的计量研究 ［R］. 中国社会科学院世界经济与政治研究所国际金融研究中心工作论文，2012.

［38］史永东，丁伟，袁绍锋. 市场互联、风险溢出与金融稳定——基于股票市场与债券市场溢出效应分析的视角 ［J］. 金融研究，2013（3）：170－180.

［39］潘春阳. 基于综合稳定指数的中国金融体系稳定性研究 ［J］. 华东交通大学学报，2012（1）：71－78.

［40］刘锡良. 中国金融体系的脆弱性与道德风险 ［J］. 财贸经济，2003

（1）.

［41］陈华，伍志文. 银行体系脆弱性：理论及基于中国的实证分析［J］. 数量经济技术经济研究，2004（9）.

［42］李艳杰，王建琼，李忠玉. 金融市场内在脆弱性原因分析［J］. 西南交通大学学报，2006（5）.

［43］郑长德. 当代西方区域金融研究［J］. 金融教学与研究，2006（4）：14－15.

［44］凌涛. 中国区域金融稳定评估—FSAP 的研究与应用［M］. 北京：中国金融出版社，2009.

［45］叶永刚，宋凌峰，张培. 2014 中国与全球金融风险发展报告［M］. 北京：人民出版社，2014.

［46］Minsky, Hyman, *"The Financial Fragility Hypothesis：Capitalist Process and the Behavior of the Economy"* in *Financial Crises*, ed. *Charles. Kindlberger and Jean-Pierre Laffargue.* Cambridge：Cambridge University Press, 1982.

［47］Blaine Roberts R. , Fishkind H. The Role of Monetary Forces in Reginal Economic Activity：An Econometric Simulation Analysis *［J］. *Journal of Regional Science*, 1979, 19（1）：15 － 28.

［48］Winger A. R. , Regional Growth Disparities and the Mortgage Market ［J］. *Journal of Finance*, 1969, 24（4）：659－62.

［49］WELLER C. , Financial Crises after Financial Liberalization：Exceptional Circumstances or Structural Weakness?［J］. *Journal of Development Studies*, 2001, 38（1）：98－127.

［50］Gruben W. C. , Mcleod D. , Capital Account Liberalization and Inflation ［J］. *Economics Letters*, 2002, 77（2）：221－225.

［51］Chant J. , Lai A. , Illing M. , et al. , Essays on Financial Stability ［J］. *Technical Reports*, 2003.

［52］Tsai K. S. , Imperfect Substitutes：The Local Political Economy of Informal Finance and Microfinance in Rural China and India ［J］. *World Development*, 2004, 32（9）：1487－1507.

［53］Sheila C. , Dow Endogenous Money：Structuralist ［J］. *Journal of Regional Science*, 2006. 32（9）：17－34.

[54] V. Glonti, A. Tsintsadze, A. Devadze, V. Glonti, A. Tsintsadze, To Estimate the Financial-Economic Stability of the Regional Budget [J]. http: // agrinf. agr. unideb. hu/ava2009/pdf/18. pdf.

[55] Abidin, Mahani Zainal, and N. I. A. Aziz. US Foreign Direct Investment in East Asia: Strategy and Policy Issues. *Asian Economic Policy Review*, 2009, (2): 248 –266.

[56] Tymoigne E. , Measuring Macroprudential Risk: Financial Fragility Indexes [J]. *Social Science Electronic Publishing*, 2011.

[57] Tropeano D. , Financial Fragility in the Current European crisis [J]. *Domenica Tropeano*, 2013.

[58] Allenwa, Woodg, Defining and Achieving Financial Stability [J]. *Journal of Financial Stability*, 2006, 2 (2): 152 –172.

[59] Angeloni I. , Faia E. , A Tale of Two Policies: Prudential Regulation and Monetary Policy with Fragile Banks [R]. Kiel Working Paper, 2009.

[60] Goldbergl, Dagesbg, KINNEY D. , Foreign and Domestic Bank Participation in Emerging Markets: Lessons from Mexico and Argentina [R]. National Bureau of Economic Research, 2000.

[61] Goodhart C. A. E. Some New Directions for Financial Stability? [R]. Per Jacobsson Lecture No. 27, 2004.

[62] Gersl A. , Hermanek J. Financial Stability Indicators: Advantages and Disadvantages of Their Use in the Assessment of Financial System Stability [R]. In "Financial Stability Report", Czech National Bank, 2006.

[63] Gaip, Kapadias, Millards, et al. , Financial Innovation, Macroeconomic Stability and Systemic Crises [J]. *The Economic Journal*, 2008, 118 (527): 401 –426.

[64] Foot M. , What is "Financial Stability" and How Do We Get It? [R]. The Roy Bridge Memorial Lecture, 2003.

[65] Fergusonr W. , Should Financial Stability Be An Explicit Central Bank Objective? [J]. *Challenges to Central Banking from Globalized Financial Systems*, *International Monetary Fund*, *Washington DC*, 2003: 208 –223.

第 5 章 中国上市公司跨区域
并购的财富效应研究

尚云飞 郑长德

5.1 引言

5.1.1 研究背景和意义

随着我国经济的快速发展，部分企业也实现了迅速地成长，规模不断地膨胀，众多的企业不再满足于所在的狭小市场，进而开始进行跨区域扩张。中国拥有 960 万平方公里的国土面积，各区域之间的差异极大。由于地理位置和环境的差异、文化的差异、风俗习惯的差异、资源禀赋的差异以及经济发展的不均衡等原因，表现为投资环境具有明显的差异性，因此，我国企业的并购活动在区域分布上呈现出明显的地域积聚性。与区域内并购相比，企业跨区域并购越复杂，受到的阻力越大。区域之间不仅存在地理距离，而且存在文化差异和政策差异。随着时间的推移，市场机制在不断完善，区域之间不断地整合。跨区域并购的数量和金额也呈现不断上升的态势。

根据 ChinaVenture 统计数据，我们发现，我国的并购市场正在逐渐壮大。表 5-1 列出了 2007 年以来的数据。规模整体上是在递增，2012 年出现了下降。另外，2011 年并购金额比上一年增加了 3 亿美元，达到了最大值。从并购数量上看，2010 年并购数量最多。

2012 年，并购市场的并购数量和金额均出现了下降。另外，我国企业跨境并购交易共涵盖了 18 个行业，交易完成案例数量 166 例起，披露金额 306 亿美元。交易完成数量最多的前三个行业为能源行业、制造业和金融业。交易

表 5 – 1　　　　　2007 ~ 2012 年中国并购市场完成交易数量和金额

年　份	2007	2008	2009	2010	2011	2012
案例数量	3794	3653	3861	4305	3589	2458
并购金额（亿美元）	76.94	110.79	122.45	151.56	154.11	127.45

资料来源：CVsource2012. 10，http：//chinaventure. com. au/

案例分别为 41 例、38 例、12 例，占比分别为 25%、23%、7%。从交易完成规模上来看，能源行业依然是跨境并购中涉及金额最大的行业，并购交易规模达 158.67 亿美元，居各行业首位，占本年度出境收购案例总规模的 52%，平均单笔交易规模达 4.78 亿美元[①]。

其中，在我国境内发生的并购案例达到 2228 例。总共对外公布的金额为 908 亿美元。又以能源及矿业并购交易规模为 152.76 亿美元居各行业之首。2012 年的并购数据显示，发生并购案例最集中的行业仍然是制造业，共 407 起案例。排在第二的是能源，共 279 例。并购数量最多的前三行业占比分别为 18%、13% 和 8%（见表 5 – 2）。从境内并购交易完成金额上来看，能源、互联网和金融行业分别以 152.76 亿美元、137.11 亿美元、95.57 亿美元分列前三位，占比分别为 17%、15% 和 11%[②]。

表 5 – 2　　　　　2012 年中国企业并购完成交易数量行业分布（%）

行业	制造业	能源及矿业	金融	房地产	IT	医疗健康	化学工业	建筑建材	连锁经营	交通运输	其他
占比(%)	18.31	13.43	8.42	7.16	7.45	6.71	5.45	4.72	3.78	3.66	20.91

资料来源：ChinaVenture 2013. 01 年中国并购市场统计分析报告 http：//chinaventure. com. au/。

内部积累和外部并购是企业发展的基本方式。企业的内部积累是企业在经营过程中实现资本和技术的不断积累，并以此为基础，促使企业进一步发展壮大。但是，内部积累是一个漫长的过程，而且企业进行新技术研发的成本比较高昂。外部扩张不仅大大缩短了企业成长周期，而且企业通过外部扩张的选择空间较大，因此，并购就成了企业最常用的扩张策略。

随着企业的不断发展和规模的扩大，企业将寻求更大的产品市场和生产要素的稳定供应，以及通过分散投资来降低经营风险。此时，区域内并购已经不

---

①②　资料来源：http：//chinaventure. com. au/.

能满足企业扩张需要，跨区域并购便成了企业进一步扩张的方式。跨区域并购将引起资源要素在区域和企业间的流动。从宏观上看，资源流动可以改变区域的资源禀赋，带动区域内的产业结构调整，促进经济增长。从企业的角度看，能够实现资源在企业间的互补和共享，从而提升企业的效率。然而，企业的股东最关注的是跨区域并购是否能够带来财富的增加。

由于西方发达国家的市场一体化程度高，区域之间的差异性不大，所以很少关注一个经济体内部的跨区域并购行为。西方学者的研究重点放在了跨国并购上。他们重点关注跨国并购对东道国的资本积累、技术进步、产业升级、制度变迁等方面的影响。国内对并购财富效应的实证研究占多数，很少有单独研究跨区域并购的财富效应的。本章试图在一定程度上丰富研究视角，重点考虑区域因素对并购活动中股东财富的影响，为产业结构调整和企业投资战略提供参考。

5.1.2 基本概念的界定

5.1.2.1 并购

并购（M&A）通常是指溢价企业以现金、债券、股票或其他有价证券，通过收购债券、直接出资、控股及其他多种手段，购买其他企业的股票或资产，取得其他企业资产的实际控制权，使其失去法人地位或对其拥有控制权的行为。实际上并购包含两个概念，即兼并与收购。

兼并是指两家或者多家企业联合起来组成一家企业。实际上是满足一定技术和法律要求的谈判交易。兼并又可以分为吸收合并和新设合并，即通常所说的狭义并购的概念，本章所涉及的并购概念均属于狭义并购范畴。在吸收合并过程中，兼并企业保持其名称和身份，并且收购目标企业的全部资产和负债，目标企业不再作为一个独立的经营实体而存在。新设合并是指兼并企业和被兼并企业终止各自的法人形式，共同成立一家新的企业。

收购是指一家企业用现金或者有价证券购买另一家企业的股票或者资产。通过购买获得对该企业的全部资产或者某项资产的所有权，最后实现对该企业的掌控。按照收购标的的不同，收购分为股票收购和资产收购。其中，股票收购是指用现金、股票或其他证券购买目标企业具有表决权的股票，无须召开股东大会投票，可以绕开管理层和董事会，经常是非善意的。资产收购是指一家企业可以通过购买另一家企业的全部或者部分资产实现收购目标。必须出售方的股东进行正式投票表决要求资产过户，法定程序成本高。

由于并购的动机不同、环境不同、目标各异，因此，公司并购也存在着多种类型。本章根据行文需要，按照并购双方企业所属行业关系，把企业的并购行为划分为横向并购、纵向并购和混合并购。

（1）横向并购。横向并购又称为水平并购。并购双方企业属于同一行业，生产或者销售同类产品，企业之间属于竞争关系。通过横向并购，能够促使资本在同一企业内部得到集中。从而并购企业可以吸收目标企业形成横向托拉斯，扩大生产规模以达到新技术条件下的规模经济。横向并购的经济学理论基础是规模经济。企业通过并购同行业的企业来扩大自身的规模，使得单位产品的成本下降，获得更大的利润。其根本目的就是消除竞争、扩大市场份额。正是因为对竞争存在潜在的负效应，横向并购会受到政府的管制。横向并购会减少行业内企业的数量，可能使业内成员合谋取得垄断利润。有人认为，横向并购在合并部分的业务上创造了潜在的垄断力量，使其能够从事反竞争的活动。

（2）纵向并购。纵向并购又称为垂直并购。它是指处于生产同一种产品的不同生产阶段的企业间的并购。并购双方企业是产业链上下游的关系。纵向并购又分前向并购和后向并购两种形式。并购双方往往是原材料供应者和产成品购买者，所以对彼此的生产状况比较熟悉，有利于并购后的相互融合。任何产品从原材料到产成品需要经历很多生产环节，这些环节往往由不同的企业来完成。例如，石油工业要经历钻探、开采、炼制、销售等环节。企业通过进行纵向并购，把这些生产环节囊括在一个企业内部完成，实现生产一体化。

纵向并购完成生产一体化会给企业带来很多优势。例如，可以通过加强生产过程各环节的配合，保证生产要素供应，加强生产流程，缩短生产周期，获得较固定的产品市场；技术上的经济性，纵向并购把生产环节联系起来，从技术上节约成本；把市场交易内部化，降低交易费用；减少政府干预。政府可以通过价格、税收或利润率的调整来对企业进行干预。通过纵向并购，可以把利润从税率高的企业转向税率低的企业，把利润从受管制的部门转移到不受管制的部门等，以减少政府干预。

（3）混合并购。实施并购的企业间并不都是竞争对手或者位于同一产业链上。从事不相关类经营活动的企业间的并购称为混合并购。混合并购有三种常见的类型。产品扩张型并购拓宽企业的生产线；地域市场扩张型指在不同区域内从事经营的两家企业的并购；除此之外，就是纯粹的混合并购，它涉及不相关的经营活动。企业进行混合并购是为了实现多元化经营，以此来降低经营风险。这点与投资公司多元化投资很相似。

5.1.2.2　跨区域并购

所谓跨区域并购是指位于不同区域内的并购主体之间所发生的并购活动，即并购活动中的收购方企业与目标企业分别位于不同的区域中。因此，对于"跨区域并购"概念的界定，其关键在于如何划分区域。"区域"一词既是一个地理概念，又是一个区域概念；既是一个实体概念又是一个抽象概念，目前没有一个严格而唯一的界定。梳理相关文献发现，对于区域划分，使用最多的是三分法和六分法。我们在现实生活中接触最多的就是三分法。它把我国划分为：东部地区、中部地区和西部地区。东部地区经济发达，基础设施健全，市场化程度高，资本充裕；中部地区交通便利，基础设施完善，经济发展仅次于东部地区；西部地区资源丰富，基础设施不完善，经济发展落后，未来的发展潜力巨大。六分法将我国区域划分为华北、华东、中南、西南、西北和东北地区。华北地区是指北京、天津、河北、内蒙古、山西五省市。华东地区是指上海、安徽、福建、江苏、江西、山东和浙江七省市。中南地区是指广东、广西、海南、河南、湖北和湖南六省。西南地区是指重庆、贵州、四川、西藏和云南五省及自治区。西北地区是指甘肃、宁夏、青海、陕西及新疆五省及自治区。东北地区包括东三省，即黑龙江、吉林和辽宁。

事实上，我们可以发现，六分法是在考虑地理环境和经济发展水平的基础上对三分法进行进一步细分的结果，两者并无本质的区别，只是存在范围大小的差异。通过统计分析近年来的并购案例发现，无论是采用三分法还是六分法，都不能很好地区分区域并购和区域内并购，这给下一步的研究工作带来困难。不同地区的地理位置、气候环境、风俗习惯，还有经济发展水平都不同，这些因素决定着区域的差异性。我国的省级行政单位是基于不同地理环境和不同人文习俗的基础上不断发展的产物，它们都具有自身独特的地理环境和风俗习惯，加之各省的资源禀赋和政策环境不同，又进一步决定它们经济发展水平的差异。这些差异足以把我国的省级行政单位划分为一个个独立的区域，那么我们便可以把并购主体分别位于不同省级行政单位的并购活动视为跨区域并购。

综上所述,我们把跨区域并购定义为企业跨省级行政单位所发生的并购活动,即注册地位于不同省级行政单位内的并购企业和目标企业之间所发生的并购行为。

5.1.2.3　财富效应

财富效应有广义和狭义之分。广义上的财富效应是指央行通过实施公开市场操作来改变货币的供给对总需求的影响。事实上,这只能改变财富的构成,而不使财富总额发生变化。从个人的角度来看,金融资产作为人们最常持有财富的形式,其价格的变动直接关乎财富的增减。那么金融资产的财富效应就可以定义为金融资产的价格变动对持有人财富的影响,进而影响了个人的消费需求。本章所关注的是跨区域并购对股东的财富影响,因此,我们关注的是股市的财富效应。

金融市场的财富效应从宏观层面研究金融资产价格的变化带来的财富变化对经济的影响。然而,我们所关注的并购的财富效应侧重于从微观层面研究并购活动对收购企业和目标企业股东财富的影响,即并购活动导致并购双方企业股票价值的变化,从而引起双方股东财富的变化。本章通过计算并购前后几日股东的超额收益率来衡量股东的财富效应,如果超额收益率为正且显著异于零,则说明获得了正的财富效应,反之,则说明获得了负的财富效应。

5.1.3　研究思路与方法

本章将着重从公司跨区域并购动机以及区域因素的存在对跨区域并购企业股东的财富效应影响这一思路来展开研究。首先,在理论层面,通过对跨区域并购相关理论的梳理来构建区域因素对企业并购财富效应的作用机制。其次,以 2000~2012 年沪、深两市的 98 个吸收合并案例作为研究样本,采用事件研究法检验并购企业的股东是否获取超额收益率。然后,比较分析跨区域并购和区域内并购各方股东的超额收益率,以此判断区域因素的存在对跨区域并购财富效应的影响。最后,以鞍钢并购攀钢作为典型案例运用事件研究法详细地分析跨区域并购的财富效应。

沿着这一思路,首先,通过梳理并购的动机理论来分析企业跨区域的并购动机,结合资源配置效应构建跨区域并购与股东财富效应之间的理论分析框架;其次,实证检验并购的财富效应并对比区域内并购与跨区域并购所获财富效应的差异性；最后，结合实证检验的对比结果选取典型案例进行详尽分析①。

5.2　文献综述

本章研究的重点是跨区域并购的财富效应，然而，现有的文献完全涉及的比较少。为了清晰明了地梳理已有的研究成果，本节将分别介绍国外和国内关于跨区域并购和并购财富效应的研究成果。同时，文献的梳理也为本章的研究指明了方向。

5.2.1　关于跨区域并购的研究

5.2.1.1　国外研究现状

国外关于跨区域并购的研究主要集中在对跨国并购的研究，因此，我们将从跨国并购的文献入手。对于企业进行跨国并购的理论解释主要有：目标企业价值低估理论（Pedro，Geraldo and Richard，1998；et al.）、降低交易成本理论（Hennart and Park，1993；Buckley and Casson，1998；et al.）、市场力量论、壁垒动因（Yip，1982；Baldwin and Caves，1985；et al.）。另外，有实证研究表明，拥有国际业务的跨国公司比只在国内经营的公司具有更多的增长机会（Bodnar and Weintrop，1997）。希钦（Hijzen，2008）等收集和分析了1990~2001年23个OECD国家的行业数据。他们发现，交易成本对水平并购的负作用小于非水平并购。

莫克和杨（1991）的实证研究证实企业的跨区域扩张程度与企业的市场价值成正比，且两者的关系显著。托尔曼和李（1996）认为，跨区域并购能够使风险降低，并且提高市场占有率，以获得范围经济，提高多元化企业的绩效。同样，也有人认为，通过跨区域的并购可以开拓异域市场（Kim and Finkelstein，2009）。跨区域并购给企业带来了销售收入的增加。企业在整合的过程中调整策略能够促进企业效率的改善。另外，跨区域的企业间不存在市场重叠的问题，合并后企业的规模不会缩减且不会出现大规模裁员，因此，有利于并购后的企业整合。但是，拉格曼和韦贝克（2007）却证实了跨区域并购

---

① 因篇幅原因，本章未附数据附录。如需本章数据请向作者索取。

的成本要高于区域内并购的成本。那么，跨区域并购是否实现了最初的动机呢？艾格等（Hartmut Egge et al.，2010）给出了答案。他们认为，跨区域并购消除了产品市场的竞争，导致了价格上升。另外，并购后对生产地和销售市场的重新布局可以节约运输成本。最后，整合不同企业的技术能够降低产品的单位成本。

5.2.1.2　国内研究现状

国内对跨区域并购的研究大致可以分为以下几个方面的问题：跨区域并购与区域经济增长的关系、跨区域并购与产业结构调整的关系和跨区域并购的企业绩效。这方面的研究既有理论分析又有实证检验，也有两者兼顾的。

跨区域并购与区域经济增长的关系：陈计旺（2000）和罗翠华（2004）认为，跨区域并购能够协调经济发展，促进欠发达地区的经济增长。胡杰武、张秋生和胡靓（2012）的研究发现，跨区域并购使我国的资源型产业存在向资源富集地区转移，加工型企业存在向配套措施完善的经济发达地区转移的迹象。魏乐、张秋生和赵立彬（2012）分析了我国2006～2011年的并购数据发现：跨区域并购关系呈现出显著的"核心—边缘"特征，跨区域并购目标有明显的区域选择差异，网络中省市间中心度差异较大，中间中心度比较高的省市很少。张建忠（2012）认为，在内需不足和一体化程度不高的体制束缚下，不同区域的政府之间的制度安排和企业经理之间的协调努力决定着跨区域并购的成败。方军雄（2008）认为，我国的市场的确存在市场分割。

关注跨区域并购与产业结构调整的关系的学者有李鹏非和蒋慧玲等。李鹏非（2009）分析了我国钢铁行业的跨区域并购，他发现，要实现钢企的并购，必须协调好中央和地方的利益。蒋慧玲（2011）以南方水泥为例分析得出，在我国区域性水泥行业产能过剩的情况下，跨区域并购能够有效地优化水泥行业的结构和提高效率。

无论是企业的投资者，还是企业的经营者，跨区域并购对企业绩效的改善作用才是其根本的动机和关注的焦点。袁学英（2011）认为，在短期内，跨区域并购企业的绩效显著差于区域内并购企业，长期绩效则要好于区域内并购企业，但统计上并不显著。乐琦、蓝海林（2011）实证分析了跨区域并购并没有提高企业的绩效。另外，跨区域并购不利于企业的外部合法性，而这又反过来影响并购绩效的提高。关于跨区域并购的治理效应，潘红波（2009）认为，民营公司获得了治理效应，而国有企业并没有获得该效应。

5.2.2　关于并购的财富效应研究

5.2.2.1　国外研究现状

对并购绩效研究关注最多的是并购的财富效应。并购财富效应的研究方法主要有：事件研究法、会计研究法和托宾 q 值法。事件研究法是最常用和运用最成熟的一种方法。在国外关于并购财富效应研究的文献中，得到了一个基本一致的结论。他们认为，并购过程中，目标企业获得了显著的正超额收益，而对收购企业影响有不同观点。

其中，最具有代表性的文章是詹森和里贝克（1983）。他们在论文的结论中写道，证据似乎表明企业并购产生了正的收益，目标企业的股东从中获利，并购企业的股东并没有出现负的收益。阿斯奎思（1983）的研究发现，市场对并购公告的反应受到了并购支付方式的影响。股权融资进行支付使得并购企业获得比现金支付更小的收益。丹博尔特（Danbolt，1995）分析了英国 1986～1991 年内的跨国并购中的 71 家外国公司股东的收益。并购当月的平均超额收益为正（0.80%（IM）和 0.23%（MM）），但是，统计上不显著。但是，在并购公告的前一个月和后一个月，国外并购企业有很大的显著负超额收益。用指数模型计算出的累计超额收益率为 -4.77%，市场模型得出的结果为 -9.79%。布鲁纳（2002）总结了从 1971～2001 年的 14 篇非正式研究和 100 篇科学文献。大部分的研究显示，目标企业的股东获得了相当大的正市场收益，而收购方的超额收益为零。因此，并购方和目标企业联合起来获得了正的超额收益。科尔等（Cole et al.，2006）从不成功的并购案例来分析并购企业的价值变化。研究结果显示，收购企业的价值永久性减少了，即最后的交易未能成功执行。另外，企业进行水平并购获得了最大的负累计超额收益，即使并购活动被终止，依然为负。塞尔库克和基亚马兹（Selcuk and Kiymaz，2013）分析了 2000～2011 年内的 98 个针对土耳其公司的多元化并购。他们发现，并购企业在公告日前后获得了显著的超额收益。横截面回归结果显示，多元化并购比集中并购创造了更高的超额收益。小企业获得的财富效应比大企业多。默勒等（Moeller et al.，2005）研究发现，并购企业的股东在并购公告日前后，花在并购上的每一美元要损失 12 美分。

事实如此，国外关于并购的财富效应研究趋于成熟。逐渐形成了一致的结论——目标企业获得了正的财富效应。为什么会出现这种结果呢？一个比较合理的解释是，西方国家的资本市场经过几百年的发展已经比较完善，市场化程度高。在并购市场上，并购一般采用要约收购的方式，往往是几个卖家同时看中一个目标企业。为了能在激烈的竞争中脱颖而出，成功并购目标企业，并购企业往往会提高并购价格。在短期内，这种溢价收购促使目标企业的股东收益大幅增加，而并购企业股东会因为支付了过高价格在短时期未能产生正的收益。

5.2.2.2　国内研究现状

随着我国经济的不断发展，市场机制的不断完善，我国的并购市场也在不断地扩大。不断兴起的并购事件也引起了国外学者的关注。考虑到我国的特殊国情，我们的资本市场还不尽完善，市场化还有待进一步发展，资本市场对上市公司的并购行为不能正确及时地作出反应。另外，在并购的背后，不乏政府的干预，特别是大型国有企业的并购。因此，国内学者从不同的角度得到的结构具有很大的差异性。

在国内的研究中，余光、杨荣（2000）、张新（2003）、张宗新和季雷（2003）、朱滔（2006）等得出了与詹森和里贝克（1983）一致的结论。他们认为，并购给目标企业带来了正的财富效应。李善民和陈玉罡（2002）采用事件研究法，对 1999~2000 年中国证券市场的并购案例进行了实证研究。他们得出了与詹森和里贝克（1983）截然相反的结论。他们发现，收购企业股东在事件窗口（-10，30）区间内获得正的财富效应，然而，目标企业未能获得显著的财富效应。孙志英认为，2007 年我国上市公司并购效应改善的持续性不足。顾勇和吴冲（2002）也认为，并购给收购该企业带来了正的财富效应。

周隆斌（2001）认为，并购产生财富效应是因为在市场机制的作用下资源得到了重新配置。影响财富效应的因素有交易方式和支付手段等。李善民、曾昭灶、王彩萍、朱滔和陈玉罡（2004）的结果表明，并购并没有实质性地改善企业的绩效，只是在并购当年有较大的提高，然后又下降了。对并购财富效应的影响因素有：交易溢价、行业相关性、相对规模等。盛金、赵骄闫、光华（2006）认为，企业并购所创造的财富效应主要表现为协同效应。郑艳秋（2011）认为，并购同时也对政府产生显著正的财富效应。岳虹（2009）研究了国美并购三联的案例发现，并购没有给两公司的股东带来预期中的正的财富效应。韩立岩、王晓萌（2007）对沪市的股权收购财富效应进行了实证检验，他们发现，股东财富在公告日前后出现了先赢后亏的表现。杜兴强、聂志萍（2007）的实证发现，并购活动会引起显著的短期财富效应变动。目标企业股东取得显著为正的累计超常收益。并购企业的超常收益会逐渐消失，这与国外和国内部分学者的研究结果类似，但 CAR 值要小得多，不超过3%。程惠芳、张孔宇（2006）研究了中国上市公司的跨国并购财富效应，他们发现，中国上市公司在并购窗口期内获得了正的财富效应。他们还发现，目标企业所在的国家经济形势不好的时候，我国公司能获得更多的收益，以现金进行支付也可以带来更多的财富效应。

宋献中和周昌仕（2007）以 1998～2001 年上市公司并购事件为样本，发现同区域公司并购后的超额收益明显低于跨区域公司并购后的超额收益。韩立岩和王晓蒙（2007）实证研究发现，收购公司的股东财富在公告日前后呈现先赢后亏的阶段性表现。刘铠（2011）认为，已完成股改的公司在并购事件窗口期内获得了较高的累积超额收益率，但是，并购公告后股价却呈现下降趋势。

我国的学者得出了两种完全对立的结论。一部分学者认为，并购给目标企业带来了正的财富效应，还有一部分学者的结论完全相反，他们认为，并购给收购企业带来了正的财富效应。从短期来看，并购是一种零和博弈，因此，没有发现并购实现了双赢的结论。之所以会出现这种两极分化的结论，笔者认为，应该从两个方面来考虑，一方面，我国的资本市场不完善，市场不能及时、准确、完整地对上市公司的并购行为作出反应；另一方面，我国的经济结构是国有企业占主导地位，政府的干预无处不在，特别是国有企业的并购往往处于产业调整和区域经济发展的考虑。

5.2.3 文献回顾小结

在西方学者所致力的研究中，他们关注比较多的是跨国并购，很少有研究一个经济体内部的跨区域并购的财富效应。国外跨区域并购主要研究更多的是关注于跨国并购的动机与绩效。然而，最令西方学者感兴趣的并购活动是否能给股东带来财富效应？学术界普遍认同并购能够给目标企业带来正的显著财富效应，收购企业的财富效应不明显甚至为负。

总之，关于跨区域并购的研究文献侧重于从产业结构以及区域并购动机，实证方面主要用事件研究法和会计研究法来检验企业并购的绩效，鲜有考虑区域因素对上市公司跨区域并购股东财富的影响。这也为本章的研究打开了思路。

5.3　跨区域并购的理论分析

5.3.1　并购的一般动机理论

企业跨区域并购在本质上可以认为是企业并购在区域上的延伸和发展，因此，我们在构建跨区域并购的理论分析框架的时候，应该从企业并购的一般动机理论入手，在并购的一般动机理论的基础上考虑区域的差异性。

企业进行并购并不是为了实现自身简单的规模扩张，往往具有多层次的考虑。企业的并购行为在不同的区域和不同的时期内会受到其特定的社会、政治、经济条件的影响。在微观上，企业并购影响了企业的发展战略和经营绩效。在宏观层面上，并购行为可能影响行业集中度以及产业结构。以美国为代表的西方国家兴起几次大的并购浪潮，学者们对并购的关注和研究由来已久，提出了多种理论来解释他们的并购动机。

5.3.1.1　效率理论

不同的企业具备的管理能力存在很大的差异。管理能力不同的企业并购能够带来效率的提高。一个相对有效率的竞价者可能会对一家相对无效率的目标企业采取并购行为。并购后，通过改善目标企业的效率，价值可以得到提高。并购企业也可能选择并购某个目标企业，这是出于目标企业的管理可以提高自身效率的目的。目标企业有时具有更好的增长机会，合并后的企业可以变得更有效率。

5.3.1.2　经营协同效应

经营协同效应的理论前提是行业中存在规模经济或者范围经济。每一家企业在经营过程中的重点投资领域都不一致，有些企业注重固定资产的投资，有些企业在研发领域投入较大，还有一些企业注重销售渠道的建设。这些企业在企业职能方面存在着互补性。在并购实施之前，企业的经营活动水平还没有达到实习规模经济的条件。例如，甲企业可能在研究与法治方面有很强的实力，但是，它缺乏稳定而畅通的销售渠道。乙企业具有很强的营销实力，但是，缺乏研究和开发能力。甲企业和乙企业的合并将导致经营上的协同效应，并购后，研发和营销的整合必然会给企业带来更多的利润。另外，可以获得经营协同效应的是纵向并购。位于不同生产阶段企业之间的并购，能够带来信息成本和交易成本的节省。并购后，可以把相关的成本内部化，最终增加了企业的利润。

5.3.1.3 多样化经营动机

并购可以帮助一个企业以最小的成本快速进入另外一个行业，实现多元化经营。那么企业寻求经营多样化究竟为了什么？对于一个投资者来说，他会选择在资本市场上投资不同的资产来分散投资风险。如果投资者集中投资于一个企业，同时作为经营者，他出于对控制权的掌控而不愿出售企业的股份。他将面临投资单一化的高风险。那么，他可以通过他所有的企业进行多样化经营，以多样化经营间接地实现分散投资，最终实现分散风险的目的。

专业化分工提高了生产效率。通常企业会对员工进行专业技能的培训，员工获取的技能可能只对所在企业有用，而对其他企业毫无价值。那么他们在现在的企业工作比其他企业有更高的生产率。员工更关心的是工作的稳定性和报酬的多少。企业进行多样化经营可以给经营者和员工带来安全感和提升的机会，还有可能降低劳动成本。

5.3.1.4 财务协同效应

企业融资有内部融资和外部融资之分。内部融资的资金源于企业自身的积累，外部融资的资金来源于企业之外的其他经济主体。但是，内部融资可以减少信息不对称和节约融资成本，而且不会分散企业的控制权。正是因为内部融资和外部融资成本的差异，将外部投资机会内部化，可以带来财务协同效应。有的企业拥有大量现金流，但是缺乏投资机会；还有的企业有很好的投资项目，但是内部资金有限。这两种企业的合并可以发挥内部融资的优势以实现财务协同效应。另外，有人认为，并购后企业的举债能力大于并购前两个企业举债能力之和。同时，实现了投资收益和税收节约。

5.3.1.5 价值低估理论

有时候市场价格不能真实反映企业的实际价值，或者没有反映出在其他管理者手中的价值，购买该企业就有利可图，这便是价值低估理论。并购方在市场上的需求价值被低估的企业来获利。当目标企业的股票价格低于其全部资产重置的成本时，那么通过购买其股票获得控制权比投资新建更能节省成本。因此，并购能让企业以更小的成本完成扩张。

5.3.1.6　自大假说

在这里不得不提"胜利者灾祸"这一概念。在竞标过程中，中标者往往是那位出价最高的竞标者。中标价格要高于标的的实际价值会给中标者带来货币损失。并购的自大假说是指并购方由于自大对目标企业过度支付。

假如自负假说成立，那么收购企业的过度支付就使其股东利益转移到目标企业股东。最后并购活动导致收购企业的股东利益受到损害。在 5.2 节文献综述部分的一些文献中总结出，在并购活动中，目标企业往往能够获得正的超额收益，而收购企业不能获得正的超额收益。然而，"自大假说"为此给出了一个解释，另外，该假说也为我们提供了理解企业并购现象的一条新途径。

5.3.1.7　代理问题

当管理者不是企业的所有者时，代理问题便会出现。管理者不具有所有权或者拥有少部分的股份，他们的工作就会缺乏动力，或者进行额外的消费让股东来买单。如果股权极度分散，那么股东要花费很大的成本来监督管理者。

为了缓解代理问题，采用很多的办法。例如，限制代理人的权力，将代理人的收入与企业业绩挂钩，监督股价对管理者施压等。然而，这些方法都不奏效的时候，接管就成了最后的外部措施。如果企业因为管理层无效率而导致企业绩效差，企业就面临被并购的危机，管理者也面临被替换的威胁。

5.3.1.8　管理主义

管理主义理论认为，前面的代理问题没有被解决。该理论认为，并购只是代理问题的外在表现形式，而不是解决方法。管理者的收入是企业规模的函数，企业规模越大，他们就可以获得更高的收入。除此之外，规模越大，给管理者也带来更多的权力。因此，管理者渴望通过并购来扩大企业规模，以便为自身谋取私利。出于这样的并购目的，管理者们往往忽视了投资的收益率。

5.3.2　跨区并购的动机理论

从本质上来讲，企业经营的最根本的目的就是为股东创造更多的财富。完成这一目标的一种有效方法就是进行并购。企业进行并购的直接动机无非是降低生产成本、开拓新市场、获取资源和增加企业价值等。然而，这些正是企业实现股东财富最大化的具体措施，因此，企业往往通过并购来间接地实现这一目标。

在引言部分，我们根据并购双方企业的所属行业关系，把并购划分成横向并购、纵向并购和混合并购。不同类型的并购就有不同的并购动机。本节试图在并购动机一般理论的基础上结合区域的差异性，分别分析横向跨区域并购、纵向跨区域并购以及混合跨区域并购的动机。

5.3.2.1 横向跨区域并购动机

我们在 5.1 节定义横向并购为同一个行业的竞争性企业之间的并购行为。显而易见，横向跨区域并购是指并购其他区域经营相似产品或者服务的同行业竞争企业。实施此类并购的企业同属一个行业，生产和提供类似的产品或服务。它们在经营的环节上有相同的地方，在某些地方彼此也可能具有互补性。与区域内横向并购相比，只是并购双方位于不同的区域，其实质是一样的。

在我国，由于区域的资源禀赋的分布和经济发展水平往往存在很大的差异性，一个企业想要开拓另外一个区域市场存在很大成本。但是，如果通过并购该区域内的一家同类型企业获取其原有的市场将是一个很有效率的途径。例如，在甲地的 A 企业想要开拓乙地的市场，A 企业便可以通过并购乙地的一家生产同类产品的 B 企业，这样通过横向跨区域并购，便可以缩短开拓周期和降低市场的开拓成本，从而带来更高的市场占有率和更多的利润。

开拓异域市场来扩大市场规模是企业实施横向跨区域并购最直接的动机。在整个过程中，获得了更广阔的市场，使得自身的规模得以壮大，最后，在全国市场范围内加强了自身的竞争力。事实上，横向跨区域并购的经济学原理是规模经济。一般来讲，企业的长期平均成本曲线 LAC 呈现"U"型特征。在早期企业规模较小的时候，随着企业规模的扩大，企业的长期平均成本呈下降趋势。当达到最小平均成本的临界点后继续增加产量，平均成本就会逐渐增加。之所以会出现长期平均成本曲线 LAC 呈现"U"型特征，这主要是由于在不同阶段出现规模经济和规模不经济。在生产扩张的初始阶段，固定成本是不变的。产量越大，单位产品就可以分担更多的固定成本，从而使得总成本下降，这就叫规模经济。如果进一步地扩大规模，可能会在管理上缺乏效率，最终促使成本增加，这叫规模不经济。

任何企业的成长都是一个从小到大的过程。最初成立的时候规模小，经济效益不高。随着企业自身的发展壮大，为了实现利润最大化，便会寻求在成本最小的临界点进行生产。企业扩大自身的生产规模无外乎两种途径：内部积累和外部并购。企业通过内部积累来实现增长是一个漫长的过程，根本无法适应激烈的外部竞争。然而，外部并购对于企业来说却是一种灵活多变且有效的扩张措施，无论是从选择性还是时间周期的角度看，并购无疑是企业的不二选择。

企业发展到一定阶段，通过横向跨区域并购来实现异域扩张，同时，通过企业间资产及相应生产能力的补充和调整，使生产规模在短时间内达到或者逼近规模经济的临界点（长期平均成本最小）。在这一点上，企业的长期平均成本最小，从而实现利润最大化的战略目标。那么，企业可以在短时间内通过横向跨区域并购来完成规模扩张。企业扩大生产规模和开拓异域市场可以通过横向跨区域并购实现。另外，实现规模经济以降低单位生产成本，跨区域并购同类企业以开拓新市场，实现协同效应以增加企业价值。

5.3.2.2　纵向跨区域并购动机

纵向并购是指生产同一种产品的不同生产阶段的企业间的并购。此类并购的双方处在同一条产业链的不同环节。根据并购双方企业所处产业链的上下游关系不同又可以划分为前向并购和后向并购两种形式。那么，发生在同一个区域的纵向并购即纵向跨区域并购。然而，在产业链上的并购方向不同又可以分为两种类型。位于产业链上游的企业并购下游的企业称为前向并购，例如，生产商并购经销商。位于产业链下游的企业并购上游的企业称为后向并购，例如，生产商并购原材料供应商。

一种产品从原材料到商品都要经过采购、运输、生产、装配、包装、销售的全部过程。然而，很少有全部囊括这些环节的企业，通常情况下，原材料地、生产和销售分布在不同区域。因此，在整个生产和销售过程中，运输成本、仓储费用以及交易成本占很大一部分，这就制约着企业的盈利能力。这正是企业进行纵向跨区域并购的根本动机。当企业的产品生产地和原材料供应地位于不同区域，企业可以跨区域并购其原材料供应企业，实现原材料供应的内部化，既可以解决原材料的长期稳定供应，又可以解决议价能力不足的问题。只负责产品生产的企业所生产出来的产品需要依赖销售商的渠道来销售，对于销售渠道依赖的企业往往在议价上不具有很强的优势，其产品利润很大一部分被销售商所获取。那么通过前向并购销售企业来掌握销售渠道，实现自产自销无疑是一个有效的措施。

企业进行纵向跨区域并购，无论是前向并购，还是后向并购，都是为了实现产业结构一体化。所谓产业结构一体化是指企业通过前向跨区域并购和后向跨区域并购，使得并购后的企业囊括行业内产供销的各个环节。该理论是企业进行纵向跨区域并购最具有指导意义的理论基础。企业的风险抵抗能力和行业竞争力的增强，是产业结构一体化最直接的优点。另外，产业结构一体化能够促进整个产业的持续、稳定、有序、快速发展。纵向并购将生产的所有环节的企业有机地组成一个单一企业，即把发生业务往来的各环节的外部企业内部化，通过公司的有效组织与要素资源最优化配置到各个部门以实现利润最大化。产业结构一体化比原来行业内各个企业单打独斗更有效率。它能够使企业各部门协调高速运转，可以提高产品在各个环节上的流通效率以及降低流通成本。总之，最后实现为企业创造更多利润的目标。

5.3.2.3　混合跨区域并购动机

我们把发生在从事不同类型产品生产的企业之间的跨区域并购行为称为混合跨区域并购。其中，并购双方企业既不在同一区域，又不同属一个行业，还不存在产业链的上下游关系。通过混合并购，企业可以不再专注于一种单一的产品或者服务，而是可以进行跨行业经营不同类型的产品，从而完成多元化的经营战略。

企业进行混合跨区域并购的目的是实现经营多元化战略。经营多元化不仅可以分散企业的经营风险，还可以实现资源合理的分配。业务覆盖多个行业的企业较单一经营的企业拥有更广泛的资金来源渠道。把集中在一个行业的风险分散到不同行业中，使企业的整体经营风险降低到最小。这就是人们常说的"不要把全部的资金集中投资在一个领域"。并购后，企业风险发生的概率明显降低。另外，企业通过混合跨区域并购实现多元化经营后，各种资源要素可以在不同区域之间和不同部门之间实现转移。并购后，资源要素在企业内部从收益率低的区域和部门向收益率高的区域和部门转移，直到实现帕累托最优化以提高企业整体效率，进而实现利润最大化的目标。

5.3.3　跨区域并购的资源配置效应

事实上，我们可以把企业看作不同资源要素的组合体。无论是跨区域并购，还是区域内并购，获取优势资源和实现资源配置最优化是企业进行并购最根本的动力。区域内并购可以实现资源在企业和行业之间的重新配置，然而，跨区域还可以实现资源在不同的区域内重新配置。

5.3.3.1　资源配置理论

经济学要研究的是如何有效率地配置稀缺资源，并实现公平地分配。由此可以看出，资源的配置问题是经济学的核心。相对于人类永无止境的欲望，资源总是稀缺的。正如一个非常富有的人，总是不愿意停下他继续获取财富的脚步。正是因为资源是稀缺的，我们才需要研究如何合理地配置资源，使得效率最大化。

那么该如何定义资源呢？资源是指生产活动中投入的所有要素集合。生产中最主要的三大要素：土地、劳动和资本。这三大生产要素实际上是三大资源的典型代表。土地、水、矿产、石油、森林属于自然资源。劳动和技术属于人力资源。人类以自然资源为基础，结合劳动所创造出来的机器设备和原材料为资本设备。因此，资源可以分为自然资源、人力资源和资本资源。另外，我们也可以从资源存在的形态上划分为有形资源和无形资源。

资源配置有两种方式，即市场配置和计划配置。这两种分配机制的区别是在资源配置过程中起主导作用的主体不同。这两种不同的资源配置方式对应着两种截然不同的经济体制。市场经济通过市场来配置资源，计划经济则通过计划配置即行政命令来实现资源分配。市场配置是市场起主导作用而自发完成的资源配置。实际上，市场是通过价格的变化来向市场参与者传递信号的，然而，价格又是由市场的供给与需求决定的。当市场上某种商品出现供给不足时，其价格就会上涨。此时，向市场传递出该种商品短缺，生产者就会投入更多的相关资源来加大该商品的生产投入市场，以获取更多的利润。反之，供大于求时，价格就会下降。此时，生产者就减少该产品的投入以避免损失。同样，资源在不同区域之间的转移也是通过价格来实现的。总之，市场配置通过价格机制使得资源流向最需要的地方以实现最优配置。计划配置是指政府通过行政命令来实现资源分配，在整个分配过程中，政府起着绝对的主导作用。价格不是由市场供求力量决定的，也无法传递完整有效的信息。然而，长期的实践证明，计划配置比市场配置更缺乏效率。这也是我国正致力于不断发展和完善社会主义市场经济体制的原因。

5.3.3.2　资源禀赋的区域差异性

中国幅员辽阔，各区域的地理环境、气象条件、人文习俗、经济发展水平和制度环境差异较大。因此，地域差异的存在使得企业具有特殊的文化和经营方式。区域差异有时候是并购的动机，有时候却会给并购带来麻烦。我国东西部地区的经济发展水平高低之分十分明显，东部地区企业的科学技术水平和资本实力往往要比西部地区企业高，这种差异又增加了资本和技术的转移难度。从另外一个角度看，区域的差异性又决定了不同区域间的企业优势互补性。这种互补性为企业通过并购获取优势资源成为可能。

资源的分布往往具有区域的差异性，不同地区的资源种类和数量都存在很大的不同。正是因为区域的差异才从根本上导致了资源禀赋的不同。自然资源常常被看成与生俱来的，不可改变的。但是，自然资源的形成是由地质活动和地球气候变迁所决定的。虽然石油和煤炭在各区域分布不同，开采之后可以在各区域之间转移，但是地热能却不可以转移。一个地区的经济发展水平和政府对教育的投入力度决定了该地区的人力资源和资本资源的状况。其中，人力资源和资本资源在通常情况下具有很强的流动性，具有逐利性。

5.3.3.3 跨区域资源配置

跨区域资源配置是指不同区域之间的资源转移，即资源从一个区域转移到另一个区域。在市场配置的机制下，资源从低效率部门流动到高效率部门，从低收益率地区流向高收益地区。因此，资源在区域之间流转的前提是存在区域之间的收益差异。这种资源收益差异不仅由资源禀赋决定，而且还与地理环境和经济发展水平有关。

区域的差异为资源的跨区域配置提供了潜在的可能性，但是，差异的差异性也在一定程度上阻碍了资源的自由转移。资源的转移和配置离不开企业的经营活动，资源的配置最终是通过企业的生产和销售来实现的。企业的跨区域并购不仅使得资源在企业内部进行了整合，而且通过企业的经营战略实现了在不同区域之间的流转。跨区域并购使得资源突破了区域的限制，得以在更广泛的区域内产生更高的收益。资源的跨区域配置有两大前提，即互补性和可转移性。从资源的角度看，资源从一个区域配置到另一个区域必然是从资源丰富地区向资源稀缺地区转移。逆向转移是缺乏效率的，故不可能发生。从企业的角度看，企业通过跨区域并购获取稳定的资源供给或者开拓异地市场，资源在企业的经营活动中实现了区域转移，并且实现了从生产要素到产成品的转移。由于企业的经营原则是实现利润最大化，那么跨区域并购后，企业总是把有限的获得资源配置到收益最高的地方。从整体资源的利用效率上得到了提高。

虽然不能确定跨区域并购是否能够缩小区域之间的经济发展水平差距，但是，并购后的企业实现优势互补，提高了效率。发达地区的企业拥有雄厚的技术积累和充裕的资本，而欠发达地区的企业占据地理优势，坐拥丰富的自然资源。前者并购后者，实现优势互补，提高竞争力。企业的跨区域并购促进了资源的优化配置，同时，提升了自己的经营效率，最终为股东创造更多的财富。

5.4　跨区域并购的财富效应分析

5.4.1　跨区域并购的财富效应

并购的财富效应是指并购引起股价的波动对股东财富的影响。在本节中，通过计算累积超额收益率来衡量股东财富效应。通过梳理相关文献发现，宏观经济状况、产业政策、并购企业的经营业绩、并购的支付方式、目标公司的发展阶段、股权结构、并购溢价以及并购方式等因素对企业并购的财富效应产生影响。在西方发达国家，市场一体化程度较高，基本不存在区域市场分割的情况。他们的关注重点放在跨国并购的财富效应上，他们发现，跨国并购的财富效应受到宏观的、微观的以及行业的各种因素影响。

相对于区域内并购，企业跨区域并购的财富效应的影响因素将会更加复杂。一方面，跨区域并购促使不同区域内的资源要素重新配置，并购后的企业通过整合资源来提高资源利用效率，增加并购企业的财富。另一方面，地方保护主义的存在增加了企业的并购成本，政府主导下的并购往往又缺乏市场效率，企业过度支付和缺乏效率的并购可能导致企业的财富负向增长。那么，企业跨区域并购的财富效应取决于积极因素和负面因素对企业跨区域并购的影响。

5.4.2　财富效应模型

本章将运用事件研究法来构造并购的财富效应模型。事件研究法最早是多雷提出的，后经过鲍尔、布朗、法玛和沃纳等人的不断完善。我们这里的事件特指并购事件。事件发生日为并购公告日。事件研究法的时间轴见图 5-1。

图 5-1　事件研究法的时间轴

资料来源：作者整理。

见图5-1，0时刻为事件发生日。事件发生日前后一段时间为事件窗口期，即上市公司股票价格受到并购事件影响的时期。估计期为未受到并购事件影响的时期。我们需要用估计期的实际收益率数据来计算出市场模型的参数，利用该参数估算出窗口期的正常收益率，最后用窗口期的实际收益率与之相减，即可得到我们所需要的超额收益率。

跨区域并购是否能给股东带来财富？我们计算跨区域并购是否会给股东带来正的累计超额收益率，即短期财富效应。我们使用单因素市场模型，借鉴布朗和沃纳的标准事件研究方法，详细步骤如下：

$$R_{i,t} = \alpha_i + \beta_i R_{m,t} + \varepsilon_{i,t} \tag{5-1}$$

式（5-1）中，$R_{i,t}$ 表示股票 i 在 t 日的收益率，$R_{i,t} = \ln p_t - \ln p_{t-1}$。$R_{m,t}$ 为 t 日市场综合指数收益率。如果股票 i 是在上海证券交易所上市，则计算上证综合指数在 t 日的收益率；如果是在深圳证券交易所上市，则计算深圳成分指数在 t 日的收益率。$\varepsilon_{i,t}$ 为误差项。α_i 和 β_i 分别为常数项和回归系数。

要得到超额收益，先计算超额收益 AR。首先，我们确定图5-1时间轴上的各个时刻。并购的首次公告日信息含量最大，那么并购首次公告日作为事件发生日是比较合理的，这一天记为0时刻。选择首次公告日前后各20天作为事件窗口期，即（-20，20）。另外，估计期为（-150，-21）共130天。收集估计期内的股票 i 的收益率和市场综合指数收益率数据，以此来估计回归方程（5-1）的参数。其次，用最小二乘法得到参数估计值为 $\hat{\alpha}_i$ 和 $\hat{\beta}_i$，代入公式（5-2），用市场收益数据计算出窗口期内的正常收益率（预期收益率）。最后，用窗口期的实际收益率减去正常收益即得超额收益率。超额收益的大小和正负反映了并购事件对收益率的影响程度和方向。超额收益的计算公式如下：

$$\hat{R}_{i,t} = \hat{\alpha}_i + \hat{\beta}_i R_{m,t} \tag{5-2}$$

$$AR_{i,t} = R_{i,t} - \hat{R}_{i,t} \tag{5-3}$$

式（5-3）中，$AR_{i,t}$ 为超额收益率，$R_{i,t}$ 为股票实际收益率，$\hat{R}_{i,t}$ 为这期间的正常收益率或者预期收益率，$\hat{\alpha}_i$ 和 $\hat{\beta}_i$ 为方程（5-1）参数的估计值。如果我们要计算我国并购市场总的情况，就得计算众多并购案例的平均超额收益。若有 N 个样本企业，那么每天平均超额收益 AAR 为：

$$AAR_t = \left(\frac{1}{N}\right) \sum_{t=1}^{N} AR_{i,t} \qquad (5-4)$$

通过以上步骤计算出事件窗口期里每日的超额收益。然后，把每天的超额收益累加起来就是累积超额收益 CAR。以此来衡量对公司并购的财富效应。公司 i 的累积超额收益计算公式如下：

$$CAR_t = \sum_{t=d_1}^{d_2} AR_{i,t} \qquad (5-5)$$

N 个样本公司的平均累积超额收益 CAAR 为：

$$CAAR = \left(\frac{1}{N}\right) \sum_{t=d_1}^{d_2} \sum_{t=1}^{N} AR_{i,t} \qquad (5-6)$$

事件研究法的最后一个关键步骤就是对 CAAR 进行显著性检验。若并购事件对上市公司股价没有影响，即不存在财富效应，则 AAR 和 CAR 应为 0（无法通过 T 检验）。如果存在正的财富效应，则 T 统计量应显著异于 0 且为正。T 统计量公式如下：

$$T_{AR_i} = \frac{AAR}{\delta_{AR_t}/\sqrt{n}} \qquad (5-7)$$

$$T_{CAR} = \frac{CAR}{\delta_{CAR}/\sqrt{n}} \qquad (5-8)$$

在式（5-7）和式（5-8）中，δ_{AR_t} 和 δ_{CAR} 分别为 t 日超额收益估计方程的标准误差和累积超额收益估计方程的标准误差。

5.4.3　上市公司并购的实证分析

正如本章的标题，本章主要研究上市公司跨区域并购的财富效应。本章之前主要研究跨区域并购的动机理论，那么从本章开始将致力于研究跨区域并购的短期绩效，即财富效应。在本章的 5.4.2 节中，我们根据事件研究法构建了一个企业并购的财富效应模型，本节将根据这一模型来计算上市公司并购的财富效应。

5.4.3.1　样本选取

本章所有的并购案例均来源于锐思金融数据库，共有 202 个 2000~2012 年的中国上市公司吸收并购案例。个股日交易数据来自国泰君安 CSMAR 数据库和谷歌财经。在前面部分，我们定义的并购是指狭义的并购概念，即吸收合并和新设合并，本章所涉及的样本主要是并购公司为上市公司的吸收合并案例。

根据研究需要，通过数据库获取的数据需要经过筛选。数据的筛选要遵循一定的规则，这样才能选取对于本章有效的数据。例如，有时候一个企业在一段时间内可能会实施一系列的并购活动，对于这种情况，我们一般选取并购金额较大或者对企业经营策略影响最大的一个并购活动。另外，我们还要确保窗口期内没有发生其他并购活动。企业公告并购活动的时候，可能会有董事会公告和股东大会公告。那么我们常常选择第一次公告的时间作为并购公告日。第一次公告的信息量大。我们在这里借鉴了李善民和陈玉罡（2002）的方法。另外，并购案例筛选原则如下：（1）剔除金融行业和房地产行业的并购案例；（2）剔除关联并购案例；（3）剔除海外并购案例；（4）剔除并购公司为非上市公司的案例；（5）剔除日交易数据不全的并购案例。

根据上述筛选规则，最终获得了符合条件的并购案例为98例，其中，在深圳证券交易所上市的企业并购案例41例，在上海证券交易所上市的企业并购案例57例。根据跨区域并购的定义，如果并购双方企业的注册地址不在同一个省级行政单位，那么这种并购行为就被视作跨区域并购。据此，我们统计得出98个并购案例中有跨区域并购案例21例，区域内并购案例77例，在所选择的样本中，区域内并购占比为78.6%，跨区域并购占比为21.4%，即跨区域并购的比率远小于区域内并购。事实上，跨区域并购相对于区域内并购，无论是并购阻力还是操作，难度都要大。然而，从并购类型来看，横向并购66例，占比为67.3%；纵向并购11例，占比为11.3%；混合并购21例，占比为21.4%。另外，在跨区域并购中，横向并购14例，混合并购21例。上市公司并购案例的详细统计结果见表5-3。

表5-3　　　　　　　　　　　上市公司并购案例统计结果

	横向并购	纵向并购	混合并购	合计（例）	占比（%）
区域内并购	52	11	14	77	78.6
跨区域并购	14	0	7	21	21.4
合计（例）	66	11	21	98	100
占比（%）	67.3	11.3	21.4		

资料来源：作者计算。

5.4.3.2　研究方法

本章采用事件研究法来计算并购企业在实施并购活动的前后是否实现超额收益率。基本思路是：事件的发生会引起股票价格的变动，如果窗口期内的收益率偏离了正常收益率，那么说明事件对企业产生了影响，偏离程度反映了影响大小。事件研究法有两个基本的使用条件：市场有效性假设和事件不重叠假设。市场有效性假设是事件研究法最基本且最重要的假设，该假设意味着证券价格充分反映了市场上有用的信息。事件不重叠假设要求事件窗口期内除并购事件之外，不存在影响上市公司股价的事件。

事件研究法的前提是市场是有效的。在有效的市场上，股票的价格会对企业的并购行为作出恰当的选择。我们可以把股票收益率看成由两个部分组成，即由市场决定的正常收益率和由某些特定事件所导致的异常收益率（超额收益率）。如果发生无效事件或者没有发生重大相关事件，那么实际收益率与正常收益率一致；如果发生负面事件，该事件导致负的异常收益率，那么实际收益率低于正常收益率；如果发生积极有利事件，该事件就会导致异常收益率为正，那么实际收益率就高于正常收益率。运用事件研究法包含以下几个步骤：事件窗口的确定、计算实际收益率、计算预期收益率（正常收益率）、计算超额收益率（异常收益率）、显著性检验。

（1）确定事件窗口：采用事件研究法首先要确定事件窗口期。本章以上市公司并购首次公告日（若停牌，则以复牌后第一个交易日）为事件发生日，事件发生点定义为时间 0。首次公告日是上市公司首次正式向市场确认并购事件的日期，向市场传递的信息量最大，故选择作为事件发生日。为了便于对比分析，把事件窗口期定为（-20，20），即以公告前 20 天到公告后 20 天为事件窗口期。确定了事件窗口期，接下来就要确定估计期，本章中估计期定为（-150，-21），即事件发生日的前 150 日至前 21 日，估计期共 130 日。

（2）计算实际收益率：原始并购样本数据为上市公司的日收盘价，为之先要根据股票价格来计算出股票的日收益率。在时间序列的实证中，常用差分法计算股票收益率，某只股票的收益率等于当日收盘价取对数减去前一日股票收盘价的对数，即公式 $R_{i,t} = \ln p_t - \ln p_{t-1}$。

（3）计算预期收益率：如果股票是在上海证券交易所上市，那么计算上证综合指数在 t 日的收益率来作为市场收益率。如果是在深圳证券交易所上市，则计算深圳成分指数在 t 日的收益率来作为该日市场收益率。根据模型

（5－1），利用估计期的个股收益率，运用 OLS 法来估计模型中的 α_i 和 β_i。再把每一只股票对应的 α_i 和 β_i 值代入公式（5－3），利用市场收益率来计算得出每只股票的预期收益率。

（4）计算超额收益率：根据公式（5－2），计算每一只超额收益率，即用实际收益率减去步骤（3）计算得出的预期收益率，代入公式（5－3），计算窗口期内（－20，20）每一日的平均超额收益率 AAR。然后根据公式（5－4）计算每一日的累计超额收益率。

（5）显著性检验：若并购事件对上市公司股价没有影响，即不存在财富效应，那么超额收益率 CAR 应为 0。如果存在正的财富效应，则 T 统计量应显著异于 0 且为正。因此，进行显著性检验是事件研究法一个非常关键的步骤。计算出的超额收益率必须要检验在统计上是否显著。假设累积超额收益率 CAR 服从均值为 0 的正态分布，这样就可以对 CAR 进行是否显著于 0 的 T 检验，即：

检验假设：H0：$CAR = 0$

T 统计量公式如下：$T_{CAR} = \dfrac{CAR}{\delta_{CAR} / \sqrt{n}}$，式中 δ_{CAR} 分别为 t 日超额收益估计方程的标准误差和累积超额收益估计方程的标准误差。

5.4.3.3　实证结果

通过对 98 个并购案例的股票进行计算，得到平均累积超额收益 $CAAR$ 的结果，见图 5－2。图 5－2 所反映的是 98 个吸收合并样本的并购企业的股票在事件窗口期每一日的累计超额收益率的平均值。从图 5－2 中可以看出，并购企业的平均累计超额收益率大致呈递增的趋势，尽管中间出现一些波动。在（－20，－10）期间内，平均累计超额收益率为负，从并购公告日前 10 天开始，平均累计超额收益率才为正，在并购公告日后 20 天，平均累计超额收益率达到 8.3%。另外，在并购公告日前后，即（－5，5）内 $CAAR$ 保持稳定的上升趋势。因此，并购事件为并购企业的股东创造了财富，在事件窗口期内，并购企业的股东获得了 8.3% 的累计超额收益率且在 5% 的水平下显著异于零。

样本中，有 21 个跨区域并购案例，占总样本的比率为 21.4%。本章的重点是研究跨区域并购的财富效应，因此，我们把跨区域并购的上市公司的平均累计超额收益率单独计算出来，事件窗口期内的 $CAAR$ 见图 5－3。并购首次公告日前，$CAAR$ 曲线大部分位于横轴之下，并购前 10 日、前 5 日、前 2 日的

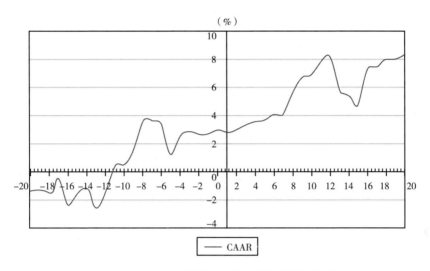

图 5 - 2　上市公司并购的平均累计超额收益率

资料来源：作者计算绘制。

CAAR 大于 0，但是，经过 T 检验发现均不显著异于 0。在时间段（5，10），平均累计超额收益率为负，并购公告日后，第 5 的 *CAAR* 虽然为正但是不显著，在（10，20）时间段内获得正的平均累计超额收益率且在 10% 的水平下显著。因此，在首次公告日之前上市，公司跨区域并购并没有给公司股东带来正的财富效应，直到首次公告日后 11 日，公司股东才收获显著的财富效应。

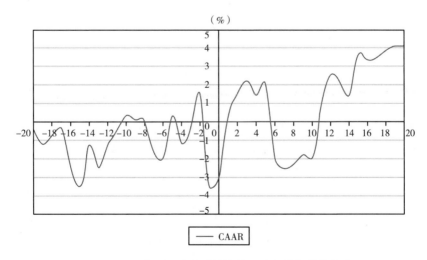

图 5 - 3　上市公司跨区域并购的平均累计超额收益率

资料来源：作者计算绘制。

图 5 – 4 为样本中上市公司区域内并购的 *CAAR* 曲线，通过计算发现，区域内并购给股东带来 10% 水平下的显著财富效应。在事件窗口期内，区域内并购给股东带来了 5.2% 的平均累计超额收益率，跨区域并购给股东带来的平均累计超额收益率为 4.1%，但这并不足以说明跨区域并购比区域内并购给股东带来了更少的财富。

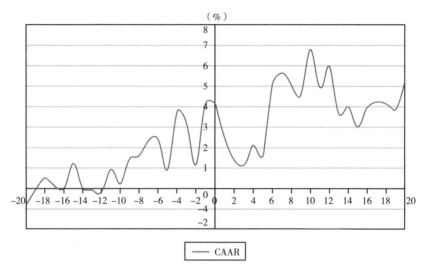

图 5 – 4　上市公司区域内并购的平均累计超额收益率

资料来源：作者计算绘制。

5.5　鞍钢并购攀钢的案例分析

5.5.1　并购背景

钢铁行业是我国经济体系的最重要的支柱产业，钢铁行业飞速发展，钢铁产量呈不断增长趋势。近年来，国际钢铁企业间的并购趋势越来越频繁，并购的直接结果就是其产业集中度大大提高，钢铁企业大型化和寡头垄断的趋势越来越明显，并开始向我国扩张。然而，面对来自国际钢铁巨头的竞争压力，我国钢铁行业却未有明显的竞争优势。与世界其他国家相比，中国钢铁行业的产业集中度较低，从而导致了中国钢铁产品结构不合理、产品档次和质量较低、资源消耗量大等问题。另外，我国钢铁行业对铁矿石进口依存度很高，每年进口铁矿石量超过了50%，从 2006 年开始，进口铁矿石价格就不断呈上升态势，我国钢铁企业缺乏进口铁矿石的定价话语权。那么，提高产业集中度和增强钢铁企业在进口铁矿石定价上的话语权，是我国钢铁行业并购重组的直接动因。通过并购重组来实现：调整产业结构、优化产品品种、淘汰落后产能及促进产业的合理布局。

我国钢铁企业面临如此严峻的内外形势。政府在 2005 年出台了《钢铁产业发展政策》，国资委于 2006 年又出台了《关于推进国有资本调整和国有企业重组的指导意见》。这两份政府文件明确提出，鼓励具有竞争优势的企业通过并购重组来扩大企业规模，从而提高产业集中度，支持钢铁企业向集团化方向发展，通过跨地区的并购重组、强强联合、相互持股等方式进行战略重组。力争到 2010 年形成 2 个 3000 万吨级、若干个千万吨级的具有国际竞争力的特大型钢铁企业集团，国内排名前 10 位的钢铁集团产业集中度达到 50% 以上，2020 年达到 70%（王朔，2008）。由此可见，并购重组将成为我国钢铁行业调整产业结构的主要途径。

5.5.2　并购动机

2009 年 3 月 20 日，国务院办公厅公布了《钢铁产业调整和振兴规划》。其中的一条规划目标是促进钢铁企业的并购重组，形成具有自主创新能力和国际竞争力的特大型钢铁企业。根据该方案，国家将大力推进鞍钢与攀钢的并购重组。国资委于 2010 年 5 月 21 日下发通知，同意鞍钢并购攀钢。此次并购后，新鞍钢的产能将达到 3500 万吨，仅次于河北钢铁集团和宝钢集团之后的我国第三大钢铁集团。

从钢铁行业的区域位置来看，鞍钢地处辽东地区，而攀钢远在西南地区。并购后，鞍钢的战略布局可以延伸到西南地区。另外，鞍钢和攀钢生产的产品并不存在重叠，鞍钢主要以板材为主，而攀钢的产品主要是型钢、特钢等。因此，在区域布局上可以实现互补。从掌控的资源角度，鞍钢所属铁矿山保有已探明地质储量为 93 亿吨，约占全国铁矿石储量的 25%。攀钢所处的攀西地区是中国乃至世界矿产资源最富集的地区之一，是我国第二大铁矿区，蕴藏着上百亿吨的钒钛磁铁矿资源，钒资源储量占中国的 52%，钛资源储量占中国的 95%，同时还伴生钴、铬、镍、镓、钪等 10 多种稀有贵重矿产资源，综合利用价值极高[①]。并购后，鞍钢将占据全国约 75% 的铁矿石资源。这才是鞍钢并购攀钢最根本、

---

① 资料来源：http://www.pzhsteel.com.cn/AboutCompany/

最直接的动机。攀钢集团经营性资产在整体上市计划后将全部进入攀钢钢钒，形成以钢铁、钒业、钛业、矿业为核心的四大业务板块。鞍钢和攀钢合并之后，所拥有的铁矿石资源将占全国的 2/3。另外，攀钢还拥有丰富的钒矿，以后在航天、航空领域会有很大的发展，这与鞍钢往高端领域发展的思路不谋而合。

此次并购，从行业层面看遵循了我国钢铁产业政策，但从市场角度看也有着其重要意义。一方面，跨区域并购缩短了地理上的距离，有利于鞍钢开拓西南地区的钢铁市场；另一方面，在国际矿业巨头把控铁矿石定价权的情况下，并购使得鞍钢拥有丰富的铁矿石资源。攀钢作为原材料供应基地，解决了鞍钢的原材料供应问题。因此，鞍钢跨区域并购攀钢可谓是一举两得。

5.5.3 并购历程

此次并购事件，在攀钢集团计划整体上市的时候找到了突破口。当面对攀钢集团为其整体上市寻找现金选择权支付第三方时，鞍钢集团看到并购攀钢的绝佳机会。2007 年 8 月 13 日，攀钢集团公司旗下三家公司（攀钢钢钒、攀渝钛业和长城股份）同时停牌，公告攀钢集团有重大不确定事项需与三公司协商。同年 11 月 15 日，三公司同时复牌并公告资产整合的整体上市方案。2008 年 4 月 15 日，国资委原则上批准了攀钢整体上市方案。5 月 9 日，鞍钢集团宣布成为其整体上市现金选择权的第三方。5 月 17 日，集团整体上市方案公布。

2008 年 8 月 15 日，攀钢旗下三家上市子公司发布公告称，鞍钢在二级市场够买了这三家子公司各 5.09% 的股权。攀钢系股价应声涨停，资本市场视为利好。12 月 25 日，证监会核准攀钢钢钒的资产重组，并豁免攀钢因持有新钢钒公司 47.87% 的股份而应履行的要约收购义务。2009 年 3 月 31 日，攀钢钢钒发布"关于换股吸收合并攀钢集团重庆钒业股份有限公司、攀钢集团四川长城特殊钢股份有限公司的实施"公告称，攀钢钢钒拟议新增股份吸收合并攀钢旗下的另外两家上市公司。此次并购是通过换股来实现的，即攀渝钛业和长城股份全体股东所持有的股份按一定比例转换为攀钢钒钛股份。换股吸收合并完成后，两者的资产、负债、业务和人员全部进入攀钢钢钒，两者的法人资格也将注销。

4 月 3 日，再发公告"关于换股吸收合并攀钢集团重庆钛业股份有限公司、攀钢集团四川长城特殊钢股份有限公司现金选择权实施"，揭示鞍钢将为不愿转让股份的股东提供两次现金选择权机会。首次现金选择权系鞍钢集团于 2008 年 5 月接受攀钢钢钒的委托，向攀钢钢钒、攀渝钛业和长城股份有选择权的股东所提供的现金选择权。首次申报期为 2009 年 4 月 9 日~4 月 23 日，以董事会决议公告日前 20 个交易日的交易均价确定每股攀钢钢钒 9.59 元、＊ST长钢 6.50 元、攀渝钛业 14.14 元换取现金。2008 年 10 月，在首次选择权的基础上，鞍钢集团进一步承诺向有选择权的股东追加提供一次现金选择权利。在前一次没有行权的股东自动获得第二次现金选择权，申报期为 2011 年 4 月 25 日~4 月 29 日，行权价格为 10.55 元/股。

从 2007 年第一次因重大事项停牌开始到国资委批准为止，整个并购过程历时三年。整个过程漫长艰难，两大国有钢铁企业的并购也引起了业界的广泛关注。并购后，新设立的鞍钢集团作为原来两大钢铁巨头的母公司。时间定格在 2010 年 5 月 21 日，即国资委下发同意并购通知的时间，这次并购于此结束。

5.5.4　并购双方股东的财富效应

采用事件研究法来计算股东的财富效应，首先要确定事件的发生日期。这次鞍钢并购攀钢的过程漫长而复杂，而且涉及的利益方比较多。因此，确定一个恰当的事件发生日并不简单。国有企业的重大事项是要经过国有资产管理部门批准才能生效。出于这种考虑，把国资委批复同意并购的日期作为事件发生日，即 2010 年 5 月 21 日。以事件发生日为中心，把前后 20 天即（−20，−20）确定为窗口期，（−150，−21）为估计期。

为了得到窗口期的正常收益率数据，首先得估计出市场模型的参数值，我们先用估计期的收盘价取对数，然后差分计算出股票收益率和市场指数收益率数据。其次，采用最小二乘法对方程（5−1）的参数进行估计。我们需要先对使用的时间序列进行单位根检验。检验结果是，这里所采用的数据在 1% 的显著水平是平稳的。实际上，收益率数据是在股票收盘价取对数后一阶差分得到的，因此，检验结果与实际情况是一致的。使用 EViews 5.0 软件进行 *OLS* 回归得到结果见表 5−4。

表 5−4　参数估计值

企业	$\hat{\alpha}_i$	$\hat{\beta}_i$	t_α	t_β	R^2
鞍钢	−0.139	1.290	−1.065	16.038	0.668
攀钢	0.040	0.178	0.535	3.989	0.111

资料来源：作者计算。

首先，把参数估计值代入公式（5 - 3），分别计算出两只股票在窗口期的预期收益率。其次，再用实际收益率减去预期收益率即可以得到超额收益率。依次按照前述的操作步骤进行，最后，我们计算出各期的累计超额收益率并进行显著性检验，结果见表 5 - 5。

表 5 - 5　　　　　　　　　　　　　累计超额收益率

CAR（%）	（ - 20, 0）	（ - 10, 0）	（ - 5, 0）	（0, 5）	（0, 10）	（0, 20）
鞍钢	3.427492 (5.026)	1.878732 (2.755)	1.132319 (1.660)	- 0.40162 (- 0.589)	- 4.04758 (- 5.936)	- 5.52596 (- 8.103)
攀钢	- 1.31942 (- 7.336)	- 2.43141 (- 13.519)	- 0.29281 (- 1.628)	0.838244 (4.661)	- 1.88636 (- 10.488)	- 1.35158 (- 7.515)

资料来源：作者计算。

5.5.5　小结

从前面分析的结果可以看出，鞍钢在事件发生日前均获得了正的且显著的累计超额收益率。然而，并购公布之后的时期内累积超额收益率为负，说明并购后股东的财富减少了。这看似说明在国资委批复前，市场已然获知了鞍钢并购攀钢的信息。从前述的案例介绍中发现，鞍钢借攀钢系整体上市的契机为其提供了两次现金选择权就已经向市场传递其并购意图。

然而，除了在并购后 5 天内 CAR 为正外，作为并购的目标企业的攀钢在事件窗口期内的超额收益为负。

国外的主流观点认为，并购会给目标企业的股东带来显著的正的超额收益率，而收购企业股东没有超额收益率甚至为负。在整个并购过程中，最不能忽略的就是两次现金选择权。如果股价跌到行权价格之下，那么鞍钢就有行权压力。巨大的现金支付压力使得鞍钢股东短期内难以获得正的财富效应。同样，攀钢系的股价下跌使得股东超额收益为负。

5.6　研究结论

纵观本章，从公司跨区域并购动机以及区域因素对跨区域并购股东的财富效应影响这一思路来展开研究。以 2000 ~ 2012 年发生的 98 例中国上市公司吸收合并的案例（其中，跨区域并购案例 21 例，区域内并购案例 77 例）为样本，研究了中国上市公司跨区域并购的财富效应。以企业并购的一般动机理论为理论基础，分别分析了企业进行纵向跨区域并购、横向跨区域并购、混合跨区域并购的不同动机。通过对比区域内并购发现，跨区域并购能够促使资源要素在不同企业和不同区域内重新配置，以提高企业利用资源的效率，使得并购后企业的财富得以增加。实证检验了中国上市公司跨区域并购的财富效应，并比较了企业跨区域并购和区域内并购获得的财富效应。最后，选择攀钢并购鞍钢作为典型跨区域并购案例，从并购背景、并购动机、并购历程、跨区域并购的财富效应等方面详细介绍了企业进行跨区域并购的整个过程。

本章最重要的研究结论有如下几点。

（1）企业经营的最根本的目的就是实现公司股东财富的最大化。无论企业进行横向跨区域并购、纵向跨区域并购还是混合跨区域并购，虽然其直接动机不一样，但最根本的目的依然是为了实现股东财富的最大化。

（2）企业发展到一定阶段，通过横向跨区域并购来实现异域扩张，扩大了市场的同时，通过企业间资产及生产能力的补充和调整来实现规模经济，降低了单位产品的平均成本。产业结构一体化则可以通过纵向跨区域并购来实现。另外，抗风险能力和行业竞争力也提高了。企业进行混合跨区域并购的目的是实现经营多元化战略，以此来分散企业的经营风险和实现资源优化配置获取更高的收益。

（3）跨区域并购与区域内并购最大的差异在于不同区域内资源禀赋的差异性。跨区域并购后，资源不仅能够在不同企业内重新配置，而且可以在不同区域之间重新配置。资源的最优化配置提高了企业的资源利用效率，增加了企业的财富，即资源配置效应。

（4）运用事件研究法对我国上市公司并购的财富效应进行研究，实证结果显示，我国上市公司并购给股东带来了显著的财富效应，然而，上市公司跨区域并购在并购公告日后 10 日开始有正的财富效应。对比跨区域并购和区域内并购的财富效应，虽然在事件窗口期内，区域内并购的平均累计超额收益率略高于跨区域并购，但这并不能说明跨区域并购给股东带来更少的财富效应。

（5）在攀钢并购鞍钢的案例中，鞍钢在事件发生日前均获得了正的显著的累计超额收益率。然而，并购公布之后的时期内累积超额收益率为负，说明并购后股东的财富减少了。除了在并购后 5 天内 *CAR* 为正外，作为并购的目标企业的攀钢，在事件窗口期内的超额收益为负。这个结论与李善民和陈玉罡（2002）的研究大致一致。

本章参考文献

［1］袁学英．中国企业跨区域并购、资源流动与长期绩效［D］．北京交通大学博士论文，2011．

［2］张寒．跨国并购的理论、运作及我国企业的跨国并购问题研究［D］．对外经贸大学博士论文，2005．

［3］程惠芳，张孔宇．中国上市公司跨国并购的财富效应分析［J］．世界经济，2006（12）．

［4］崔保军．中美企业并购财富效应的比较［J］．现代企业．2007（8）．

［5］赵静．中国上市公司管理层收购股东财富效应研究［J］．宁波广播电视大学学报，2006（4）．

［6］岳虹．企业并购中的财富效应研究——基于国美收购三联案的分析［J］，会计之友，2009（35）．

［7］周隆斌．企业并购中的财富效应分析［J］．财经科学，2001（5）．

［8］吴佳男，马占新．企业并购绩效研究方法及应用进展［J］．北方经济：综合版，2011（14）．

［9］陈信元，张田余．资产重组的市场反应——1997年沪市资产重组实证分析［J］．经济研究，1999（9）：47-55．

［10］杨朝军，刘波．控制权转移公司的股票价格行为研究［M］．中国资本市场前沿理论研究文集，北京：社会科学文献出版社，2002．

［11］洪锡熙，沈艺峰．公司收购与目标公司股东收益的实证分析［J］．金融研究，2001（3）．

［12］张文璋，顾慧慧．我国上市公司并购绩效的实证研究［J］．证券市场导报，2002（9）．

［13］李善民，陈玉罡．上市公司兼并与收购的财富效应［J］．经济研究，2002．

［14］李善民，朱滔．多元化并购能给股东创造价值吗？［J］．管理世界，2006（5）．

［15］李善民．中国上市公司资产重组绩效研究［J］，管理世界，2004（8）．

［16］周小春，李善民．并购价值创造的影响因素研究［J］，管理世界，2008（5）．

［17］张新．并购重组是否创造价值？——中国证券市场的理论研究与实证研究［J］．经济研究，2003（6）：20－93．

［18］张兵，李晓明．中国股票市场的渐进有效性研究［J］．经济研究，2003（1）．

［19］潘红波，夏新平，余明桂．政府干预、政治关联与地方国有企业并购［J］．经济研究，2008（4）．

［20］周隆斌．企业并购中财富效应分析［J］．财经科学，2001（5）．

［21］朱滔．上市公司并购的短期与长期绩效研究［M］．北京：经济科学出版社，2007．

［22］王翔．浅析宝钢集团并购新疆八一钢铁集团［J］．中国冶金，2008（7）．

［23］蒋慧玲．我国企业跨区域并购扩张研究—以南方水泥为例［D］．浙江工商大学硕士学位论文，2011．

［24］余光，杨荣．企业并购股价效应的理论分析与实证分析［J］．当代财经，2000（7）．

［25］夏立军，方轶强．政府控制、治理环境与公司价值——来自中国证券市场的经验证据［J］．经济研究，2005（5）：40－51．

［26］孙红．国有企业并购动因与政府干预研究［D］．吉林大学硕士学位论文，2007．

［27］余力，刘英．中国上市公司并购绩效的实证分析［J］．当代经济科学，2004（4）：68－74．

［28］潘红波，余明桂．基于实证分析的跨区域并购公司治理效应研究［J］．江西社会科学，2009．

［29］尚云飞．上市公司并购重组的财富效应研究——基于鞍钢并购攀钢的案例分析［J］．时代金融，2013（12）．

［30］房慧欣．股权结构、市场化进程与企业并购［D］．中国人民大学硕士论文，2008．

［31］张大力．中国上市公司并购的治理绩效研究［D］．河南大学硕士论文，2012.

［32］张孔宇．中国上市公司跨国并购的经营绩效和财富效应研究［D］．浙江工业大学硕士论文，2004.

［33］Alexander Hijzen, Holger Gorg, Miriam Manchin, Cross-border Mergers and Acquisitions and the Role of Trade Costs［J］. *European Economic Review*, 2008（52）: 849 – 866.

［34］Mueller, D. C. , A Theory of Conglomerate Mergers［J］. *Quarterly Journal of Economics*, 1969, 83（1）: 643 – 659.

［35］Grossman, S. J. , and O. D. Hart, Takeover Bids, the Free-Rider Problem and the Theory of the Corporation［J］. *Bell Journal of Economics*, 1980, 11（1）: 42 – 64.

［36］Jensen, M. C. , Agency Cost of Free Cash Flow, Corporate Finance and Takeovers［J］. *American Economic Review*, 1986, 76（3）: 323 – 329.

［37］Jensen, M. C. , The Takeover Controversy: Analysis and Evidence［A］. In: J. C. Coffee（eds）, *Knights, Raiders, and Targets*［M］. New York: Oxford University Press, 1988.

［38］Jensen, M. C. , and Ruback, R. S. , The Market for Corporate Control: the Scientific Evidence［J］. *Journal of Financial Economics*, 1983, 11（1）: 5 – 50.

［39］Jensen, M. C. , and W. Meckling, Theory of the Firm: Managerial Behavior, Agency Costs and Ownership Structure［J］. *Journal of Financial Economics*, 1976, 3（5）: 305 – 360.

［40］Khanna, N. , Optimal Bidding for Tender Offer, 1987, Working Paper, University of Michigan, Graduate School of Business Administration.

［41］Khemani, R. S. and Shapiro, D. M. , An Empiricial Analysis of Canadian Merger Policy［J］. *Journal of Industrial Economics*, 1993, 41（2）: 161 – 177.

［42］Kyle, A. S. , Continuous Auctions & Insider Trading［J］. *Econometrica*, 1985, 53（6）: 1315 – 1335.

［43］Kyle, A. S. and J. L. Vila, Noise Trading and Takeovers［J］. *Rand*

Journal of Economics, 1991, 22 (1): 54 –71.

[44] Lewellen, W. G. , and B. Huntsman, Managerial Pay and Corporate Performance [J]. *American Economic Review*, 1970, 60 (3): 710 –720.

[45] Manne, H. G. , Mergers and the Market for Corporate Control [J]. *Journal of Political Economy*, 1965, 73 (2): 110 –120.

[46] Manne, H. G. , Mergers and the Market for Corporate Control [J], *Journal of Political Economy*, 1965, (73).

[47] Jensen, M. C. and R. S. Ruback, The Market for Corporate Control: The Scientific Evidence [J]. *Journal of Financial Economics*, 1983, 11.

[48] Schwert, G. William, Markup Pricing in Mergers and Acquisitions [J], *Journal of Financial Economics*, Jun. 1996.

[49] Jens Hagendorff & Kevin Keasey, Post-merger strategy and Performance: evidence from the US and Euro Peanbanking industries [J]. *Aceounting and Finanee*, 2009, (49).

[50] Hennart J. F. , Y. R. Park, Greenfield vs. Acquisition: The Strategy of Japanese Investors in the United States [J]. *Management Science*, 1993, 39 (9): 1054 –1070.

[51] Roll, Richard, The Hubris Hypothesis of Corporate Takeovers [J]. *Journal of Business*, 1986, 59 (2): 74 –91.

[52] Shleifer, A. , and R. W. Vishny, Large Shareholders and Corporate Control [J]. *Journal of Political Economy*, 1986 (a), 94 (3): 461 –488.

[53] Shleifer, A. , and R. W. Vishny, Greenmail, White Knights, and Shareholders' Interest [J]. *R and Journal of Economics*, 1986 (b), 17 (2): 293 –309.

第6章　国际金融一体化与经济增长

——来自东南亚国家的证据

刘香发　郑长德

6.1　引言

6.1.1　总体研究背景

由于最新政策转向基于市场的资源配置体系，发展中国家和转型期社会主义国家的有效金融体系的发展引来了不断增加的关注。

金融部门在储蓄—投资—增长联系中的主要作用在于：（1）扮演通过筹集和分配资金来促进投资的一个渠道；（2）扮演风险及其期限的修正与配置的一个渠道。这对于强劲而稳健的长期经济增长至关重要，尤其是在国际金融市场一体化过程已经开始的环境下。

金融一体化可以理解为一国当地金融体系与国际金融市场和金融机构的联合，涉及政府对金融部门和资本账户的开放。因此，当开放经济体经历，包括当地借款者和贷款者在国际市场上积极参与在内的跨国资本运动增加时，我们可以说一体化发生了。

国际金融一体化始于20世纪五六十年代欧洲货币市场的形成，伴随西方发达国家的金融自由化浪潮，和许多新兴市场国家放松金融管制、开放国内金融市场而逐步深化。其主要表现在于：资产配置跨出国境而日益多样化，资金的国际流动限制减少，跨境金融交易总额迅速增加，以及除美元以外的各种货币标明面值发行的债券金额大幅增加。金融一体化不仅是指投资者可以比较自由地参与各国股票市场的交易，实际上，债券市场和信贷市场也能够看见国际投资者活跃的身影。通常意义上的金融一体化有两层含义：一是政府对国际资本流动和外国投资者参与本国金融市场交易的管制或其他形式的壁垒逐渐宽松；二是本国金融市场与国际金融市场的联系更加紧密，证券的预期收益率与其他国家证券市场的相关性和联动性日益明显。在这个过程中，新兴市场国家受到的影响更加引人关注。新兴市场国家通常指一些经济处于起飞阶段的发展中国家，由于其特殊的自然禀赋或劳动力优势，吸引了大量的国际资本流入。据国际货币基金组织（IMF）的一份研究报告估计，自 20 世纪 90 年代以来，新兴市场国家获得的私人资本大概增加了 15 倍，尤以跨境证券投资增长的幅度最大。大量国际资本的涌入一方面为新兴市场国家的发展提供了亟须的资金支持，增加了金融市场的流动性和活力，改善了其资金配置的效率和风险分担的功能；另一方面，国际资本流动的大起大落也给原本比较脆弱的金融体系增添了更大的不确定性，资产价格的大起大落引发的信心危机也给新兴市场国家的监管当局带来了巨大的挑战。

一个国际辩论话题是，对外国资本的金融开放是否具有显著增长收益，以及在发展中国家中，这些收益是否产生并超越其牵涉的风险。

基于有效竞争市场理论模型，经济理论认为，金融开放应当促进经济增长和经济发展。同样是在理论层面，金融一体化应当便利资本的国际配置和鼓励国家之间的风险分担。因此，随之而来的是，这些收益对于发展中国家而言应当更大，他们的资本相对稀缺，劳动力相对富足。在标准的新古典增长模型中，国际金融一体化有利于资金向具有正的产出效应的资本稀缺国流动。外国资本的获得应当有助于增加投资，从而促进经济增长。由于发展中国家的产出增长较不稳定，相对于工业化国家，他们从国际风险分担中获得的福利收益趋于更大。

然而，鲜有实证文章证明金融开放有助于发展中国家稳定消费增长的波动，尽管在理论层面，发展中国家可以获得巨大收益。根据弗拉茨彻和布塞尔（Fratzcher and Bussiere，2004），一些国家在金融一体化过程中获益时，其他国家可能在一体化之后的年份中经历严重的危机和经济衰退，或者没有获得更高的经济增长。罗德里克（Rodrik，1998）没有发现国家资本账户开放与它们的投资数量或它们的经济增长率之间存在相关关系。他认为，开放资本账户的好处如果存在的话，是不明显的，但其成本却以新兴市场危机的形式表现得异常明显。在罗德里克的争论之后，证据似乎不断支持这一观点，即资本账户开放对投资、增长或具有重要福利意义的任何其他实际变量无影响。比如，艾肯格林（Eichengreen，2001）对有关资本账户开放的研究进行了调查，发现文献充其量找到了开放对增长影响的模糊证据。在另一篇文献回顾中，爱迪生等（Edison et al.，2004）研究了十篇文章，只有三篇发现了开放对增长的显著正效应。最后，普拉萨德等（Prasad et al.，2003）将爱迪生等（2004）的研究拓展到十四篇文章，仍然只发现三篇文章证实了国际金融一体化与经济增长之间的显著正向关系。他们认为，对大量研究的客观阅读表明，不存在强有力、稳健且一致的证据支持金融全球化本身传递更高的经济增长率的理论观点。

对于金融一体化的真实收益，基于有效市场模型的一个对立观点，强调市场扭曲的存在使开放的福利下降达到顶峰。根据斯蒂格利茨（2002）的研究，这类市场扭曲可能表现为信息不对称和隐藏行为，其他的可能与政治经济因素有关。博伊德和史米斯（Boyd and Smith，1992）指出，在机构效率和政策较弱的国家，金融一体化可能导致资金由资本稀缺国向资本充裕国外流。因此，有一些理论预测，只有在具有有效机构和良好政策的国家，国际金融一体化才能促进经济增长。金融一体化的主要收益可能不是发源于外国资本的获得，而是来自一体化过程所导致的国内改革的扭曲和封闭的减少（Gourinchas and Jeanne，2002）；有些类型的资本流（外商直接投资）可以是接受国获得的生产率收益，主要是通过管理经验和知识的转移（Kose et al.，2008）。

在世界银行的建议和较广泛的结构调整计划的实施下，东南亚国家先后开放其金融部门。给定金融开放对经济增长的潜在重要性，本章还将考察在东南亚国家中，有助于这些收益获得的其他经济因素。

6.1.2 研究目标

根据费希尔（Fischer，2006）的研究，金融开放能够产生资源的有效配置，资本流动使国家之间的资本报酬率趋于相等。像东南亚国家一样，许多发展中国家的经济政策最关心的问题之一是一体化对经济增长和经济发展的影响。金融一体化鼓励银行进入国际金融市场，从而利于扩大银行规模，改变国内金融体系的信贷配置。世界资本的获得增加了投资者投资组合分散的机会，从而提供了获得更高风险调整报酬率的机会。这使得资金的可得性和定价与国际市场动态和经济发展水平相适应。

另外，我们意识到，在一个高度开放的经济体中，资本流的突然反转和波动风险可能带来巨大损失。威廉姆森和玛哈尔（Williamson and Mahar，1998）认为，国际金融和国内金融开放似乎都与破坏性的金融危机相关。

与上述强调的开放成本一致，本章试图实证考察东南亚国家的金融一体化性质。同时，评估作为促进发展的有效方式的金融一体化的作用。

6.1.3 研究问题

该研究关注以下几个关联问题：

金融一体化是否促进东南亚国家的经济增长？

金融一体化影响经济增长所经由的渠道有哪些？

哪些因素有助于利用金融一体化的潜在收益，即金融一体化的潜在收益依赖哪些门槛条件？

本章还试图提供关于金融一体化的成本与收益的最新实证分析中的代表性观点，为发展中国家在开展由不断增加的金融开放所指引的活动前，弄清其政策含义。

6.1.4 研究范围

本章的主要目标是识别并经验评估，作为刺激东南亚国家产出增长和发展工具的金融一体化的真实收益，期间为 1980~2012 年。

6.1.5 概念问题

金融开放或全球化，与金融一体化在理论上是不同的概念。金融全球化是一个集合名词，它指的是通过跨境资本流的不断增长的全球联系，而金融一体化指的是某个国家与全球资本市场的联系。很明显，这些概念是紧密联系的。比如，增加金融全球化必然与提高平均水平的金融一体化相关。在本章中，这两个术语将被交换使用。

另一个基本的概念问题是金融开放的测度。现有文献中可以找到两个广泛使用的方法：法律上的开放测度（*de jure* openness）和事实上的开放测度（*de facto* openness）。普拉萨德（2003）是这样表述的：资本账户度量反映了资本流动法律限制的存在，而金融开放度量以实现的资本流的形式捕获了事实上的金融开放。

法律上的开放主要由资本账户交易限制的取消来代表，正如国际货币基金组织关于交易安排与交易限制的年报中所披露的。经合组织的资本移动自由化守则中具有相同的信息，虽然只是针对经合组织国家。方法之一是利用代表完全封闭或开放的 0 - 1 离散变量来定义该度量。对于考察期间更长的研究而言，被研究国家的开放资本账户的年份比例被用作开放度量。

对于法律上开放的国家，我们在分析事实上的开放测度时，可能并不能发现大量的资本流入。由于我们关心的是这些资本流是否在这些国家有利，我们认为开放应当用实际资本流、法律限制和累计资本流入存量来定义。爱迪生等（2002）用净外国资产头寸来代表一国的资本存量。

6.2　文献综述与评论

6.2.1　文献综述

既有文献在金融一体化与经济增长、宏观经济波动、金融深化和金融发展的作用，以及关于资本流组成部分分析之间的因果联系的各个维度中都很丰富。有些关注的是揭露发展中国家吸引资本流的相关因素，而其他的文献关注的是资本流对发达国家的贡献因素。

根据夏洛里克和斯蒂格（Schularick and Steger，2006）的研究表明，尽管危机挫败了一些发展中国家的经济，从长远看，金融更加开放的经济体以生活水平和人均收入提高的方式，在平均水平上比更不开放的经济体表现得更好。本章对一些相关文献做了批判回顾。

麦金龙（1973）和肖（1973）研究了金融开放的利率效应和经济增长效应。根据他们的论述，开放指的是取消对银行部门的国内金融抑制，比如，取消对利率的管制。他们认为，金融一体化具有增加储蓄的作用，从而刺激投资和经济增长。他们认为，利率和其他金融价格的扭曲降低了金融体系相对于非金融体系的真实规模，导致经济迟缓增长。

普拉萨德等（2003）研究了金融全球化对发展中经济体的影响，使用的是 1960 ~ 1996 年的 76 个工业化的发展中国家的数据集。他们的文章论证的结果表明，金融更加开放的发展中经济体的人均收入的平均水平确实比金融更不开放的经济体增长得更加理想。

在关于开放国际资本流是否能够提高生产率增长的一个深入研究中，高斯等（Kose et al.，2009）研究了 1966 ~ 2005 期间的 67 个国家，其中 21 个是工业化国家，46 个是发展中国家。从横截面分析表明，没有证据表明金融开放的任何测度与全要素生产率增长相关。

研究发现，由法律层面的金融开放水平测度的金融开放与中长期全要素生产率增长相关，而由占 GDP 增长份额的外部负债存量测度的事实角度的金融开放水平与全要素生产率增长无关，印证了前人的研究成果。

贝克等（2002）在一个类似研究中揭示了金融中介与经济增长和全要素生产率增长之间的强烈联系。他们认为，更强的金融中介机构会鼓励外国投资，导致促进经济增长的更高水平的国际金融一体化。

库林查斯和珍妮（Courinchas and Jeanne，2004）采用标准新古典增长模型分析了金融一体化的收益，该模型融合拉姆齐－卡斯－库普曼斯模型和引入人力资本效应的宏观－明瑟（Macro-Mincer）框架。假定没有资本流动障碍，模型通过比较经济体的两个极端情形，完全自给自足状态和完全一体化经济，来评估金融一体化的收益。相应的，他们发现，在某些国家，金融开放可能明显增加国内福利，但平均而言并不大，表明持续获得巨额资本流入的国家所获得的收益可能相对较小。

恩佐塔和奥克雷克（Nzotta and Okereke，2009）开展了有关尼日利亚金融深化和经济发展的实证研究，研究期间为 1986 ~ 2007 年，采用两阶段最小二乘分析。研究证据表明，尼日利亚金融市场在研究期间只有相当低水平的金融深化。然而，他们注意到，在国家金融体系的重大改革后，尼日利亚的金融深化水平得到提高。该发现表明，金融结构引起了金融储蓄水平的改善，因而，正向影响金融深化水平，但是明显对资源配置不起作用，没有导致信贷的供应增加，尤其是对经济实体部门。

克里恩与奥利维（Klien and Olivei，2001）对 87 个国家样本做了横截面分析，样本期间为 1976 ~ 1995 年。他们研究使用的是资本账户开放的常用测度—来自国际货币基金组织关于交易安排和交易限制的年度报告中有关资本账户的限制指标。对金融深化而言，使用的测度包括流动负债占 GDP 的比重、私人银行资产占私人和中央银行总资产的比重、金融中介对私人部门的索取权占 GDP 的比重。他们发现，金融开放和金融深化之间存在正向关联。然而，在他们的样本中，这一关系是由发达国家样本导出的。他们的研究推定该结论成立，是因为欠发达国家更晚实施金融开放，从而开放效应可能需要一定的反应时间。

爱迪生等（2002）利用最新数据和最新计量经济技术研究国际金融一体化对经济增长的影响，并考察金融一体化与经济增长之间的关系是否依赖于经济发展水平、金融发展水平、政府腐败水平和宏观经济政策。该研究使用不同的统计方法，研究了过去 25～30 年的 57 个国家样本。即使在控制特定的经济、金融、政策和机构特性的条件下，所获得的结果并不支持国际金融一体化加速经济增长这一观点。然而，值得注意的是，结果并不表明开放与经济繁荣无关。事实上，金融开放与银行部门发展、实际人均 GDP、股市发展和政府健全均呈正向关联，使得更加开放的经济体更加成功。该研究使用计量经济技术集接受这样一个虚拟假设，即使允许经济、机构、宏观经济和金融特性自由变化，国际金融一体化也与经济增长无关。

埃辛等（Essien et al.，1999）在关于尼日利亚资本流动问题及其决定因素的实证研究中，由于某些原因，将全球推动要素排除在外。他们提出很难找到变量的代理指标，现有文献并无统一意见。他们也提出，在仅仅考虑投资组合流入时，全球要素是很重要的。他们将信贷比例、国内外利差、实际收入和债务服务比例当作推动外商直接投资流入尼日利亚的国内要素。结果表明，债务服务比例很重要，它阻碍外商直接投资流入尼日利亚。衡量一国投资风险的信贷比例也很重要。国内外利差在决定资本流方面很重要。然而，大约两年过后，不顾国内利率的下降，资本流增加了。名义汇率也是吸引国际资本的重要因素，但资本流入却在两年后对该变量做出反应。该研究的一个意外发现是建立在实际收入与资本流入之间的强烈的负向关系。给出的原因是，在该研究期间，收入的实际增长率确实下降了。

夏洛里克和斯蒂格（Schularick and steger，2006）试图利用首个金融全球化时期的证据，探索金融全球化是否会促进经济增长。文章研究了金融全球化的两个时期—首个金融全球化时期和现代金融全球化时期。在金融全球化的首个时期，总共研究了 24 个发达国家和发展中国家，样本期间是 1880～1914年。来自英国的资本流是各个国家金融开放水平的代理指标。为了便于比较，在现代金融全球化时期的研究中使用类似的计量经济技术。研究期间是1980～2002 年，样本国家有 54 个。结果表明，在首个金融全球化时期，金融全球化促进经济增长，但是和其他同期研究一样，并不能在现代金融全球化时期找到这一关系。研究指出，这些结果与数据直接相关，而与使用的不同计量经济技术无关。他们试图找到结果差异的原因，并指出：（1）历史时期的净资本流比现时期的更高；（2）在首个全球化时期，流入边缘国家的总资本流使净资本运动大幅上升。现时期具有巨大的总资本流，但并未发展成从富国到穷国的大量净资本流。

布斯特菲尔德和泰勒（Obstfeld and Taylor，2004）支持上述结论，指出在1914 年后的一个时期，净资本流和总资本流之间的差异很小，大部分资本流都是从富裕地区流向贫穷地区。然而，19 世纪 70 年代后，流入和流出均大量增加，但资本流在最近三十年维持在相对较低的水平。他们认为，现代金融全球化具有分散金融的特性，而不是发展金融的特性，近期的大多数资本流动都发生在富国之间，而不是富国与穷国之间（或者说南北之间）。

然而，高斯等（Kose et al.，2006）在重新评价金融全球化过程中指出，成功的金融一体化的主要收益可能是间接的，并起催化作用的，而不仅仅由国内投资所获得的融资增加组成。

阿雷斯蒂斯和格利克曼（Arestis and Glickman，2002）认为，某些国家金融开放早产的原因在于不能认识其不完美的一面，在许多情况下，确实会导致金融危机。这些对该国经济增长具有负面影响。

亚当（Adam，2008）采用主成分分析推导金融开放指数，实证估计了金融开放对加纳经济增长的影响。研究结果揭示了金融开放与加纳经济增长之间具有强烈的长期联系。然而，文章指出，经济体要从一体化过程中充分获益，还有很多的事情要做。对私人部门的信贷效率、有效的法律框架、严格的会计实践、标准和审计实践，必须依附该国金融深化的发生。因此，关键问题不在于是否从金融一体化中获益，而在于获益的时机、环境和准备就绪。

根据上面提到的实证文献，关于能够引起金融一体化促进经济增长的背后力量，几乎没有共识。上面陈述的观点不同于新古典理论，新古典理论将金融一体化引起的主要收益看作从工业化国家到发展中国家的长期资本流，前者具有资本盈余，而后者是资本赤字，从而使牵涉国获得福利收益。

6.2.1.1　资本账户开放

表 6-1 给出了资本账户开放与经济增长之间关系的主要研究发现。表 6-1 提供了一个大范围的国家覆盖分析，包括巨大时间跨度的发展中国家和发达国家采用不同的计量经济技术。所列的结果，6/7 的研究充其量发现了金融自由化与经济增长之间的混合效应，只有一篇文章找到了正向影响效应。

这些分析表明，在发展中经济体中，要建立起国际金融一体化与更高的经济增长之间的强烈或者稳健关系是相当困难的。

表 6-1　　　　关于金融开放与经济增长之间关系的最新研究小结

研究	国家数量	时期	金融开放指标	主要成果
阿莱辛那，格里利和米莱西-费雷蒂（Alesina, Grilli, and Milesi-Ferretti, 1994）	20	1950-1989	Binary	在 OECD 国家，资本控制对增长无明显影响
奎因（Quinn, 1997）	64	1960-1989	ΔQuinn	资本账户开放与经济增长之间存在稳健的正向关联
麦肯齐（Mckenzie, 2001）	112	1960-1989	Binary	资本控制对经济增长没有稳健的显著影响证据
格里利和米莱西-费雷蒂（Grilli, and Milesi-Ferretti, 1995）	61	1966-1989	Share NO	资本账户限制与增长之间没有稳健的关联证据
罗德里克（Rodrik, 1998）	95	1975-1989	Share NO	金融开放对经济增长没有显著影响
爱德华兹（Edwards, 2001）	62	1980-1989	Share, Quinn, ΔQuinn	只有当一国获得特定的经济金融发展水平后，资本账户开放才正向影响经济增长
弗拉霍斯和瓦尔登-斯特洛姆（Vlachos and Walden-strom, 2005）	42	1980-1990	Volume, Binary	对外部金融更加依赖的部门没有更高的开放后增加值增长，但对产出和企业数量的增长有正向影响
阿特塔，艾城和威斯普茨（Arteta, Eichengreen and Wyplosz, 2001）	61	1973-1992	Quinn, ΔQuinn	资本账户开放与增长之间的正向关联证据是脆弱的，但当开放指标与贸易开放和法规相互作用时，开放与增长强烈相关
奥唐纳（O'Donnell, 2001）	94	1971-1994	Share, Volume	没有资本控制影响增长的证据，但 Volume 有时显著
波斯沃斯与柯林斯（Bosworth and collins, 1999）	58	1978-1995	Volume	外商直接投资对国内投资相当有利而投资组合流没有可识别的效应，贷款居中。国际资本流对储蓄的影响不显著

续表

研究	国家数量	时期	金融开放指标	主要成果
贝利奥（Bailliu, 2000）	40	1975－1995	Volume	资本流入促进更高的经济增长，但只对银行部门达到特定发展水平的经济体成立
艾森格林和勒布朗（Eichen-green and Leblang, 2003）	47	1975－1995	Binary	资本控制在不稳定时期扮演绝缘功能的国际市场稳定时期，开放的资本账户会促进增长
爱迪生、克莱恩、里奇和斯洛克（Edison, Klein, Ricci, and Slok, 2004）	73	1976－1995	Share, Quinn	在中等收入国家，资本账户开放具有正的增长效应
克莱因和奥利维（Klein and Olivei, 2006）	70	1976－1995	Share	具有开放资本账户的发达国家增长更快，金融深化更高
钱达（Chanda, 2005）	82	1976－1995	Share	在人种单一的国家，资本账户开放明显促进经济增长
克莱因（Klein, 2005）	71	1976－1995	Share	在具有良好机构的国家，资本账户开放对增长具有统计显著影响
克雷（Kraay, 1998）	117	1985－1997	Share, Quinn, ΔQuinn	金融开放变化与增长并不显著相关
冷泉和索托（Reisen and Soto, 2001）	44	1986－1997	Volume	外商直接投资和投资组合权益流均对增长有显著正向影响，但是，仅当银行体系完全资本化，银行贷款才对增长有贡献
瓦纳什（Vanassche, 2004）	45	1980－1997	Share, Quinn	金融开放对部门增加值增长具有正向影响，对外部融资更加依赖的部门，其所受的影响相对更大
奎因，英克兰和丰田章男（Quinn, Inclan and Toyoda, 2001）	76	1960－1998	Quinn, ΔQuinn	对大多数国家而言，资本账户开放对增长具有稳健的正向影响
达勒姆（Durham, 2004）	80	1979－1998	Volume	外商直接投资和投资组合流的增长效应取决于东道国的吸收能力，尤其是金融或机构发展水平

研究	国家数量	时期	金融开放指标	主要成果
邦菲廖利和门迪奇诺（Bonfiglioli and Mendicino，2004）	90	1975 - 1999	Binary	资本开放对增长具有正向影响，但主要通过间接渠道
莫迪和穆里希德（Mody and Murshid，2005）	60	1979 - 1999	Volume，A Sum	外商直接投资对国内储蓄具有最强的正向影响。资本流和投资增长之间的正向关系随政策增强而强化
爱迪生，莱文，里奇和斯洛克（Edison，Levine，Ricci，and Slok，2002）	57	1980 - 2000	Share，Volume	对与分离出来的特例而言，无法拒绝国际金融一体化没有加速增长这一虚拟假设，即使控制特定的经济、金融机构和政策特性，结果也是如此
弗拉茨彻和贝熙业（Fratzscher and Bussiere，2004）	45	1980 - 2002	KS，Volume	资本账户开放具有正的短期增长效应，但长期效应取决于机构质量、外商直接投资流和开放顺序

6.2.1.2 外商直接投资

现时期，外商直接投资流的相对重要性显著增长，使之成为众多发展中市场经济体私人资本融资的一个重要方式。主流理论认为，与其他形式的资本流相比，外商直接投资应该导致更多的收益。原因在于：（1）外商直接投资通过管理经验与技术的转移，对生产率具有一个正向效应；（2）外商直接投资会增加国内资本存量；（3）外商直接投资是最稳定的资本流，接受国更不会暴露于这类流动的突然反转或停止。为此，发展中经济体吸引外商直接投资，通常以更大的外商直接投资流入必然会给接受国带来确定收益这一隐含假设为前提。特别的，外商直接投资被认为有利于 GDP 增长、总固定资本形成和收支平衡。

在表 6 - 2 中，有十篇文章未能建立外商直接投资与经济增长之间的直接联系，而仅有一篇文章证明了外商直接投资能够促进这类增长。

6.2.1.3 股票市场开放

发展中的经济体股权流入的显著增长鼓舞了更多的研究人员去考察股票市场自由化的经济增长效应。表 6 - 3 的大多数文章表明，投资组合股权流对产出

表6－2　　　　外商直接投资与经济增长之间关系的主要实证研究小结

研究	国家数量	时期	金融开放指标	主要成果
巴拉苏拉曼尼·亚姆、萨利苏和萨普斯福德（Bala-subramany am, Salisu, and Sapsford, 1996）	46	1970－1985	FDI/Y	外商直接投资对出口导向型而非进口替代贸易政策国家的经济增长具有正向影响
博伦斯廷，德盖格里奥和李（Borensztein, De Gegorio and Lee, 1995）	69	1970－1989	FDI/Y	外商直接投资有助于具有高水平人力资本的国家的经济增长
德梅洛（De Mello, 1999）	31	1970－1990	FDI/Y	外商直接投资的增长效应取决于外商直接投资与国内投资之间的互补和替代水平
哈夫曼、雷和内兹（Haveman, Lei, and Netz, 2001）	74	1970－1989	FDI/Y	外商直接投资导致增长增加
伦辛克和莫里西（Lensink and Morrisey, 2002）	88	1970－1998	FDI/Y	外商直接投资具有正的增长效应，但在发展中国家的证据很弱。外商直接投资波动具有负增长效应
赫尔梅斯和伦辛克（Hermes and Lensink, 2003）	67	1970－1995	FDI/Y	如果金融体系充分发展，外商直接投资具有正的增长效应
雀（Choe, 2003）	80	1971－1995	FDI/Y	外商直接投资与经济增长互为格兰杰因果关系，但增长到外商直接投资的效应强于外商直接投资到增长的效应
阿尔法罗，钱达，笔奥兹坎和萨耶克（Alfaro, Chanda, Kalemli-Ozcan and Sayek, 2004）	71	1975－1995	FDI/Y	在金融市场良好发展的国家中，外商直接投资具有显著正的经济增长效应
卡科维奇和莱文（Carkovic and Levine, 2005）	72	1960－1995	FDI/Y	外商直接投资流入对经济增长不产生独立影响
布隆尼根和王（Blonigen and Wang, 2005）	69	1970－1989	FDI/Y	外商直接投资在更不发达的国家具有正的增长效应，只要教育水平足够高，但在发达国家不存在
艾库特和萨耶克（Aykut and Sayek, 2005）	37	1990－2002	FDI/Y	生产部门的外商直接投资具有正的增长效应，而初级或服务部门的外商直接投资没有显著影响

增长具有正的显著影响。一些文章还记录了联系股票市场开放与经济增长的不同理论渠道的实证重要性，包括投资增长影响和产业水平增长影响。这表明一个开放的股票市场能够并确实促进了发展中经济体的经济增长。

我们可以观察到，研究人员的数量和被研究的国家总数明显小于前面展示的关于资本账户开放的研究。而且股票市场开放的正向收益局限于一个较小的国家样本。这可能意味着，为了提供股票市场开放效应的有价值的证据，还要在该领域做更多的研究。

表6-3　　　　股票市场开放与经济增长之间关系的重要研究小结

研究	国家数量	时期	金融开放指标	主要成果
亨利（Henry，2000）	11	1977-1994	SMLD	实际私人投资随股票市场开放而正向增长
贝卡尔特、哈维和伦德布拉德（Bekaert, Harvey and Lundblad，2001）	30	1980-1997	SMLD	股票市场开放具有正的增长效应，对于高于中等教育水平的国家而言，效果更强
李（Li，2003）	95	1975-2000	SMLD	开放股票市场的正的增长效应，在中等和高收入国家主要通过生产率渠道，在低收入国家主要通过资本积累，即投资渠道
贝卡尔特、哈维和伦德布拉德（Bekaert, Harvey and Lundblad，2005）	95	1980-1997	SMLD	股票市场开放对具有更好的司法和投资环境，以及更高的金融发展水平国家的增长效应更强
古普塔和严（Gupta and Yan，2005）	31	1981-1998	SMLD	对于外部融资依赖性部门而言，股票市场开放导致更高的实际增加值增长
密尔顿（Milton，2006）	28	1980-2000	SMLD	股票市场对外国投资者开放的企业，销售业绩显著提高
汉默尔（Hammel，2006）	13	1982-1995	SMLD	在股票市场相对对于GDP资本化更大的国家，对于更加依赖外部融资的部门，实际增加值增长更快

资料来源：Kose et al.（2006：62）。

6.2.2　金融一体化与经济增长之间关系的一个理论框架

金融影响任一国家系统的经济停滞、增长和衰退。金融资源被金融中介和机构转向经济活动，在系统内的盈余和赤字经济部门之间创造平衡。从而建立起他们扮演中介角色所必需的金融结构。

在新古典教科书世界里，我们有充分理由相信，金融一体化对经济增长有正向影响，尤其是在发展中的经济体中。通过进入全球资本市场池，发展中经济体可以从资本缺乏引起的经济增长约束限制中解放出来（Schularik and Sreger，2006）。

理论上，经济增长可能来自生产要素的数量增长或要素使用效率的提高。从而增长被投资和投资效率所诱导。

经济增长模型假定，在一个封闭的经济体中，储蓄与投资相等。投资效率包括全要素生产率增长和除生产外的其他要素的积累。这一点很重要，新的经济增长理论强调我们考虑的是广义的资本概念，诸如人力资本、组织资本等（Gregorio，1998）。

戈德史密斯（1969）、麦金龙（1973）和肖（1973）首先假设，金融自由化和金融开放，通过其对资本配置和资本增长率的影响，会促进经济增长。然而，戈德史密斯旨在研究资本形成增长率与其有效配置之间的关系，现今的戈德史密斯—肖模型强调金融开放对储蓄和投资的正向影响，从而导致经济增长。戈德史密斯—肖模型的反对者认为，金融开放可能不会导致更高的产出增长率。他们认为，新兴经济体可能不欢迎一个完全一体化的金融部门。一些新结构主义者怀疑金融部门发展对经济增长的作用，认为金融开放并不总是比金融抑制引起更高的 GDP 增长。这导致了金融抑制论的兴起。

然而，麦金龙（1973）和肖（1973）认为，导致实际利率为负的这类控制政策会导致金融抑制并降低储蓄激励。作为金融自由化结果的高利率会鼓励居民提高储蓄水平。

莱文（1992）研究了另类金融机构对经济增长的影响。在他的模型中，金融结构增加总储蓄中专用于投资的部分并避免过早的资本清偿。他说，投资银行、股票市场和商业银行，通过相关渠道鼓励投资的有效配置，对经济增长做出贡献。

杰派利和帕加诺（Jappelli and Pagano，1994）研究了金融市场发展对储蓄率的影响。他们关注个人无法基于未来收益自由借款时的经济增长。研究的主要发现是，个人无法基于未来收入借款引致更高的储蓄，理由是个人无法获得借款，他们被迫增加储蓄，为当前消费融资。

格里高利（Gregorio，1996）认为，经济增长与借款限制之间的关系最终取决于借款限制对资本边际生产率的影响与其对储蓄量影响的相对重要性。这就意味着放开借款限制会提高人力资本积累的动机。这可能会提高资本边际产品并导致高增长，尽管储蓄会下降。

6.2.3 金融一体化影响经济增长的渠道分析

理论模型论证了金融开放鼓励发展中经济体经济增长所经由的许多渠道，包括直接渠道和间接渠道。这些渠道以某种方式联系在一起，但对于评价每个渠道的重要性而言，分类却是很有用的。图6-1为金融一体化影响经济增长的渠道分析总结。

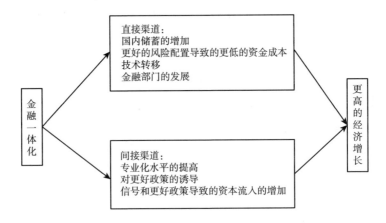

图 6 - 1 金融一体化影响经济增长的渠道分析总结

我们也可以将它们划分为投资渠道和全要素生产率渠道。理论上的经济增长来自生产要素的数量增长或要素使用效率的提高。从而增长被投资和投资效率所诱导。本章的第4节将通过适当的策略探讨东南亚国家金融一体化影响经济增长所经由的渠道。

6.2.4 文献结论难以统一的原因分析

关于金融一体化与经济增长之间关系的实证研究仍无定论的原因之一在于不同的计量经济技术使得结论难以统一。尽管大量的研究文章以跨国经济增长模型为出发点，但对于样本期间的选取和估计技术的选用仍存在明显的不同。比如，同时期的研究通常采用新古典增长模型，经济学家用实际人均GDP的增长率对金融一体化的一个代理指标和代表基本增长驱动的控制变量集作回归分析。然而，采用的计量经济模型在三个重要方面存在不同：（1）关于金融一体化水平的测度；（2）关于模型方程的指定；（3）关于投资率和单位工人资本存量的使用。

对于金融一体化程度的测度，尽管在描述资本控制的广度和深度上有众多尝试，任何一个测度都无非完全捕获现实世界资本控制的复杂性。首先，量化金融开放的传统度量没有考虑资本控制的强度，最具代表性的这类度量源于国际货币基金组织关于交易安排和交易限制的年报中的二元变量。其次，基于国际货币基金组织的度量，因其太宏观而不能解释实际资本控制的复杂性。最后，很难区分权利上和事实上的资本控制，换句话说，通常实施的资本控制政策并没有明显地控制某项或某类资本流的政策目标。另外，私人部门经常采取一些手段来避免资本账户限制，从而忽略任何资本控制的影响。

另外，6.3.1 节将会说明，标准新古典增长模型的真正含义是：金融市场开放后，资本稀缺国将经历资金成本的永久下降、资本存量和人均 GDP 增长率的暂时上升。新古典模型并没有预测资本账户开放国将比资本账户封闭国具有更高的长期增长率。在新古典模型中，国家之间的长期增长率差异仅仅是由他们的全要素生产率的增长率差异引起的。由于没有包含资本账户开放影响全要素生产率增长所经由的渠道，严格来说，模型没有提供估计某些方程的理论基础。换句话说，这些估计资本账户开放的增长效应的文章并没有提供任何因果理论的检验。

作为增长源泉的资本积累和 TFP 的相对重要性一直是增长核算中争论的焦点，可以追溯到丹尼森、格里利谢斯和乔根森之间的著名辩论。新古典索洛增长模型强调技术变化作为长期稳态增长的主要因素的重要性。然而，假定每个人都可以获得相同的技术，模型也对处于转型或追赶阶段国家的物质和人力资本积累赋予巨大的作用。相反，内生增长理论常常将物质和人力资本的作用纳入稳态增长的决定中来，并认为技术差异造成收敛速度差异。

关于资本积累和 TFP 作用的实证研究获得了令人惊讶的不同结果。代表新古典视角的曼昆、罗默和威尔（1992）认为，物质和人力资本差异可以解释国际人均收入差异的 80%。相反，克列诺和克雷尔（Klenow and Rodriguez Clare, 1997）支持技术效率的重大作用，认为 TFP 可以解释跨国增长率差异的 90%。实证结果的重要差异，很大程度上反映了以下三个基本测度问题：

（1）一些研究人员用投资份额代表资本存量变化；（2）有人用国内价格评价投资，有人用国际价格来衡量；（3）有人用资本产出比的变化来衡量资本的贡献，有人用资本劳动比的变化来衡量。

6.2.5　结论

前面提到的理论和实证文献，研究了一个广义的潜在要素集、金融一体化的成本和收益。尽管有各种尝试，关于金融一体化繁荣经济增长的推动力，至今没有一致意见。这一证据的缺乏在许多方面令人困惑。一个重要的提醒是，许多发达经济体具有开放的资本账户和开放的金融部门，而许多已经开放的发展中国家比发达国家开放的更晚。因此，本章将研究事实视角的金融一体化对发展中国家经济增长的影响，以东南亚国家为例。

6.3　实证模型与研究方法

6.3.1　新古典增长模型

6.3.1.1　资本账户开放与新古典增长模型

本节说明新古典增长模型关于资本账户开放对发展中国家影响的基本预测。

假定产出由劳动和资本创造，劳动改善型技术进步柯布道格拉斯生产函数为：

$$Y = F(K, AL) = K^{\alpha}(AL)^{1-\alpha} \qquad (6-1)$$

设 $k = \dfrac{K}{AL}$ 为单位有效劳动的资本数量，$y = \dfrac{Y}{AL}$ 为单位有效劳动的产出数量。采用这种标记并考虑生产函数的齐次性，我们有：

$$y = f(k) = k^{\alpha} \qquad (6-2)$$

用 s 表示每个时期国民收入的储蓄率，并假定资本折旧率为 δ，劳动力增长率为 n，全要素生产率的增长率为 g。每期的储蓄使得国家资本存量增长，有利于资本更加充裕。折旧、不断增长的人口和不断提高的全要素生产率，都从另一方面起作用，使得资本更不富足。下面这个方程描述了所有这些力量对单位有效劳动资本数量变化的净效应。

$$\dot{k}(t) = sf(k(t)) - (n + g + \delta)k(t) \qquad (6-3)$$

当 $\dot{k}(t) = 0$ 时，经济体处于稳定状态，资本对有效劳动的比例 k 为常数。相反，资本的稳态水平 K 不是常数，而是以 $(n+g)$ 的比例增长。单位工人的产出 $(\frac{Y}{L})$ 以比例 g 增长。最后，稳态条件下资本的边际产出等于利率加上折旧率：

$$f'(k_{s.state}) = r + \delta \qquad (6-4)$$

方程（6-4）给出了均衡条件下投资的一般表述。该方程对资本账户开放后的一个时期，一国的投资和经济增长动态具有重大意义，开放的影响是经由资本成本起作用的。用 r^* 表示外生给定的世界利率。文献的标准假设为 $r^* < r$，世界的其他地方拥有比发展中国家更多的单位有效劳动的资本数量。同时，标准假设发展中国家很小，意味着它不会影响世界价格。

在这些假设条件下，当发展中国家开放时，资本涌入以便利用世界利率与该国资本回报率之间的差异。模型不存在任何摩擦，意味着该国资本对有效劳动的比率迅速跳跃到其开放后的稳态水平。在开放后的稳态条件下，资本边际产出等于世界利率加上折旧率：

$$f'(k^*_{s.stare}) = r^* + \delta \qquad (6-5)$$

一方面，向新的稳态的迅速跳跃说明了横截面回归的突出问题：即刻收敛导致开放年度单位工人产出增长率的一次陡升，在所有后续年份中回到正常水平。被设计用于测度国家间经济增长率长期差异的横截面回归不适合用于检测即刻收敛所暗含的短暂变化。另一方面，将即刻收敛看作模型的一个不具吸引力的特点，而不是横截面回归的一个严重的现实挑战，也是合理的。目前要注意的重点是：在该国开放后，向稳态的转移期间，资本存量比转移之前增长的更快。为了弄清原因所在，我们回顾一下，在开放前的稳态条件下，资本对有效劳动的比率 $k_{s.stare}$ 是常数，资本存量 K 的增长率为 $(n+g)$。在开放后的稳态条件下，资本对有效劳动的比率 $k^*_{s.stare}$ 也是常数，资本存量又一次以 $(n+g)$ 的比率增长。然而，由于 $k^*_{s.stare} > k_{s.stare}$，意味着转移期间的资本增长率大于

$(n+g)$。

资本增长率的暂时增加，通过单位工人产出增长率公式 $\gamma_{\frac{Y}{L}} = \alpha\frac{\dot{k}}{k} + g$，对经济增长具有重要意义。由于转移期间，资本 K 的增长率超过 $(n+g)$，在相应的时间段上，$\frac{\dot{k}}{k}$ 就必须大于零。因此，单位工人产出的增长率也会暂时提高。

6.3.1.2 横截面回归陷阱的数值例子

考虑处于稳态水平且具有同等的全要素生产率增长水平的 A、B 两国，A 国的资本账户是封闭的，B 国没有丝毫的资本账户限制。假定两个国家都很小，世界利率 r^* 小于 A 国的国内利率 r。由于 B 国是开放的且面临世界利率 r^*，B 国将比 A 国具有更高的资本对有效劳动的比例。由于 A、B 两国均处于稳态水平且具有同等的全要素生产率增长水平，他们也将具有相同的人均 GDP 增长率（尽管 B 国具有更高的人均 GDP 水平）。

在下面的设想方案下，我们来考虑这两个经济体在接下来的二十年的成长路径。方案为：A 国在前十年保持所有的资本限制，在后十年去除所有的资本流入和流出限制；B 国不做任何变化，在整个二十年内依然彻底开放。

本例的转移动态紧随 6.3.1.1 节的讨论。B 国继续在稳态比率下增长，没有什么发生了变化。对于 A 国而言，开放后就将面临与 B 国相同的资金成本。从而当 A 国达到其新的稳态时，它将具有与 B 国一样的资本对有效劳动的比率。为了让 A 国到达其新的、更高的资本对有效劳动的稳态比率，在整个向新均衡转移的过程中，其资本存量增长率必须大于有效劳动增长率。由于 A 国开始于资本和有效劳动在同一比例上增长的稳态，A 国资本存量的增长率必须暂时增加。这一暂时增加也将导致其人均 GDP 增长率的暂时增加。由于冲击之前，两国的人均 GDP 以相同的比例增长，这就意味着，在向新的稳态的转移过程中，A 国比 B 国增长的更快。从而对于我们考察的二十年期间，A 国比 B 国具有更高的平均增长率。

如果我们使用像 A 国和 B 国这样的多个国家的数据，运行增长对金融一体化程度（*share*）的回归，将得到资本账户开放对经济增长具有负向影响。在整个研究期间，A 国的资本账户开放了十年，封闭了十年，即 A 国的 *share* 为 0.5，小于 B 国的 *share* 值 1，A 国具有比 B 国更快的增长和较低的 *share* 值，

意味着增长对 *share* 作回归，将使得 *share* 前面的系数为负。然而，在本例中，A 国开放资本流入的决策导致增长的暂时增加是显然的。严格的横截面回归框架无力检测这一效应。

6.3.1.3　实证研究方法

尽管横截面方法可能无法检验新古典模型的真正含义，大量文章还是将该方法作为他们的分析基准。本章也将在横截面回归的基础上，用基于面板数据的系统广义矩方法实证分析国际金融一体化的经济增长效应。

用稳健标准误估计的横截面回归采取如下形式：

$$\Delta y_i = \alpha + \beta IFI_i + \gamma' X_i + \xi_i \tag{6-6}$$

Δy_i 为实际人均 GDP 的对数增长，IFI_i 为后面将要讨论的四个国际金融一体化指标中的其中一个，即各种类型的资本流占 GDP 的比重，X_i 为控制变量矩阵，ξ_i 为独立同分布随机项，下标 i 分别表示各个国家。控制变量矩阵包括初始收入、初始受教育水平、消费价格指数增长率、私人信用、政府盈余等。

我们关注 1990 ~ 2012 年的这段时期，是因为我们拥有这个时期的完整数据资料，并且发展中国家的金融开放恰好始于 20 世纪 90 年代。二十年的数据允许我们逃离经济周期波动和短期政治与金融冲击，从而关注长期的经济增长。因此，正如引言中所介绍的，一些理论认为，更大程度的国际金融一体化将与经济增长呈正相关关系，也就是说，这些理论预测 β 显著大于零。

我们还应用方程的细微变体，考察国际金融一体化是否仅在某些经济、金融和政策条件下影响经济增长。具体而言，我们研究下面具有交互项的回归方程：

$$\Delta y_i = \alpha + \beta IFI_i + \delta [IFI \times x] + \gamma' X_i + \xi_i \tag{6-7}$$

x 为控制变量矩阵中的一个变量。如果 x 是私人信用，上述方程允许我们估计，在金融发展水平高的国家与金融发展水平低的国家，国际金融一体化对经济增长是否具有差异影响。具体而言，方程两边对 IFI 求导，得到：

$$\partial \Delta y_i / \partial IFI = \beta + \delta \times x \tag{6-8}$$

如果 $\delta > 0$，意味着在 x 水平越高的国家，更大程度的国际金融一体化将具有更大的正的经济增长效应。

系统广义矩面板估计在几个方面对横截面回归做出改进：（1）它既考察

数据的截面维度，又考虑数据的时间维度；（2）增加观测值数量；（3）控制国家固有效应；（4）能够考虑回归因子的潜在内生性。面板估计的起点是如下的增长回归：

$$y_{i,t} - y_{i,t-1} = (\alpha - 1)y_{i,t-1} + \beta IFI_{i,t} + \gamma' X_{i,t} + \eta_i + \xi_{i,t} \qquad (6-9)$$

调整上述方程，得到如下一阶动态面板回归模型：

$$y_{i,t} = \alpha y_{i,t-1} + \beta IFI_{i,t} + \gamma X_{i,t} + \eta_i + \xi_{i,t} \qquad (6-10)$$

为了估计国家特有效应 η_i，上述方程写成一阶微分形式：

$$y_{i,t} - y_{i,t-1} = \alpha(y_{i,t-1} - y_{i,t-2}) + \beta(IFI_{i,t} - IFI_{i,t-1}) + \gamma'(X_{i,t} - X_{i,t-1}) + (\xi_{i,t} - \xi_{i,t-1})$$

$$(6-11)$$

阿雷拉诺和波弗（1995）、布伦德尔和邦德（Arellano and Bover，1995）、布伦德尔和邦德（1998）引进的系统广义矩估计量，将具有合适滞后水平工具的一阶标准方程组和具有合适一阶滞后水平工具的附加方程组。我们考察并报告内部工具的有效性，同时检验误差项的序列相关性。

在亨利（Henry，2007）批评横截面模型用于检验永久增长效应的基础上，罗德里克和苏布拉曼（Rodrik and Subramanian，2008）提出，不知道为什么该观点在面板环境下也成立，然而，尽管新古典增长模型仅仅预测了金融一体化的暂时增长效应，它确实实预测了 GDP 投资份额的永久增长。这给予我们解决亨利批评的一个明显策略：检验金融一体化是否导致更高的投资率。

因此，我们在探讨影响渠道的回归分析中，加入投资率这一变量。

6.3.2 相关变量的界定及数据来源

6.3.2.1 国际金融一体化指标变量

净外债流动指标（waizhailiu）：净外债流动是长期外债支付和 IMF 购置减去长期外债本金偿还和 IMF 回购，再加上短期债务存量的变化（包括长期债务的欠息）。因此，如果存量变化为正值，就可以假定发生了支付；如果为负值，就可以假定发生了偿还。这里的长期外债是指某一经济体的居民欠非居民的、其原定或延展偿还期超过一年的可以以外币、货物或服务形式偿还的债务。

外债总额存量指标（waizhaicun）：外债总额是指拖欠非居民的以外币、货物或服务形式偿还的债务。是公共债务、公共担保债务和私人无担保长期债务、使用国际货币基金组织贷款和短期债务的总和。短期债务包括所有原定偿还期一年（含）以下的所有债务和长期债务的拖欠利息。使用资本流入存量指标，是因为有些学者认为资本流入对发展中国家的经济增长尤其重要。

存量指标的优势在于它累积一个长时期的流量，它们不会随短期的政治和政策环境变化而变化太大。这些存量指标对于与要素有关的资本流的短期波动更不敏感，从而可能提供一个比资本流度量更准确的指标。

很多文献中的指标选取假定所有资本生而平等，对经济体会产生类似的效应。毫无疑问，这是一个极端假设。众所周知，像外商直接投资这类长期资本流入趋于更加稳定而持久，而短期资本流入更易于突然停止和迅速反转。鉴于此，我们还单独考察外商直接投资流入对经济增长的影响。

外商直接投资净流入（fdiliu）：外商直接投资是指投资者为获得在另一经济体中运作的企业的永久性管理权益（10% 以上的表决权）所做的投资的净流入。它是股权资本、收益再投资、其他长期资本以及国际收支平衡表中显示的短期资本之和。此系列显示报告经济体来自外国投资者的净流入（新投资流入减去撤资），并除以 GDP。

外商直接投资流入存量（fdicun）：累积股权资本、收益再投资、其他长期资本以及国际收支平衡表中显示的短期资本。

在上述指标中，净外债流动和外债总额数据来自世界发展指标数据库；外商直接投资净流入和外商直接投资流入存量来自联合国贸易与发展会议。

6.3.2.2　其他变量

为了切实估计金融一体化的经济增长效应，我们还要控制其他潜在增长因子的影响，同时考察国际金融一体化是否仅在特定的经济、金融和政策条件下影响经济增长。

被解释变量（lnrgdp）：实际人均 GDP 的对数增长（用现价美元 GDP 除以GDP 平减指数再除以年中人口数，再取自然对数作差）。

解释变量：

人口增长（lnpopulation）：年中人口数的对数变化（世界银行的世界发展指标）。

控制变量集：

初始经济条件（收入 inc）：分析期起始年份（1990 年）实际人均 GDP 的

对数值。

初始经济条件（受教育程度 edu）：分析期起始年份（1990 年），二十五岁以上的人口受中等教育平均年份的对数值（Barro and Lee，1996）。

金融中介机构的发展（私人信用 pc）：存款银行和其他金融机构发放给私人部门的信贷占 GDP 比重的对数值（Beck and Levine，2002）。

宏观经济政策（通胀率 cpi）：消费价格指数的对数差（世界发展指标）。

为了考察国际金融一体化对经济增长的影响渠道，我们还通过回归设计，运行投资率为左侧变量，实际人均 GDP 增长率为右侧变量的回归。

投资率（rinvest）：资本形成总额占 GDP 的百分比（世界发展指标）。

6.4 东南亚国家金融一体化与经济增长之间关系的实证研究

6.4.1 数据资料的描述性统计

我们收集东南亚国家 1990～2012 年的相关数据，研究国际金融一体化对经济增长的影响，同时考察该影响所经由的渠道。在影响的分析上，我们还将考察其所依赖的条件，即金融一体化是否仅在某些特定条件下影响经济增长。描述性统计见表 6－4。

表 6－4　　　　　　　　　　　　描述性统计

变量	样本数	均值	标准差	最小值	最大值
lnrgdp	230	6.708157	29.43526	−7.576864	307.9547
lnpopulation	230	0.0180481	0.0081859	−0.0147636	0.0532158
fdiliu	230	5.177687	5.862135	−2.750662	50.29543
fdicun	230	42.2763	47.85159	0.9408193	261.0558
waizhailiu	184	2.000549	4.365234	−11.12169	24.22061
waizhaicun	184	67.8237	47.29924	13.32924	359.5642
inc	230	238.7099	698.2071	4.233966	2328.766
edu	230	−0.0359639	0.606949	−0.7765288	1.047319
pc	221	3.426361	1.176667	−0.0377591	5.110294
cpi	230	7.954522	13.32188	−2.3	128.4
rinvest	229	23.71755	8.648276	10.14788	43.6401

表 6 - 5　　　　　　　　　　　　　相关系数矩阵

	lnrgdp	lnpopu-lation	fdiliu	fdicun	waizha-iliu	waizha-icun	inc	edu	pc	cpi	rinvest
lnrgdp	1.000										
lnpopulation	−0.168*	1.000									
fdiliu	0.314*	0.040	1.000								
fdicun	0.295*	−0.342*	0.478*	1.000							
waizhailiu	−0.114	0.201*	0.007	−0.104	1.000						
waizhaicun	−0.068	0.306*	−0.021	−0.267*	0.166*	1.000					
inc	−0.097	0.289*	0.133	0.261*	0.040	−0.228*	1.000				
edu	−0.124	0.245*	−0.191*	−0.100	−0.058	−0.285*	0.718*	1.000			
pc	0.186*	−0.300*	0.036	0.232*	−0.159*	−0.436*	0.465*	0.551*	1.000		
cpi	−0.028	−0.066	0.033	0.071	0.049	0.320*	−0.177*	−0.195*	−0.271*	1.000	
rinvest	0.292*	−0.208*	0.145*	0.104	0.180*	−0.403*	0.236*	0.253*	0.699*	−0.312*	1.000

注：＊10% 显著性。

表 6 - 5 给出了变量的描述性统计量。在对国际金融一体化和经济增长之间的关系进行系统性研究之前，需要强调以下几点。

第一，开放与国家穷富之间的关联是不确定的。正如表 6 - 5 所显示的，初始收入水平与外商直接投资净流入和净外债流动呈正相关关系、与外商直接投资流入存量显著正相关、与外债总额存量之间呈显著负相关关系。

第二，金融中介的发达程度与资本账户开放度的关系不确定。具体而言，私人信贷与外商直接投资净流入、外商直接投资流入存量之间呈正相关关系，其后者关系显著；私人信贷与净外债流动和外债总额存量之间呈显著负相关关系。因此，当国际金融一体化指标与由通胀和政府盈余代表的宏观经济政策无关时，国际金融一体化指标与金融发展指标关联性较强，但方向不确定。

第三，经济增长与国际金融一体化指标之间的关联是混杂的。经济增长与外商直接投资净流入和外商直接投资流入存量之间呈显著正相关关系，与净外债流动和外债总额存量之间呈负相关关系。表明了区分资本流类型研究国际金融一体化指标的价值所在。

6.4.2 实证分析及其结果

6.4.2.1 国际金融一体化与经济增长

使用6.3节列举的计量经济方法，本节陈述关于经济增长与金融一体化指标之间关系的回归结果，同时，评估经济增长与国际金融一体化之间的关系是否取决于经济、金融和经济政策要素。

表6-6给出了我们选择的基准增长回归结果，以及在增长回归基础上分别加入外商直接投资净流入、外商直接投资流入存量、外债净流动和外债总额存量四个国际金融一体化指标后的回归结果。对每一个回归方程，都给出了普通最小平方估计和系统广义矩面板估计结果。

在没有任何国际金融一体化指标的基准增长回归（OLS1）中，人口增长与经济增长呈负相关关系，初始收入水平与经济增长率呈负相关关系，初始受教育水平与经济增长率呈显著负向关联，用消费价格指数衡量的通货膨胀率与经济增长率呈正向关系，金融发展水平与经济增长呈显著正相关关系。

系统面板估计进一步确认了普通最小二乘估计。初始收入和受教育水平的对数值以相同的符号进入，不同的是，教育参与度量与经济增长之间的负向关系不再显著。面板估计也表明了通胀与经济增长之间的正向关联，只是并不显著。遗憾的是，以私人信贷占GDP的百分比代表的金融发展水平与经济增长之间的关系不再显著。

在基准回归的基础上，加入金融一体化指标外商直接投资净流入后（OLS2），我们发现：外商直接投资净流入与经济增长呈正向关联，人口增长率、初始收入、初始受教育水平和金融发展水平对经济增长之间的影响，与基准增长回归结果一致。GMM估计结果基本不变，只是初始受教育水平和金融发展水平的影响不再显著。

在加入其他金融一体化指标的增长回归中，金融一体化与经济增长之间均呈不显著负向关联。上述五个回归均能看到，初始收入与经济增长之间呈不显著的负向关联，可以看作条件收敛的证据。初始受教育水平均与经济增长呈显著负相关关系。国内金融发展水平均与经济增长呈显著正相关关系。我们注意到：在描述性统计中，教育参与度量对数平均值为负，且最小值为相对较大的负数，因而，可以理解为人力资本增加与经济增长之间呈正向关联。

表6-6 基准回归及其加入金融一体化指标后的回归结果

变量	OLS1 lnrgdp	GMM1 lnrgdp	OLS2 lnrgdp	GMM2 lnrgdp	OLS3 lnrgdp	GMM3 lnrgdp	OLS4 lnrgdp	GMM4 lnrgdp	OLS5 lnrgdp	GMM5 lnrgdp
fdilin			0.298 (−0.365)	0.398 (−0.973)						
lnpopulation	−156.3 (−261.8)	172.2 (−786.6)	−210.7 (−270.4)	−59.64 (−872.2)	−142.3 (−269.1)	17.4 (−203.4)	301.1 (−439.1)	2.791 (−17.279)	262.2 (−461.3)	−1.990 (−1.418)
inc	−0.002 (−0.003)	−0.003 (−0.026)	−0.001 (−0.003)	−0.004 (−0.031)	−0.002 (−0.003)	−0.055 (−0.245)	−0.003 (−0.005)	0.026 (−0.376)	−0.003 (−0.005)	0.022 (−0.047)
edu	−15.02** (−4.614)	−4.48 (−14.11)	−15.30*** (−4.63)	−2.508 (−10.06)	−14.82*** (−4.706)	−32.98 (−112.5)	−19.09*** (−7.211)	−94.34 (−647.5)	−18.50** (−7.27)	0 (0)
pc	8.026*** (−2.162)	2.006 (−4.405)	7.548*** (−2.242)	2.165 (−5.129)	8.204*** (−2.295)	−0.446 (−5.27)	10.73*** (−2.886)	−2.328 (−27)	10.85*** (−2.902)	−4.792 (−11.11)
cpi	0.017 (−0.153)	0.019 (−0.017)	0.018 (−0.154)	−0.139 (−0.225)	0.017 (−0.154)	−0.029 (−0.147)	0.042 (−0.169)	−0.256 (−0.94)	0.046 (−0.177)	−0.213 (−0.243)
fdicun					−0.011 (−0.047)	−0.004 (−0.072)				
waizhaicun									−0.011 (−0.059)	0.102 (−0.159)
waizhailiu							−0.598 (−0.548)	−0.071 (−0.703)		
常数	−18.60* (−10.55)	−8.018 (−22.67)	−17.72* (−10.61)	−4.408 (−25.23)	−18.90* (−10.65)	−13.02 (−60.95)	−33.96** (−15.86)	−61.44 (−430.2)	−33.89** (−16)	40.32 (−43.61)
观察值	221	221	221	221	221	221	184	184	184	184
R²	0.099		0.102		0.099		0.116		0.11	
国家数		10		10		10		8		8

注：* 10%显著；** 5%显著，*** 1%显著。

6.4.2.2 在不同经济、金融和政策环境下的国际金融一体化

接下来，我们考察交互项，以评估国际金融一体化是否仅在特定的经济、金融和政策环境下对经济增长产生正（负）的影响。具体来说，首先，我们考察国际金融一体化的增长效应是否取决于实际人均 GDP 水平或教育参与水平。其次，我们考察经济增长与金融一体化之间的关系是否取决于由银行部门发展代表的金融发展水平。最后，考察由通胀水平代表的不同宏观经济政策下，金融一体化与经济增长之间的联系。

表 6-7 给出了在表 6-6 中含有金融一体化指标的增长回归中引入初始收入交互项后的增长回归结果。

与一些理论以及过去的实证证据相反，表 6-7 表明国际金融一体化并未在具有合适高水平人均 GDP 的国家，对经济增长产生正向影响。外商直接投资流入和净外债流动，与初始收入的交互项系数为正但不显著。外商直接投资流入存量和外债总额存量，与初始收入的交互项系数为负，且后者在系统 GMM 面板估计中显著为负。我们知道，系数大于零，意味着初始收入水平越高的国家，更大程度的国际金融一体化具有更大的正的经济增长效应。表 6-7 的结果表明，对于东南亚国家而言，初始收入水平越高的国家，外债总额存量的增加并不能带来更高水平的实际人均 GDP 增长。相反，对实际人均 GDP 增长具有负向作用。在引入交互项条件下，外债总额存量本身却对经济增长具有显著正向影响，与表 6-6 中的回归系数符号一致。

表 6-8 表明了国际金融一体化并未在具有充分高水平教育参与的国家对经济增长产生正向影响。外商直接投资流入与初始受教育水平的交互项系数显著为负，外商直接投资流入存量和外债总额存量与初始受教育水平的交互项系数亦为负数，但不显著。在普通最小二乘估计中，净外债流动与初始受教育水平的交互项系数为正且不显著，但在随后的广义系统矩估计中，符号变为负号。

在具有教育参与度量交互项的增长回归中，外商直接投资净流入本身对经济增长的影响显著为正，回归系数为 0.970。外商直接投资流入存量前面的估计系数亦为正。相反，净外债流量和外债总额存量前面的估计系数均为负。普通最小平方估计和广义系统矩估计的结果基本一致。上述结果进一步印证了区分不同资本流的价值所在。

在考察初始经济条件交互项的基础上，我们进一步考察了金融发展水平条

表6-7 引入初始收入与金融一体化指标交互项后的增长回归结果

变量	OLS6 lnrgdp	GMM6 lnrgdp	OLS7 lnrgdp	GMM7 lnrgdp	OLS8 lnrgdp	GMM8 lnrgdp	OLS9 lnrgdp	GMM9 lnrgdp
fdilin	0.297 (-0.369)	-0.111 (-0.641)						
lnpopulation	-211.3 (-272)	-86.41 (-231.4)	-144.5 (-269.8)	-135.2*** (-14.18)	-306.2 (-440.6)	29955 (-30149)	275.3 (-464.7)	95.06 (-184.5)
inc	-0.001 (-0.007)	-0.002 (-0.006)	-0.00003 (-0.010)	-0.0126*** (-0.001)	-0.004 (-0.005)	-3.281 (-3.265)	-0.0005 (-0.016)	0.026*** (-0.005)
edu	-15.30*** (-4.644)	-3.079 (-8.079)	-14.84*** (-4.718)	0 (0)	-19.14*** (-7.232)	-5593 (-5570)	-18.59*** (-7.295)	0 (0)
pc	7.548*** (-2.247)	3.028 (-6.433)	8.210*** (-2.3)	7.638*** (-0.683)	10.71*** (-2.895)	57.31 (-58.18)	10.95*** (-2.928)	-14.40*** (-2.264)
cpi	0.0179 (-0.154)	-0.13 (-0.152)	0.017 (-0.154)	-0.001 (-0.007)	0.043 (-0.169)	-8.525 (-8.577)	0.047 (-0.177)	-0.124*** (-0.034)
fdicun			-0.0098 (-0.0474)	-0.0714** (-0.0363)				
fdiliuinc	0.00003 (-0.0013)	0.0001 (-0.0002)						
waizhaicun							-0.01 (-0.060)	0.295* (-0.172)

续表

变量	OLS6	GMM6	OLS7	GMM7	OLS8	GMM8	OLS9	GMM9
	lnrgdp	lnrgdp	lnrgdp	lnrgdp	lnrgdp	lnrgdp	lnrgdp	lnrgdp
waizhailin					−0.647 （−0.577）	1.332 （−1.679）		
fdicuminc			−0.0001 （−0.0003）	−0.00002 （−0.00002）				
waizhailininc					0.0002 （−0.00001）	0.0006 （−0.00008）		
waizhaicuminc							−0.0001 （−0.0004）	−0.0003 （−0.0001）
常数	−17.71* （−10.66）	−4.552 （−16.79）	−18.94* （−10.68）	0 （0）	−33.89** （−15.9）	2387 （−2374）	−34.49** （−16.18）	0 （0）
观察值	221	221	221	221	184	184	184	184
R²	0.102		0.099		0.116		0.11	
国家数		10		10		8		8

注：* 10%显著；** 5%显著，*** 1%显著。

表6-8 引入教育与度量金融一体化指标交互项后的回归结果

变量	OLS10 lnrgdp	GMM10 lnrgdp	OLS11 lnrgdp	GMM11 lnrgdp	OLS12 lnrgdp	GMM12 lnrgdp	OLS13 lnrgdp	GMM13 lnrgdp
fdiliu	0.970** (-0.479)	-0.044 (-0.902)						
lnpopulation	-284.4 (-270.3)	15.39 (-1.711)	-119.4 (-268.8)	36.58 (-164.3)	303.3 (-440.3)	-245194 (-250819)	261.3 (-462.6)	-1767 (-1499)
inc	-0.017 (-0.003)	0.0184 (-0.085)	-0.0034 (-0.003)	-0.165 (-0.408)	-0.0033 (-0.0046)	-25.3 (-25.81)	-0.0044 (-0.0056)	0.0372 (-0.056)
edu	-6.841 (-6.052)	-16.99 (-33.72)	-4.286 (-8.636)	76.11 (-198.3)	-19.86*** (-7.609)	25290 (-25829)	-15.38 (-18.69)	0 (0)
pc	6.570*** (-2.269)	0.461 (-8.641)	7.184*** (-2.394)	2.298*** (4.943)	10.64*** (-2.908)	754.3 (-768.9)	10.95*** (-2.958)	-4.696 (-11.23)
cpi	0.0072 (-0.152)	-0.03 (-0.28)	0.0146 (-0.155)	-0.137 (-0.303)	0.0447 (-0.169)	-29.67 (-30.15)	0.0441 (-0.177)	-0.16 (-0.266)
fdicun			-0.052 (-0.064)	-0.127 (-0.273)				
waizhaicun							-0.0359 (-0.148)	0.0689 (-0.372)
waizhailiu					-0.459 (-0.694)	98.36 (-100.4)		

续表

变量	OLS10	GMM10	OLS11	GMM11	OLS12	GMM12	OLS13	GMM13
	lnrgdp	lnrgdp	lnrgdp	lnrgdp	lnrgdp	lnrgdp	lnrgdp	lnrgdp
fdiliuedu	-1.454** (-0.677)	0.0295 (-1.021)						
fdicunedu			-0.224 (-0.155)	-0.12 (-0.344)				
waizhailiuedu					0.409 (-1.252)	-154.6 (-157.8)		
waizhaicunedu							-0.00523 (-0.288)	-0.325 (-0.63)
常数	-15.25 (-10.59)	-5.147 (-40.36)	-15.95 (-10.82)	36.7 (-97.34)	-33.91** (-15.9)	14947 (-15264)	-32.78** (-17.19)	35.15 (-45.19)
观察值	221	221	221	221	184	184	184	184
R²	0.121		0.108		0.116		0.11	
国家数		10		10		8		8

注：* 10%显著；** 5%显著，*** 1%显著。

件对经济增长与金融一体化水平之间关联的影响。我们用私人信贷占国内生产总值的百分比衡量一国银行业的发展水平。表 6 – 9 中的回归结果表明：在四个横截面回归中，教育参与度量对实际人均 GDP 增长的贡献显著为负，以私人信贷代表的金融发展水平对经济增长的贡献显著为正，但私人信贷与金融一体化指标的交互项回归系数基本为负，私人信贷与外商直接投资流入存量交互项的系数尽管为正，但并不显著。也就是说，一国的金融发展水平对于经济增长和国际金融一体化两者之间的关联并无多大影响，或者说，并不能起到促进作用。系统矩估计结果并不理想。在 GMM 估计结果中，私人信贷的回归系数不再显著为正，甚至出现了负号，即国内金融业的发展并不能促进一国实际人均 GDP 增长率的提高。

表 6 – 10 给出了引入通货膨胀交互项后的回归结果。我们发现：在四个横截面回归中，外商直接投资净流入和外债总额存量的回归系数为正，外商直接投资流入存量和净外债流动的回归系数为负，但均不显著。外商直接投资净流入与通货膨胀的交互项系数为正，外商直接投资流入存量与通货膨胀的交互项系数为正，净外债流动与通货膨胀的交互项系数为负，外债总额存量与通货膨胀的交互项系数显著为负。可以这样理解，对通货膨胀越厉害的国家，以外债总额存量代表的金融一体化程度越深，对经济增长的负面影响越大。通货膨胀水平越高，越不适于向外举债。在回归结果中，教育参与度量的回归系数显著为负，私人信贷的回归系数显著为正，这些结果与前面的回归结果大体一致。

6.4.3　金融一体化与投资

在上述结果的基础上，我们回过头来分析事实视角的国际金融一体化影响经济增长所经由的渠道。理论给出了两大渠道的划分：投资渠道与全要素生产率渠道。

投资渠道指的是外国储蓄的净流入，它会扩大国内投资，从而提高经济增长率。在开放经济的新古典增长模型中，这类净资本流将发生在资本充裕国与资本稀缺国之间，是由不发达经济体较高的资本边际生产率所诱导的。但是，金融一体化也可能通过全要素生产率渠道促进经济增长。如果对国际金融市场的开放导致对国内储蓄的更好使用和国内金融部门效率的改善，就可能是这种情形。即使没有资本的净转移，增加了的国内竞争、技术转移、政策制度或者与融入全球市场相关的机构改善，可能对增长率产生正向影响。

表6-9　私人信贷与金融一体化指标交互项后的回归结果

变量	OLS14	GMM14	OLS15	GMM15	OLS16	GMM16	OLS17	GMM17
	lnrgdp	lnrgdp	lnrgdp	lnrgdp	lnrgdp	lnrgdp	lnrgdp	lnrgdp
fdiliu	0.444 (-2.111)	-0.267 (-2.722)						
lnpopulation	-208.3 (-273.1)	-154.4 (-1020)	-161.6 (-287)	-7.659 (-183.3)	271.5 (-445.1)	17296 (-21307)	210.4 (-460.5)	-266 (-1458)
inc	-0.0014 (-0.0034)	0.0079 (-0.0357)	-0.0023 (-0.0034)	-0.0463 (-0.0578)	-0.0032 (-0.0046)	-0.499 (-0.499)	-0.0056 (-0.0047)	0.0018 (-0.127)
edu	15.26** (-4.686)	-4.192 (-10.8)	-14.67** (-4.774)	0 (0)	18.65*** (-7.294)	735 (-769.1)	-16.10*** (-7.397)	0 (0)
pc	7.686*** (-2.984)	2.502 (-7.429)	7.808** (-3.059)	-4.447 (-6.79)	10.98*** (-2.947)	97.59 (-98.37)	15.89*** (-4.301)	1.734 (-7.424)
cpi	0.0178 (-0.154)	-0.223 (-0.462)	0.0198 (-0.155)	-0.0873 (-0.151)	0.0377 (-0.169)	-9.212 (-9.211)	0.033 (-0.176)	-0.0086 (-0.0793)
fdicun			-0.075 (-0.329)	-0.202 (-0.298)				
waizhaicun							0.221 (-0.158)	-0.0349 (-0.333)
waizhailiu					-0.0861 (-1.276)	3.284 (-3.678)		

续表

变量	OLS14	GMM14	OLS15	GMM15	OLS16	GMM16	OLS17	GMM17
	lnrgdp	lnrgdp	lnrgdp	lnrgdp	lnrgdp	lnrgdp	lnrgdp	lnrgdp
fdiliupc	-0.0361 (-0.512)	0.0317 (-0.821)						
fdicunpc			-0.0146 (-0.0741)	-0.0489 (-0.0704)				
waizhailiupc					-0.162 (-0.364)	-1.173 (-1.259)		
waizhaicunpc							-0.0855 (-0.056)	-0.0087 (-0.121)
常数	-18.28 (-13.26)	-7.943 (-28.6)	-16.9 (-14.76)	0 (0)	-34.26** (-15.91)	69.36 (-223.6)	-46.66*** (-17.86)	0 (0)
观察值	221	221	221	221	184	184	184	184
R^2	0.102		0.099		0.117		0.122	
国家数		10		10		8		8

注：*10%显著；**5%显著，***1%显著。

表6-10　引入通货膨胀与金融一体化指标交互项后的回归结果

变量	OLS18	GMM18	OLS19	GMM19	OLS20	GMM20	OLS21	GMM21
	lnrgdp	lnrgdp	lnrgdp	lnrgdp	lnrgdp	lnrgdp	lnrgdp	lnrgdp
fdiliu	0.0574 (-0.401)	-3.929 (-9.228)						
lnpopulation	-217.8 (-269.8)	923.5 (-2308)	-169.4 (-269.3)	-171.8 (-1028)	306.9 (-448.9)	-74156 (-82735)	483.8 (-476.6)	193.1 (-1973)
inc	-0.0019 (-0.0033)	0.301 (-0.593)	-0.0029 (-0.0034)	-0.0445 (-0.215)	-0.0033 (-0.0046)	-41.89 (-42.76)	-0.0034 (-0.0045)	0.0745 (-0.72)
edu	13.96** (-4.713)	-47.79 (-84.95)	-13.28** (-4.842)	-11.04 (-44.05)	-19.15*** (-7.289)	10.775 (-10.999)	-20.26*** (-7.303)	0 (0)
pc	7.375*** (-2.239)	4.57 (-7.247)	7593*** (-2.335)	-0.0091 (-9.619)	10.75*** (-2.903)	302.6 (-317)	12.27*** (-3.003)	0.588 (-5.638)
cpi	-0.252 (-0.243)	0.182 (-0.435)	-0.52 (-0.427)	-0.137 (-0.595)	0.0507 (-0.21)	-13.08 (-13.41)	0.816* (-0.482)	-0.0737 (-1.164)
fdicun			-0.0584 (-0.0586)	-0.0576 (-0.117)				
waizhaicun					-0.571 (-0.676)	0.484 (-0.774)		
waizhailiu							0.279 (-0.0633)	-0.0019 (-0.0937)

续表

变量	OLS18	GMM18	OLS19	GMM19	OLS20	GMM20	OLS21	GMM21
	lnrgdp	lnrgdp	lnrgdp	lnrgdp	lnrgdp	lnrgdp	lnrgdp	lnrgdp
fdiliucpi	-0.0717 (-0.0501)	0.088 (-0.207)						
fdicuncpi			-0.0143 (-0.0011)	0.0032 (-0.016)				
waizhailiucpi					-0.003 (-0.045)	-1.174 (-0.296)		
waizhaicuncpi							-0.0053* (-0.0031)	-0.0004 (-0.0071)
常数	-15.6 (-10.69)	-48.08 (-69.71)	-13.27 (-11.42)	11.35 (-65.64)	-34.19** (-16.25)	8094 (-8309)	-48.13*** (-17.95)	0 (0)
观察值	221	221	221	221	184	184	184	184
R^2	0.11		0.107		0.116		0.125	
国家数		10		10		8		8

注：* 10%显著；** 5%显著，*** 1%显著。

这些问题的实证分析比较困难。曾有文献在增长核算分解的基础上探讨国际金融一体化对经济增长及其组成部分的影响，分别运用单位工人产出增长率、单位工人资本存量增长率和全要素生产率对金融一体化指标的回归分析。这种分析方法的不足之处在于增长账户的分解存在分歧，各种分解方法对资本存量和全要素生产率的侧重存在很大差异。本章的分析策略如下。

我们先分析全要素生产率渠道，如果金融一体化的经济增长效应经由效率渠道，可以预期我们的金融一体化程度指标会呈现高于并超越其对投资的潜在效应。也就是说，如果全要素生产率渠道重要，那么在伴有投资率的回归中，金融一体化变量将是显著的。

另外，如果金融一体化促进经济增长主要经由投资渠道，我们预期看到金融一体化在总投资率上的显著效应。然而，由于共线性的存在，在同时包含投资率和金融一体化指标作为右侧变量的标准增长回归中，很难发现这一效应。但是，在这种情况下，我们仍可预期在总投资对金融一体化指标的分离回归中发现这一效应。因此，分两步进行。第一，我们估计一个基本的新古典增长模型。在这一标准模型中，人均 GDP 增长是初始收入水平、投资率和人口增长的函数。第二，我们加入金融一体化指标作为与投资率一起的附加回归量。如果全要素生产率渠道是重要的，金融一体化指标就仍会显著。

表 6 – 11　　　　　　　　　　金融一体化与全要素生产率渠道

变量	OLS22	OLS23	OLS24	OLS25	OLS26
	lnrgdp	lnrgdp	lnrgdp	lnrgdp	lnrgdp
fdiliu		0.274 （ – 0.328）			
lnpopulation	– 519.0 ** （ – 230）	– 560.0 ** （ – 235.3）	– 531.0 ** （ – 233.1）	– 39.3 （ – 377.2）	– 362.3 （ – 390）
inc	– 0.0046 * （ – 0.0028）	– 0.0044 （ – 0.0028）	– 0.0046 （ – 0.0028）	– 0.0074 ** （ – 0.0033）	– 0.0060 * （ – 0.0034）
fdicun			0.0135 （ – 0.0394）		
waizhaicun				0.0396	
					– 0.0569

续表

变量	OLS22	OLS23	OLS24	OLS25	OLS26
	lnrgdp	lnrgdp	lnrgdp	lnrgdp	lnrgdp
waizhailiu				−1.282 ** (−0.548)	
rinvest	0.941 *** (−0.22)	0.917 *** (−0.222)	0.939 *** (−0.221)	1.369 *** (−0.29)	1.258 *** (−0.299)
Constant	−5.098 (−6.93)	−5.26 (−6.937)	−5.432 (−7.012)	−18.42 * (−10.36)	−16.09 (−11.03)
观察值	229	229	229	183	183
R^2	0.103	0.105	0.103	0.144	0.12

注：＊10%显著；＊＊5%显著，＊＊＊1%显著。

表6 - 11回归结果（OLS25）表明：控制物质资本投资，净外债流动的回归系数显著为负。也就是说，以净外债流动衡量的金融一体化程度越高，在增加投资的同时，会使得一国的全要素生产率降低。在回归结果（OLS23 和OLS24）中，金融一体化指标的加入，均使得投资率的贡献降低，遗憾的是，金融一体化指标的回归系数并不显著。然而，由于投资和金融一体化之间的潜在共线性，清晰的含义受到威胁。我们不能简单地理解为外商直接投资通过全要素生产率渠道影响经济增长。

金融一体化指标的纳入对投资系数估计的显著较少，可能是两者之间相互作用的信号，关于金融一体化对总投资影响的专门分析应该能够回答隐含的问题—东南亚国家是否受到储蓄的限制，以致可得资源的外部增加可以提高投资比例。换句话说，我们不得不问，是否存在金融一体化和总投资之间具有正向关联的证据。

为了弄清楚这一点，我们运行最后一个回归集合，考察金融一体化与总投资之间的关系。巴罗（Barro，1991，2000）率先进行了总投资决定因素的跨国回归。在这些回归当中，投资是初始收入、金融发展和通货膨胀等控制变量的函数。基本的新古典逻辑表明：初始收入的影响应该为负，较低的人均收入水平反映了较低的资本密集度，反过来，意味着固定资本形成具有更高的回报率。

增加一个国际金融一体化程度的代理变量，我们探讨接受经济体是受储蓄限制（从而流入资源会提高投资比例）还是受投资限制（在这种情况下，可得资源的外生增加并没有导致高水平的投资）（Rodrik and Subramanian，2008）。

表 6 - 12　　　　　　　　　金融一体化与投资

变量	OLS27 rinvest	OLS28 rinvest	OLS29 rinvest	OLS30 rinvest
fdiliu	− 0. 155 *			
	− 0. 080			
inc	− 0. 006	− 0. 001 *	− 0. 002	− 0. 001
	− 0. 0007	− 0. 001	− 0. 001	− 0. 001
pc	4. 802 *	5. 424 ***	5. 658 ***	4. 896 ***
	− 0. 444	− 0. 442	− 0. 393	− 0. 456
cpi	− 0. 051	− 0. 055 *	− 0. 086 ***	− 0. 071
	− 0. 035	− 0. 033	− 0. 029	− 0. 033
fdicun		− 0. 048 ***		
		− 0. 010		
waizhaicun				− 0. 017
				0. 011
waizhailiu			0. 634 **	
			− 0. 094	
常数项	8. 386 ***	7. 716 ***	5. 236 ***	9. 873 ***
观察值	220	220	183	183
R^2	0. 422	0. 474	0. 615	0. 524

注：＊10% 显著；＊＊5% 显著，＊＊＊1% 显著。

　　表 6 - 12 中的回归结果表明：初始收入的回归系数显著为负，与新古典逻辑相符。金融一体化与投资联系紧密，外商直接投资净流入和外商直接投资流入存量的增加均会导致总投资的显著减少。换句话说，以外商直接投资衡量的金融一体化程度的加深，一国外部资源的获得对国内投资具有挤出效应。相反，以净外债流动衡量的金融一体化程度的加深对国内投资具有挤入效应。

6.5　结论与进一步研究的问题

　　金融开放与经济增长的关系是复杂的，有大量的文献研究这一关系，目前的证据是比较模糊的。为了了解金融开放的总体效应，重要的是要了解这类政策影响一个经济体所经由的渠道和方向。另外，考虑金融开放对经济增长的国别差异也是很重要的。本章利用最新数据研究国际金融一体化对经济增长的影响，并评估金融一体化与经济增长之间的关系是否取决于经济、金融发展水平和宏观经济政策。

控制特定的经济、金融和政策特性，数据并不支持国际金融一体化加速经济增长的观点。然而，需要注意的是，这些结果并不意味着金融开放与经济的成功毫无关系。事实上，国际金融一体化与实际人均 GDP、教育参与、银行部门发展是正向关联的。因此，成功的国家一般是开放的国家。本章还发现，使用多种金融一体化度量和计量经济方法，找不到国际金融一体化与经济增长之间的稳健联系。

本章的发现必须小心解释。正如在本章开头所强调的，准确测度国际金融交易的开放程度是极其困难的。现实世界存在众多不同类型的金融交易，各个国家也对开放实施了复杂的壁垒安排，且这些壁垒的效率因国而异、因时而异、因金融交易类型而异。尽管我们既考查了流量指标，又考查了存量指标，还区分了资本的类型，每一个度量指标都可能因其不能完全区分金融交易壁垒的国际差异而受到批评。研究中，使用实际资本流代表金融一体化的程度。其背后的假设是：作为国内生产总值份额的资本流大小是金融一体化水平高低的信号。这些度量的优势在于数据广泛可得且不是资本限制的主观度量。不足之处在于有许多因素影响资本流动。事实上，增长可能影响资本流动，而政策变化可能既影响增长，又影响资本流动，因此，增长与资本流动之间的正向相关关系必须谨慎对待。在这种背景下，本章发现，尽管国际金融一体化与经济成功存在关联，数据并未对国际金融一体化促进经济增长的观点给予太多的支持。在金融一体化影响经济增长的渠道分析中，所选样本的回归结果表明，不同指标衡量的金融一体化程度对经济增长和投资的影响不同，以净外债流动衡量的金融一体化程度越高，在增加投资的同时，会使得一国的全要素生产率降低。以外商直接投资衡量的金融一体化程度的加深，一国外部资源的获得对国内投资具有挤出效应。相反，以净外债流动衡量的金融一体化程度的加深对国内投资具有挤入效应。

本章主要探讨的是国际金融一体化对发展中国家经济增长的影响。实际上，要说明金融一体化对经济增长的影响，尤其是说明其经由的渠道，以及说明影响效果的其他潜在因子，我们还可以通过引入发达国家样本来比较分析。考察发展中国家和发达国家的基础条件差异，分析发展中国家和发达国家对金融一体化潜在收益的吸收能力差异，以及起作用的各种门槛条件。综合这些因素的分析，或许能提供一个更加全面而实用的答案。无论选择何种样本，还是采用多么高深的计量经济方法，最重要的还是要解决国际金融一体化的度量问题。追根溯源是统计数据的获得问题，包括统计口径和计价单位。这些都将严重影响我们的实证结果。

本章参考文献

［1］Arellano, Manuel, and Olympia Bover, Another look at the Instrumental Variable Estimation of Error-Components Models ［J］. *Journal of Econometrics*, 1995, 68 （1）: 29 – 51.

［2］Agenor, P. -R. , Benefits and Costs of International Financial Integration: Theory and Facts ［J］. *Word Economy*, 2003, 26 （8）: 1089 – 1118.

［3］Arestis, P. et al. , The Impacts of Financial Liberalization Policies on Financial Development: Evidence from Developing Economies ［J］. *International Journal of Finance and Economics*, 2002, 7: 109 – 121.

［4］Bekaert, Geert, Campbell R. , Harvey and Christian Lundblad. Does Financial Liberalization Spur Economic Growth ［J］. *Journal of Financial Economics*, 2005, 77: 3 – 55.

［5］Hali J. Edison, Ross Levine, Luca Ricci, and Torsten Slok, International Financial Integration and Economic Growth ［J］. *Journal of International Money and Finance*, 2002, 21 （6）: 749 – 776.

［6］Edison, H. , M. , Klein. W. L. , Ricci, and T. Slok, Capital Account Liberalization and Economic Performance: Survey and Synthesis. IMF Staff Papers, 51 （2）: 220 – 256.

［7］Arinze Francis Udenka, Financial integration and Economic Growth: Case Study of Nigeria's Macro Economy （1986 – 2008）, https: //ssrn. com/abstract = 2227426.

［8］Gus Garita, How does Financial Openness Affect Economic Growth and its

Components?

[9] Henry, P. B. , Stock Market Liberalization, Economic Reform, and E-merging Market Equity Prices [J]. *Jounral of Finance*, 2000, 55 (2): 529 - 64.

[10] Klein, M. W. , Oliver, G. , Capital *Account Liberalization*, *Financial Depth and Economic Growth* [M]. Boston: Fletcher School of Law and Diplomacy, Tufts University, 2002.

[11] Moritz Schularick and Thomas M. Steger, Financial Integration, Investment, and Economic Growth: Evidence from Two Eras of Financial Globalization [J]. *The Review of Economics and Statistics*. 2010, 92 (4): 756 - 768.

[12] Quinn, D. , The Correlates of Changes in International Financial Regulation [J]. *American Political Science Review*, 1997 (91): 531 - 551.

[13] Reisen, H. , Soto, M. , Which Types of Capital Inflows Foster Developing-Country Growth? [J]. *International Finance*. 2001, 4 (1): 1 - 14.

[14] Rodrik, D. , Who Needs Capital Account Convertibility? Princeton Essays in interna-tional Finance, http: //people. unass. edu/econ721/rodrik. 98. princeteonessay. PDF

[15] Sarno, L. and Taylor, M. p. Hot money, Accounting Labels and Performance of Capital Flows to Developing Countries: An Empirical Investigation. *Journal of Development Economies*, 1999 (59): 337 - 364.

[16] Stiglitz, J. E. , . Capital Market Liberalization, Economic Growth, and Instability. *World Development*, 2000, 28 (6): 1075 - 1086.